교회 같은 가정, 가정 같은 교회를 꿈꾸며

가정 사역 스타트

가정 사역 스타트

초판 1쇄 발행 | 2004년 10월 30일
초판 3쇄 발행 | 2007년 1월 20일

지은이 | 송길원
펴낸이 | 김명호
펴낸곳 | 도서출판 국제제자훈련원
편집책임 | 장병주
교정·교열 | 이재인
마케팅책임 | 김석주
북디자인 | mayONE(01199478778)
인쇄 | 금강인쇄

등록번호 | 제22-1240호(1997년 12월 5일)
주소 | 서울 서초구 서초1동 1443-26 (우)137-865
전화 | 편집부 3489-4310, 영업부 3489-4300
팩스 | 3489-4309
e-mail | dmipress@sarang.org
홈페이지 | www.discipleN.com

가격 12,000원
ISBN 89-5731-056-8 03230

＊독자의 의견을 기다립니다.

교회 같은 가정, 가정 같은 교회를 꿈꾸며

가정 사역 스타트

송길원 지음

국제제자훈련원

프롤로그

가정 사역의 실용서가 필요합니다

"우리 가정이 교회 같을 수만 있다면…."
"우리 교회가 가정 같을 수만 있다면…."

우리는 모두 위와 같은 꿈을 꿉니다. 우리는 이미 성경을 통해 교회는 확대된 가정이며, 가정은 축소된 교회임을 알기에 더욱 그렇습니다.

사랑의 가정 사역 연구소가 그 시작부터 '가정 같은 교회, 교회 같은 가정'이란 슬로건을 내세웠던 이유도 바로 그런 우리의 소망을 담고 싶었기 때문입니다. 즉, 가정의 회복이 교회의 회복이란 사실을 모든 교회와 공유하고 싶었던 것입니다.

가정이라는 울타리 안에는 십자가의 은혜와 사랑과 긍휼과 자비와 용서가 가장 뭉클하고 진하게 배어 있습니다. 우리는 그런 가정 안에서 천국을 미리 맛봅니다. 그래서 교회의 사이즈가 아무리 커져도 가정의 은혜와 사랑과 친밀함을 담아 낼 수 있다면, 그 교회야말로 가장 아름다운 공동체라 말할 수 있을 것입니다.

그러나 교회가 아무리 부흥해도 가정 문제로 병들어 있는 사람들이 그 안에 그대로 존재한다면, 그것은 교회 공동체의 아픔이 됩니다. 그 아픔을 교회가 방치해 두면 결국 교회마저 병들게 된다는 말입니다.

미국 교회가 그런 예입니다. 지난 수년간 미국 교회는 가정을 외면한 교회 프로그램을 개발해서 부흥을 이루었지만, 그 결과 깨어지는 가정이 생겨남으로써 많은 가정들이 교회를 떠났고, 교회는 침체기를 맞게 되었다는 보고가 있었습니다.

교회가 건강하려면 가정이 건강해야 합니다. 가정은 교회 건강성을 측정하는 바로미터이며 교회 부흥의 원동력입니다. 교회가 힘있게 세워져 나가기 위해서는 먼저 각 가정들이 반석 위에 세워져야 합니다. 교회가 각 가정들을 건강하게 세워나갈 때, 교회는 우리가 꿈꾸는 '가정 같은 교회'의 모습이 됨과 동시에 한 걸음씩 성장하는 교회가 될 수 있습니다.

그런 면에서 현대 교회는 가정 사역을 비켜갈 수 없습니다. 그러나 아직도 많은 교회에서는 가정 사역을 특정한 사람들이나 전문가들만이 할 수 있는 일이라고 생각합니다. 목회 현장에서 보편적으로 접근할 수 있는 요소들이 많음에도 불구하고 외면해 버리는 경우가 허다합니다.

그것이 이 책을 쓰게 된 이유입니다. 단순한 프로그램 소개나 가정의 아름다움을 알리는 책이 아니라, 가정의 회복과 치유를 위해 목회 현장에서 보다 보편적인 코드로 접근해서 각 교회마다 주관적으로 활용할 수 있는 가정 사역의 교본 같은 책이 나왔으면 하는 바람으로 이 책을 써 내려갔습니다.

실제로 가정 사역 세미나를 열어보면 많은 목회자들이 위와 같은 요청을 해 옵니다. 그 동안 '사랑의 가정 사역 연구소'에서 시행해 온 가정 사역 프로그램의 노하우를 상세하게 소개해 줌으로써 각 목회 현장 안에서 활용할 수 있도록 해 달라는 것입니다.

사실, 목회자들이 항상 해 오는 결혼 주례나 장례식을 '가정 사역 목회'라는 거시적인 관점에서 본다면, 거기에 한두 가지의 요소만 특별하게 끼워 넣어도 그 가정 안에는 특별한 메시지와 감동이 담겨지고, 참석한 하객들에게는 복음의 놀라운 은혜를 소개하는 기회가 될 수 있습니다. 이 외에도 목회자들은 가정 설교는 어떻게 전달해야 하며, 아버지학교, 어머니학교의 핵심은 무엇이며, 노인 사역의 중점적인 방향은 어떠해야 하는지 많이 문의해 오셨습니다.

그 문의에 대한 답변을 실었다고 해야 할까요? 그렇지만 이 책은 어떤 이론서가 아닙니다. 가정 사역을 의욕적으로 하시려는 목회자 부부와 마주앉아 저의 이야기, 교회의 이야기를 나누는 심정으로 써 내려갔기 때문입니다. 가정 사역은 부부가 함께 하는 것이기에 모든 목회자들뿐만 아니라 사모들도 함께 읽으셨으면 좋겠습니다.

저는 지금도 가정 사역만큼 좋은 교회 부흥의 촉매제가 없다고 믿습니다. 가정 사역 현장 안에는 비그리스도인들과의 가장 효과적인 접촉점이 있고, 깨어진 가정을 회복시킬 수 있는 치유와 회복의 역사가 아로새겨지기 때문입니다.

또한 가정 사역은 목회자 가정의 희망이기도 합니다. 가정 사역의 ABC를 말씀드리며 이 책의 마지막 장에 가정 목회에 대한 이야기를 길게 서술한 것은 가정 사역에서 무엇보다 중요한 것은 목회자 가정이 바로 서는 일임을 말씀드리고 싶기 때문입니다. 비록 지금은 많은 문제 속에 놓인 목회자 가정이라 하더라도 이 책을 읽어 내려가며 희망의 미소를 짓게 되는 일이 많아졌으면 좋겠습니다. 그렇게 되면 그 목회 현장 안에는 틀림없이 또 다른 희망의 미소가 번져갈 것이기 때문입니다.

아무쪼록 부족한 글이지만, 이 글을 통해 목회 현장 안에 가정 사역이, 목회자 가정 안에 가정 목회가 풍성하고 아름답게 열매 맺히길 소망합니다.

송 길 원 목사

목 차

프롤로그···가정 사역의 실용서가 필요합니다   4

1장_나는 결혼 주례를 이렇게 한다   11

목사 안수 후의 필수 코스, 결혼 주례 ❀ 주례자의 무기는 정성 ❀ 기초 공사를 마친 커플에게만 주례를 서 준다 ❀ 주례사의 구체적인 내용들 ❀ 결혼식은 일종의 서비스다 ❀ 모든 이들에게 공표하는 가족 사명서 ❀ 감동의 물결, 부모에게 드리는 편지 ❀ 1%의 나눔 운동으로 번지는 행복 바이러스 ❀ 가장 확실한 애프터서비스는 신혼부부반에서

2장_성도는 가정 설교에 목마르다   71

왜 가정 설교여야 하는가 ❀ 가정 설교에 대한 두려움을 떨치고 ❀ 가정 설교의 원리, 키스(KISS)의 법칙

3장_상담실 운영, 기법과 포인트   93

교회를 통해 회복되는 중년의 위기 ❀ 생명을 살리고 죽이는 상담 사역 ❀ 위기 상담을 피하고 예방 상담으로 접근하라 ❀ 상담실 운영의 전제와 목적 ❀ 소그룹에서 지원 사역을 ❀ 상담시 주의 사항 ABC ❀ 상담의 보고는 역시 바이블!

4장_남성이 살아야 교회가 산다   129

영적 가장으로서의 남성을 세워라 ❀ 남성의 존재감을 일깨워주는 작은 배려들 ❀ 젊은 남성, 소그룹 심방으로 ❀ 남성들을 위한 구체적 프로그램 ❀ 아버지 설교, 하나님의 끓는 사랑을 확인시키라 ❀ 경건이 습관이 된 아버지의 모습

5장_가정을 꽃피우는 여성 사역   159

진정한 평등이란 ◉ 성경적인 여성은 자신의 가치를 높이는 여성 ◉ 보배로운 생각의 소유자 여성 ◉ 여성 사역의 핵심은 '남편사랑교실'

6장_생명을 낳는 노인 사역   189

그랜드 페런팅으로 시작하는 노인 사역 ◉ '모세스쿨'을 통해 양육자의 자리에 모셔라 ◉ 사랑의교회 포에버 모임 ◉ 노인들은 죽음을 준비하고 싶어한다 ◉ 부모들을 위한 자서전, 천국 바캉스 ◉ 기독교 장례 문화 개발을 위한 열 가지 제안

7장_사역의 근원지는 목회자 가정   233

목회자의 이미지가 교회 이미지 ◉ 가정 목회, 지금부터 시작이다 ◉ 고난의 광야학교를 통과해야만

에필로그…숨겨진 1인치를 찾아라   313

1장 나는 결혼주례를 이렇게 한다

목사 안수 후의 필수 코스, 결혼 주례

모든 목회자들이 거쳐야 할 두 가지 절차가 있다면, 그건 아마도 목사 안수와 결혼 주례일 것이다. 그만큼 결혼 주례는 목회 과정의 필수 코스가 되어버렸다. 목양 현장의 아이들은 왜 그리 빨리 자라는지, 세상에서 가장 아름다운 결혼식을 꿈꾸며 결혼 주례를 부탁해 올 때면 세월의 흐름을 실감하고도 남는다.

그런데 문제는 첫 결혼 주례를 맡을 때이다. 어떤 말을 어떻게 전해야 할지 감을 잡기 어렵다. 가정이라는 울타리에 대한 이야깃거리들은 수도 없이 많은데, 막상 주례를 맡고 보면 할 말이 없다. 말할 것이 너무 많아서 할 말이 없는 것이다. 게다가 누구를 대상으로 말을 해야 할지도 정확하게 알 수 없다. 하객들에게 신랑·신부 자랑을 늘어놓아야 할지, 결혼 당사자들에게 덕담을 해야 할지, 덕담을 한다면 신앙적 교훈을 말해야 할지, 남녀의 일반적인 사랑에 대해 말해야 할지 확신이 안 선다.

나는 가정 사역 전문가로서 오랫동안 결혼식 주례를 맡아왔다. 그래서인지 주변 목회자들로부터 주례에 대한 노하우 공개를 요청 받을 때가 많다. 특별히 결혼 주례를 처음으로 맡게 된 목회자들의 경우 '하이패밀리'의 문을 노크해 온다. 노하우라…. 글쎄, 나에게 특별한 노하우가 있는 것일까? 잘은 모르겠지만, 그래도 나눌 수 있는것이 나에게 있다면 감사한 마음으로 성심껏 나눠보자는 마음이 1장의 글을 쓰게 한다.

무엇보다 나는 "결혼식이 무엇인가?"에 대한 접근부터 달라져야 한다고 생각한다. 결혼식이나 장례식을 당사자들을 위한 예식이나 절차의 차원으로만 보지 말라는 것이다. 이런 예식들을 잘 치르기만 하면 당사자들에게 한없는 축복이 되는 것은 물론, 비그리스도인들에게 복음에 대한 감동을 전달할 수 있는 가장 효과적인 시간임을 놓쳐서는 안 된다. 그 동안 한국 교회는 '총동원 전도 주일' 프로그램을 통해 많은 영혼들을 교회로 초청했고 복음을 접하게 했다. 그러나 총동원 전도 주일을 한 번 치르기 위해 소요되는 수고와 재정, 시간적인 압박 등은 적잖게 부담이 되어 왔던 것이 사실이다. 하지만 어차피 치러야 할 결혼식에는 굳이 애를 쓰지 않아도 결혼 당사자의 일가친척, 친구들이 한 무리로 몰려온다. 그들 스스로 교회에 발을 들여놓는 절호의 기회라는 말이다. 물론 그리스도인들도 있지만, 비그리스도인들이나 타 종교인들이 많이 섞인 상태에서 결혼식을 진행하는 것은 그 시간이 복음 전도의 축제가 될 수 있음을 시사한다. 즉, 교회에서 진행하는 1시간 정도의 결혼 예식을 어떻게 요리하느냐에 따라 교회가 어떤 곳인지, 기독교 가정의 아름다움이 무엇인지, 하나님을 믿는다는 것이 무엇인지를 비그리스도인들에게 가장 효과적으로 알려줄 수 있다는 것이다.

그렇다면 어떻게 해야 결혼식이 축제의 장이 될 수 있을까. 보다 전문적인 워크숍을 받아야만 하는 것은 아닐까. 아니면 전문 사역자를 모셔 와서 결혼식을 치러야 하는 것은 아닐까. 그렇지 않다. 가장 좋은 주례자는 결혼하는 당사자의 신앙의 멘토인 목회자일 것이다. 그들이 들려주는 이야기가 가장 감동적일 수 있다. 거기에다 결혼 순서 하나하나를 조금만 특색 있게 요리하면 된다. 나는 그 특색 있는 방법이 어떤 것인지, 목회자들에게 결혼 예식에 대한 보편적인 코드를 소개하고 싶다.

주례자의 무기는 정성

나는 뜻밖에도 첫 결혼 주례를 재혼 주례로 서게 되었다. 그것도 목사 안수를 받고 몇 년이 채 안 되었을 무렵 맡게 된 주례였다. 한국 교회의 보이지 않는 불문율 가운데 하나가 무엇인가. 목회자들이 재혼 주례를 서지 않는다는 점이다. 물론 사별로 인한 재혼도 있지만, 이혼율이 하도 급증하다 보니 이혼에 대한 경고 차원에서 목회자들이 재혼 주례에 나서는 것을 꺼리게 되었던 것이다. 그래서 재혼 주례는 장로님들이 서는 경우가 많다. 그러나 사실 이것만큼 큰 모순도 없다고 생각한다. 별로 옳지 않아 목사가 하기 싫으니 장로에게 미루자는 격이 아닌가.

내가 평소 이런 생각을 가지고 있었기 때문일까. 나는 비교적 젊은 나이에 재혼 주례부터 덜컥 맡게 되었다. 맡지 않을 수 없는 상황에 놓이고 만 것이다. 그 때의 당혹감이란 이루 말할 수가 없다. 도대체 아직도 젊디젊은 내가 이 사람들에게 어떤 인생의 길잡이를 알려주고, 평생 잊지 못할 지침을 줄 수 있다는 말인가. 고민이 깊어갈 무렵, 다행스럽게도 그 커플은 내가 인도하는 부부 워크숍에 참석하게 되었다.

이때다 싶어 이참에 그들에게 부부 관계에 대해 여러 각도에서 점검하게 하고, 우리 프로그램의 마지막 시간에 자연스럽게 예식을 치르도록 했다. 결혼식 날짜를 따로 정해 치르는 것이 아니라 부부 워크숍 프로그램의 마지막 순서에 집어넣은 것이다. 그러다보니 나도 부담이나 긴장이 적었고, 예식 자체도 부드럽고 포근하게 진행될 수 있었다.

그 후 그들은 나를 인생의 은인으로 생각하고 해마다 결혼 기념일만 되면 전화를 걸어 안부를 전하곤 한다. 내가 하는 가정 사역에 후원자가 되었음은 물론, 상대적으로 아직 어린 나를 스승처럼 여기며 고마워한다. 나는 이런 모습들을 보면서 결혼 주례의 사역이 결코 가벼운 사역이 아님을 깨닫게 되었다. 아름다운 가정을 여는 첫 관문인 만큼, 결혼식에서의 좋은 주례는 신랑·신부에게 안겨 주는 가장 좋은 선물임을 알게 된 것이다.

그 후부터 나는 더욱 결혼 예식에 관심을 가지고 학습하기 시작했다. 순서 하나하나에 담긴 의미부터 시작해서 식을 효과적으로 진행시키는 방법, 의미 있는 메시지를 전달하기 위한 노력을 다각도로 기울였다. 어떻게 하면 예식 전체가 감동적일 수 있을지, 어떻게 하면 메시지가 감격스러울 것인지를 놓고 기도하며 준비했다. 그 때문이었을까. 해를 더해갈수록 점점 주례 요청은 많아졌고, 지금은 1년에 50쌍 정도의 결혼 주례를 맡아 보고 있다.

나에게 만약 나만의 주례 노하우가 있다면 먼저는 '정성' 그 다음도 '정성'일 것이다. 음식을 할 때도 이 정성이야말로 음식의 맛을 구별 짓는 가장 큰 특징이다. 인기가 많았던 드라마 '대장금'에서 장금이가 이렇게 말하지 않았던가. "음식의 맛과 비법은 다른 데 있지 않습니다. 음식 드실 분을 위해 쏟는 만드는 이의 정성에 달려 있습니다." 요리는 정말 비법으로 맛을 내는 것이 아니다. 정성이 맛을 내고, 그 맛이 감동을 주는 것이다.

결혼 주례를 준비할 때도 주례를 서는 이가 주례를 듣는 이를 생각하며 정성을 쏟아 준비할 때 그것은 곧 감동으로 이어진다고 나는 확신한다. 정성이야말로 주례자의 유일한 무기이자 경쟁력인 것이다.

기초 공사를 마친 커플에게만 주례를 서 준다

감동적인 주례를 전하고 싶어 정성껏 준비하다보니 결혼 당일에 선포되는 메시지도 중요하지만 그보다는 신랑·신부 당사자를 위한 여러 작업이 선행되어야 함을 깨닫게 되었다. 주례 자체를 잘 준비하는 것도 중요하지만 정작 더 중요한 것은 내가 주례를 서 준 그 부부가 행복한 가정을 이루는 일이다. 이를 위해 주례 전에 신랑·신부에게 제대로 된 결혼 준비를 시켜주어야 했다. 신랑·신부에게 열 가지 요구 조건을 내세우기 시작한 것은 그 때문이었다. 이제는 아예 이 요구 조건에 부합하면 주례를 서 주고, 그렇지 않으면 안 서 준다고 엄포를 놓는 것이다. 기초 공사가 튼튼해야 행복한 가정이 세워진다는 확신에서 비롯된 발상이었다.

요즘은 과거와는 달리 갈등을 극복하지 못하는 부부가 참 많다. 갈등 자체를 해결하지 못하고, 갈등 끝에 파혼에 이르는 부부가 너무도 많은 시대이다. 예전에는 부부 문제로 다툼이 생겨 친정을 찾아도 친정 어머니는 "죽어도 그 집 귀신이 되거라"고 말하며 딸을 돌려보낸 뒤 뒷간에 가서 혼자 펑펑 울었다고 한다. 갈등이 있든, 문제가 있든 어찌 됐거나 같이 사는 쪽으로 합의를 봐야 한다는 것이 기성세대의 생각이었다. 싸움을 해도 결국은 같이 살기 위해 싸우고 갈등이 있어도 결론은 끝까지 살아야 한다는 쪽으로 전체적인 사회 분위기가 돌아갔다. 전혀 문제없는 시스템은 아니지만, 어찌됐거나 그로 인해 가정이 지켜졌던 것이 사실이다.

그러나 지금은 마치 헤어지기 위해 싸우는 것만 같다. "이판사판 결판내자"는 쪽으로 싸움을 몰고 간다. 부부는 싸우긴 싸워야 한다. 하지만 지혜롭게 싸워서 지혜롭게 해결을 보고, 지혜로운 결론을 얻어야 한다. 부부는 헤어지기 위해 싸우는 것이 아니라 잘 살기 위해 싸워야 한다. 그래서 부부싸움은 타이밍도 잘 맞춰야 한다. 갈등이 있으면 묻어두지 말고 지혜롭게 잘 풀어서 해결하라는 뜻이다. 갈등 없는 부부가 어디 있겠는가? 누구에게나, 어느 부부에게나 갈등은 있다. 그런데 요즘은 웬일인지 사회 분위기 자체가 부부 갈등을 부추기는 추세인 것 같다. 장모도 이혼을 부채질하고, 시어머니도 이혼을 독려하는 분위기다. 부부 사이에 갈등이 생김과 동시에 주변에서는 파혼을 부채질한다. "왜 그러고 사냐? 차라리 헤어져라"라고 강력하게 권유한다.

이런 분위기로 흐르다보니 결혼에 앞서 강한 예방 접종이 필요하다는 생각이 들었다. 반드시 '결혼예비학교'와 같은 단계를 거치도록 하는 것은 일종의 예방 접종과 같은 것이다. 모두가 바쁜 현대인의 삶을 고려할 때 언제 예비 학교까지 마치고 결혼할 수 있느냐고 반문할지 모르지만 준 '결혼예비학교' 수준의 절차라도 꼭 밟는 것이 결혼 후에 찾아올 각종 바이러스의 침투로부터 면역력을 키워준다고 믿게 되었다. 신랑·신부가 정말 아름다운 모습으로 잘 살기를 바란다면 그들에게 이 예방 접종부터 시켜주는 것이 주례자가 해야 할 첫 번째 일이라 확신한다.

결혼 준비 1. 부모를 떠나라

일반적으로 '결혼예비학교'를 한다고 하면 '성'(性)에 관한 접근이 가장 많을 것이라고 생각한다. 물론 '성'에 관한 접근이 없는 것은 아니다. 꼭 들어가야 할 분야다. 그러나 우리는 다음과 같은 말을 의미 있게 생각해보아야 한다. "문제 있는 가정에서 성이 차지하는 문제의 비중은 아홉 개다. 그러나 문제 없는 가정에서 성이 차지하는 문제의 비중은 한 개밖에 안 된다." 이 말은 무슨 뜻인가. 문제가 많은 가정에서는 그 수많은 갈등들이 모두 성의 문제로 집중되어 나타난다는 뜻이다. 하지만 이미 수많은 갈등을 극복한 가정에서는 '성 트러블'이 갈등의 중심에 서지 않는다. 더 귀하고 아름다운 가정의 의미가 그 가정 안에 파릇파릇 살아있기 때문이다.

성은 결혼 생활을 아름답게 해 주는 하나의 수단이고 도구이다. 부부 관계에서의 성은 매우 중요하지만 그 자체가 결혼의 목적이거나 의미는 아니다. 이들이 결혼을 통해 하나님 앞에 함께 부름받았기에 어떻게 하면 더욱 성숙한 인격체로 자라서 하나님 나라의 시민이 되느냐는 것이 더욱 중요한 과제인 것이다.

그래서 나는 '결혼예비학교'에서 가르쳐야 할 가장 중요한 지침은 "결혼이란 무엇인가?"를 성경 속에서 찾고 예비 부부가 올바른 가정관을 정립하도록 돕는 것이라 믿는다.

성경에서는 아담과 하와의 결혼식에 주례를 서시는 하나님의 모습이 나온다. 재미있는 것은 주례를 서실 때 하나님에게서 이렇게 표현하셨다는 사실이다.

"이러므로 남자가 부모를 떠나 그 아내와 연합하여 둘이 한 몸을 이룰지로다"(창 2:24).

이상하지 않은가! 당시 아담에게는 떠날 부모가 없었다. 그런데도 하나님에게선 분명히 "부모를 떠나"라고 말하셨다. 왜 그러셨을까? 그것은 모든 인류를 대표하는 아담에게 "부모를 떠나"라고 말하심으로써 아담 한 사람에게만이 아닌, 오고 가는 모든 세대의 사람들에게 결혼의 가이드라인을 제시하셨다고 볼 수 있다. 즉, 이 말은 아담만 경청해야 할 메시지가 아니라 아담의 후손인 우리가 영원히 들어야 할 메시지로 하나님께서 의도하시고 주셨다는 것이다.

그런 측면에서 결혼의 첫 번째 원리는 부모를 떠나는 것이다. 하지만 뜻밖에도 떠나지 못하는 이들이 많아서 결혼 생활의 장애와 걸림돌을 안고 사는 부부가 너무도 많다. 우리가 밀라노에 살기를 원하면 지금 사는 곳을 떠나야만 밀라노에 갈 수 있다. 정말 아름다운 알프스 산맥을 등정하고 싶다면 어찌되었든 내가 사는 고향을 떠나야 오르든지 말든지 할 수 있다. 움직이지 않은 채, 발을 떼지 않은 채 알프스 산맥을 여행할 수는 없다.

그러므로 결혼 교육의 핵심은 "어떻게 하면 부모로부터 떠날 것인가?"에 두는 것이 가장 타당하다. 그 떠남은 단순히 분가하는 것만을 의미하지 않는다. 부모로부터 받았던 상처나 영향, 정신적으로나 경제적으로 의지했던 그 모든 것으로부터의 독립을 뜻한다. 부모의 영향 아래 있던 나 자신이 하나님과의 일대일 관계 속으로 뛰어드는 것이다. 이제는 나 자신이 인생의 주체가 되어서 삶을 설계하고 스스로 책임을 지는 것, 그것이 결혼인 것이다.

"결혼이란 어른으로 자랄 수 있는 마지막 관문이요, 기회다"라는 말에 우리는 귀 기울여야 한다. 이 결혼의 기회를 통해 신랑·신부가 좀더 준비되고 다듬어지지 않으면 그것은 곧 정비되지 않은 차를 끌고 먼 여행을 떠나는 것과 마찬가지이다. 타이어 상태는 어떤지, 엔진은 어떤지, 기름은 충분한지 등의 모든 문제들을 점검하고 떠나는 것이 당연하다.

그런 면에서 우리가 좀더 깊은 관심을 기울여야 할 측면은 개개인의 성품과 신앙 문제, 이제는 혼자가 아니라 둘이 함께 살아가야 하기에 서로의 개성을 어떻게 조화시키는가 하는 문제, 서로를 존중해 주는 인격의 문제, 서로의 비전을 어떻게 발전시키는가 하는 문제이다. 철이 철을 빛나게 하듯 부부는 부부를 빛나게 해 준다. 그래서 부부는 서로의 인격체를 그리스도 안에서 어떻게 성장시킬 것인가에 대해 함께 목표 의식을 가져야만 한다. 이렇게 가정이라는 공동체의 목표 의식을 함께 설정하도록 돕는 것, 이것이 주례 전 내가 신랑·신부에게 요구하고 가르치는 내용들이다.

이런 목표 아래 삶의 방향이 설정되면 '가족 사명서'를 작성하게 하고, 좀더 구체적으로 들어가 서로의 약점을 어떻게 서로 도울 수 있을지, 상대방의 연약함에 대해 어느 정도로 어떻게 개입해서 배우자를 섬기며 배우자의 삶을 완성시켜 줄 것인지에 주된 관심을 가지고 접근한다. 북 리뷰를 하기도 하고, 상담하는 시간을 가지기도 하면서 총 열 가지 사항의 과정을 다 마쳤을 때 나는 최종적으로 결혼 주례를 허락한다.

팁으로 활용해야 할 열 가지 기준

주례를 받기 전…

결혼은 어른으로 자랄 수 있는 마지막 기회라고 합니다. 준비 없는 결혼이 불행을 잉태합니다. 행복으로 가는 길을 안내하기 위한 길잡이로서 다음과 같이 제안합니다.

1. 결혼식을 치르기 전 혼전 상담((Premarital Counseling)을 하셔야 합니다. 혼전 상담은 결혼을 위한 예방 접종과 같으며, 3회에서 5회로 매번 60분에서 90분이 소요됩니다. 때에 따라 부모의 면담이 필요할 경우도 있습니다.

2. 나 자신을 목적 있는 삶으로 인도해 줄 나침반이 필요합니다. 이를 위해 가족 사명서(Mission statement)를 작성하셔야 합니다.
추가 사례 www.hifamily.net → 가정 사역 자료실
→ 33번, 행복 촌장의 사랑방 → 가족 소개 → 가족 사명서

3. 알프스 산을 등정하는 전문 산악인에게도 셀파가 필요하듯 행복의 정상에 올라서기 위해서는 행복 도우미가 필요합니다. 따라서 신혼의 1년을 돌보아줄 멘토(Mentor) 커플을 모실 수 있어야 합니다.
멘토 서약 www.hifamily.net → 가정 사역 자료실 → 59번

4. 결혼은 약속으로 이루어지는 믿음의 기업입니다. 본인 스스로 결혼의 서약을 작성하여야 합니다. 주례자에 의해 피동적으로 끌려오는 고백이 아니라 자신이 그 주체가 되도록 하기 위함입니다.
결혼 서약 www.hifamily.net → 가정 사역 자료실 → 34번

5. 벚꽃 입양으로 행복 거리 조성에 참가해야 합니다. 이런 일로 우리는 아름다운 세상 가꾸기에 참여하게 되며 사회인으로서 책임을 다하는 첫걸음이 됩니다.

6. 나눔 운동으로 행복 명가에 가입하셔야 합니다. 자세한 내용은 홈페이지에서 웨딩 1% 나눔을 참조하시면 됩니다. 동시에 결혼 후 행복한 가정을 만들기 위한

일에 노력 봉사가 필요합니다. 10시간 이상의 봉사로 결혼 구조단에 참여할 수 있습니다.

7. 결혼 전 결혼 준비를 위한 필독서를 3권 이상 읽고 토론 시간을 가져야 합니다. 이는 독서 요법(Book Therapy)으로 자신을 치료하며 배우자를 이해하기 위한 좋은 징검다리가 됩니다.

8. 부모에게 쓰는 편지가 있어야 합니다. 마지막으로 부모를 떠나면서 그 분들에게 드리는 감사의 편지를 쓰십시오. 부모에 대한 용서야말로 가장 큰 용서입니다. 이제 그들의 품을 떠나면서 감사의 인사를 전할 수 있어야 합니다.

> 편지 사례 www.hifamily.net → 행복 촌장의 사랑방 → 송길원의 요즘 생각 → 2003년 11월 8일자, 2004년 7월 21일, 송길원의 포토에세이 7번, 예식장을 눈물로 수놓은 사랑의 편지

9. 결혼 이후에 반드시 결혼 리엔지니어링을 위한 교육 과정을 밟아야 합니다. 이를 위해 미리 행복 예탁금을 납입하셔야 합니다. 행복 예탁금은 가족 기능 강화 프로그램에 쓰이며 본인의 몫입니다. 세 가지 유형이 있습니다 (다이아몬드 형, 골드 형, 실버 형).

10. 혹 이혼할 경우가 생길 경우 반드시 주례자의 허락을 받고 이혼한다는 약속을 해야 합니다. 이를 위해 공증을 할 수 있어야 합니다.

덤으로 행복 클럽(Mint club)에 가입하여 클럽 활동을 하셔야 합니다. 이는 계속되는 결혼 애프터서비스를 위한 최소한의 조치입니다.(www.hifamily.net www.sarangqt.org)

가정행복 프로듀서 송길원

1장_ 나는 결혼 주례를 이렇게 한다   23

결혼 준비 2. 떠남과 동시에 효도를 가르치라

결혼의 가장 중요한 지침은 "부모를 떠나는 것"에 있지만, 그것이 "부모에게 무관심하라"는 뜻이 아니다. 오히려 결혼은 보다 성숙한 인격체로의 출발이기 때문에 이제는 부모의 돌봄에서 떠나 부모를 섬기고 필요를 채워주는 측면이 더욱 많아야 한다. 더군다나 요즘은 맞벌이부부의 자녀 양육 문제로 인해 부모와 함께 살거나 부모 근처에 사는 부부가 많다. 이로 인해 신부에게는 시부모를, 신랑에게는 장인, 장모를 잘 섬겨야 하는 숙제가 결혼과 동시에 주어진다. 아니, 부모와 멀리 떨어져 사는 부부라 해도 이 숙제는 모두가 잘 풀어야 할 것이다.

때문에 결혼 전에 양가 부모에 대한 정보를 충분히 공유할 것을 예비 부부에게 권해준다. 그렇게 해서 미리 대비할 수 있는 부분은 대비하도록 하는것이 좋기 때문이다. 부모의 개성과 그들의 욕구를 미리 파악해서 며느리가, 혹은 사위가 그 필요를 채워주면 부모 마음의 빈자리는 그것으로 가득 채워지고도 남는다. 효도는 바로 그런 것이다. 부모의 마음을 미리 읽고 그 빈 마음을 기쁨으로 채워주는 것이다. 자식들을 결혼시킨 후 '왜 이렇게 애들이 전화 한 통도 없을까?'라고 외로워 하다가 마침내 분노로 폭발해서 "너희들은 왜 전화 한 통 없냐?"고 호통치고 야단법석을 떨어야 전화를 한다면 이미 때는 늦었다. '전화 한 통 없고, 참 인생이 무상하다'는 마음이 들기 전에 전화를 걸어 이렇게 말해야 한다.

"장모님, 요즘 적적하지 않으세요? 딸하고 사위 많이 보고 싶으시죠? 저도 장모님 보고 싶어요."

사위의 이런 한 통화의 전화 앞에 장모는 모든 서운함과 외로움이 녹아내린다. "아버님, 용돈도 넉넉하게 못 보내드리고 죄송해요. 아버님 뵐 면목이 없어요. 아버님 조금만 더 기다리시면 아버님 어깨에 힘이 들어가실 날이 올 거예요." 며느리의 이런 한 통화의 전화는 100만원의 용돈을 받는 것보다 시아버지의 마음을 더욱 든든하게 채워준다.

천성적으로 애교가 없어 절대로 그런 말을 못한다는 사람들도 있다. 하지만 결혼이 무엇이고, 어른이 된다는 것이 무엇인지를 안다면 부모에게 효도하는 법을 배워야만 한다. 노력해야 한다. 간혹 며느리에 대해, 사위에 대해 너무도 야박하게 구는 부모들이 있지만 시간을 가지고 자식의 진심과 사랑을 보여주고 섬긴다면 부모의 마음은 언제인가 녹게 되어 있다. 중요한 것은 결혼과 동시에 부모을 더 이상 의지하고 기댈 대상으로서가 아닌, 섬기고 사랑해야 할 대상으로 여겨야 한다는 사실이다. '누구는 부모 잘 만나 집도 샀다는데, 그 부모가 사업 자금도 대줬다는데…' 이런 마음이 며느리에게 있으면 절대로 시부모에게 용돈을 드리지 못하는 것에 대해 미안해하지 않을 것이다. 그러나 '누구는 아들, 며느리가 유능해서 부모 어깨에 힘이 들어가게 해 드리는데 우리는 아직 용돈도 못 드리다니…' 라는 마음을 가지는 며느리는 그 시부모에게 "일곱 아들보다 귀한 며느리"(룻 4:15)가 될 수 있다. 그 며느리로 인해 그 가문은 하나님의 축복이 넘치게 될 것이 분명하다.

물론 처음부터 부모를 잘 모시기는 쉽지 않다. 너무도 다른 문화 속에 살던 사람들을 하루아침에 부모로 모신다는 것은 결코 쉬운 일이 아니다. 그래서 부부는 서로의 울타리가 되어주어야 한다. 이것이 부모 섬김에 대한 핵심이다. 부모 섬김에 최선을 다해야 하지만, 설혹 그 부분이 서툴고 미숙할 때에도 그것 때문에 그들의 결혼 생활이 방해받지 않도록, 그것 때문에 서로에게 상처를 주지 않도록 울타리가 되어주는 성숙함이 필요하다. 부모에게 반드시 효도해야 하지만, 그것이 결혼 생활의 전부가 되어서는 안 되며 특히, 신랑 될 사람은 반드시 "부모를 떠나" 신부와 한 몸을 이루어야 한다. 신랑은 언제나 신부 편에서 신부를 위한 각별한 배려와 지혜를 쏟아낼 줄 알아야 하는 것이다.

나는 이런 사실들을 마치 강한 예방 접종을 하듯이 예비 부부에게 풀어낸다. 이 예방 접종이 각종 바이러스를 모두 다 막아낼 수는 없겠지만, 결혼 후의 행복을 갉아먹는 '행복 독감'이 찾아들어도 어느 정도는 이겨낼 수 있는 면역력을 형성하리라 믿는다.

결혼 준비 3. 자기 오픈을 통해 서로를 깊게 보게 하라

'결혼예비학교'를 통해 가장 중요하게 생각하는 것 중 하나는 신랑과 신부의 자기 오픈이다. 그간 교제하면서 서로에 대해 힘들었던 부분, 마음 속에 쌓아두었던 감정들을 노출시킴으로써 서로를 더 깊게 껴안을 수 있도록 돕기 위해서이다. 만약 이 때에도 서로에 대해 마음의 문을 열지 못하면 평생 열지 못할 것이라는 생각 때문에 나는 그들이 마음의 문을 활짝 열 수 있도록 경험담부터 들려준다. 신혼 초에 겪었던 성 트러블이나 용납하기 어려웠던 서로의 성격적인 차이들을 결혼 선배인 내가 털어놓는 것이다. 나에게도 문제가 있었다는 사실, 그 문제 앞에서 겪었던 시행착오와 노력의 과정들을 솔직하게 들려준다.

그러면 예비 신랑·신부는 하나둘씩 자신들의 문제도 털어놓는다. 더러는 우는 자매도 생기고, 더러는 심각한 얼굴로 고개를 떨구는 형제도 보인다. 남녀 차이인지, 기질적인 차이인지 모르겠지만 서로의 차이 때문에 힘들어했던 그들 마음의 진심이 노출되는 순간이다.

사실, 결혼 생활이란 단순히 좋아한다는 감정만으로는 살아갈 수 없다. 이런 사랑의 환상을 넘어서서 서로의 다른 점을 용납하고 맞추어 갈 수 있어야 한다. 결국 서로의 연약함과 서로의 절망적인 모습까지 껴안을 수 있어야 한다. 사랑의 기술을 배워야 하는 것이다. '사랑의 기술'이라 함은 이성을 잘 유혹하는 기술이 아니다. 사랑하는 남편, 사랑하는 아내를 잘 섬길 수 있는 기술이다. 극단적으로 표현하자면, 결혼이란 서로 다른 두 죄인이 만나 하나님 앞에서 사랑과 용서를 배워가는 과정이라 할 수 있다.

완전한 사람을 사랑하는 것이 아니라 죄의 속성을 지닌 인간을 사랑하는 일이기 때문에 그 사랑의 기술은 감정적 차원이 아니다. 의지와 지식의 차원에 더 가까울 수도 있다. 잘 섬기기 위해서는 사람을 알아가는 학습이 필요하고, 더욱 잘 섬기려는 의지적인 결단이 필요하기 때문이다. 무엇보다 지혜가 필요하다. 이 지혜를 얻기 위해 예비 신랑·신부들은 북 리뷰를 하기도 하고, 주례자인 나와 일대일 상담을 하기도 한다. 이 때 읽어야 할 책은 주례자가 선정해 준다.

갈등이 찾아올 때 그 문제를 풀어가는 지혜로운 대화법에 대한 설명, 문제를 지나치게 감추어 두거나 들추어 냈을 때 찾아오는 부작용에 대한 이야기도 들려준다. 예비 신랑·신부는 보다 현실적인 결혼 준비를 해 나가는 것이다.

이 때, 각자 자라온 부모의 환경을 털어놓는 것은 결혼 생활을 설계하는 데 많은 도움이 된다. 어떤 부모 밑에서 자라 어떤 영향을 받았는가는 그 사람의 결혼 생활에 가장 큰 영향을 주는 것이 사실이기 때문이다. "싸우면서 배운다"는 말처럼, 부모의 나쁜 모습을 많이 보고 자란 경우에는 결정적인 순간에 그 모습 그대로를 따라가는 경우가 많다. 나에게 남아 있는 부모의 유전자가 일정한 환경이 주어졌을 때 활동하게 되는 것이다. 그런 점에서 부모의 결혼 생활을 본인들이 어떻게 평가하고 타산지석으로 삼느냐는 것은 매우 중요한 문제이다. 그렇다고 부모의 결혼 생활을 난도질하자는 것은 아니다. 앞부분에서 밝힌 대로, 부모에게서 떠나 둘이 한 몸을 이루기 위한 점검이자 준비 과정일 뿐이다.

결혼 준비 4. 성, '지식'이 아닌 '태도'를 가르치라

이런 식으로 많은 정보들과 마음을 주고받게 되었을 때 최종적으로 '성'에 대한 이야기를 꺼낸다. 사실, 성에 대한 우리의 상식은 허점이 너무 많은 것이 사실이다. 많은 생물학적 지식만 가지고 있을 뿐, 구체적이고 실질적인 지식을 소유한 이는 많지 않다. 예비 신랑·신부들도 예외는 아니다. 각종 미디어를 통해 성에 대한 왜곡된 환상을 가지게 되었기 때문일 것이다. 그렇다고 부모가 차곡차곡 가르쳐 주는 경우도 드물기 때문에 성의 문제는 주례자의 가장 큰 과제이자 몫이다. 그래서 나는 성에 대해 지식적으로 접근하기보다는 태도로 접근한다. 넘쳐나는 각종 성 지식은 사실 올바른 성적 태도만 가지고 있다면 얼마든지 소화할 수 있다고 본다.

부부의 성 문제도 마찬가지다. 신혼 초기에 찾아오는 각종 성 트러블은 서로가 성에 대해 바른 태도만 가지고 있다면 자연스레 해결될 수 있는 문제들이다. 성을 추하고 더럽게 보느냐, 쾌락과 환희의 극치로 보느냐, 자녀 생산의 수단으로 보느냐, 아니면 하나님께서 허락하신 부부 사랑의 큰 선물로 보느냐에 따라 성 트러블을 어떻게 극복할지, 성을 어떻게 관리하고 다루어야 할지에 대한 해답을 찾을 수 있다.

이를 위해 나는 엉뚱하게도 신혼 첫날밤 관계를 가지기 전에 기도를 드리라고 권해준다. 기도한 후에 부부 관계를 가지라는 것이다. 사실, 부부간의 성은 하나님께서 주신 소중한 선물이다. 그러기에 우리가 그 선물을 놓고 감사기도를 드리는 것은 당연한 일이다. 감사하지도 않은 채 육체의 소욕을 따라 서로를 내맡긴다는 것만큼 위험천만한 일이 어디 있겠는가? 냉수 한 잔을 놓고도 감사하는 마음을 가지는 그리스도인들이 하나님께서 주신 가장 큰 선물을 놓고 기도도 없이 성생활을 한다는 것은 너무도 이율배반적인 일이다. 그야말로 낮의 신학과 밤의 신학이 다른 꼴인 것이다. 나는 예비 신랑·신부에게 이 사실을 강조한다. 생각해 보라. 첫날밤을 치르기 전의 신랑·신부가 서로의 손을 맞잡고 다음처럼 기도하는 그 모습이야말로 가장 아름다운 모습이 아니겠는가.

"사랑하는 하나님, 이 귀한 것을 우리에게 선물로 주셔서 나누게 하시니 감사합니다. 평생 우리에게 성 트러블이 없게 해 주시고, 또 경건한 자손을 얻을 수 있게 하나님에게서 우리를 도와주시옵소서. 성에 대한 조바심도 사라지게 하시고, 서두르지 않게 하시며, 나의 필요가 아니라 상대방을 잘 섬기는 것을 성을 통해 배울 수 있게 해 주십시오. 그리고 진정 주에게 원하는 바는 이렇게 아름다운 성이 구겨지거나 오염되지 않도록 우리가 아름답게 헌신하는 시간이 되도록 도와주십시오."

이런 기도를 신혼 첫날밤에 드린 후에도, 결혼 생활을 하는 동안에 잠깐이라도 이에 대해 기도드린 후 성의 기쁨을 나눌 수 있다면 그 얼마나 아름다운 일이겠는가. 왜냐하면 부부간의 성이야말로 진정 감사드려야 할 것이기 때문이다.

"하나님, 이렇게 아름답고 고운 배우자를 주셔서 감사합니다. 믿을 수 있는 남편을 주신 것 감사드립니다. 오늘도 우리가 이렇게 하나될 수 있게 하신 것 감사합니다. 우리가 이렇게 서로에 대해 늘 고마움을 간직하며 살게 도와주십시오."

성(性)이란 말 자체 속에도 마음(心)이 열려야 몸(生)이 열린다는 뜻이 담겨 있다. 그런데 우리는 어떠한가. 마음도 열기 전에 몸부터 열려고 하니까 상처가 나고 고통이 뒤따르는 것이다. 첫날밤을 잘못 보낸 탓에 성 불감증, 신혼 우울증, 성 기피증 등 갖가지 정신 질병에 시달리는 부부가 지금도 얼마나 많은지 모른다. 기도를 통해 서로의 마음을 열고, 기도를 통해 서로의 마음 자세를 달리하면 부부의 성은 서로의 일치를 이루는 가장 좋은 도구가 될 수 있다.

그러나 그것은 처음부터 가능한 일이 아니다. 그래서 나는 예비 부부에게 아름다운 성을 위해 조급해 하지 말 것을 권한다. 사랑의 기술에는 시간이 필요하고 과정이 필요하다. 음식을 먹을 때도 애피타이저, 메인 요리, 디저트가 있듯이 성적 일치를 이루는 데도 이런 과정이 필요함을 알려주는 것이다. 사전 무드를 조성하고 사랑의 대화를 나눈 후에 부부 관계를 가져야 하며, 관계 후에는 서로에 대해 어떤 에티켓을 지녀야 하는지를 알려준다. 또한 현실적으로 첫 경험에 오르가즘을 느끼기란 여간해서 쉽지 않다는 사실도 알려준다. 물론, 소설이나 영화 속에서야 가능하지만 현실 속에서는 그렇지 않다. 실제적으로 성행위는 자기 몸을 찢는 고통이다. 그래서 전위가 중요하고, 남녀의 성적 차이를 아는 것이 중요하다. 그래야만 첫날 밤을 치른 후에 당황하지 않고 성에 대한 바른 태도를 견지할 수 있다. 그렇게 바른 태도로 접근해 나가면 얼마 지나지 않아 곧 통증이나 두려움은 사라지고 부부 관계의 환희와 기쁨을 맛볼 수 있는 것이 성이기도 하다.

이런 이야기들을 나누다보면 예비 부부들은 매우 쑥스러워 하면서도 무척 진지하게 듣고 반응한다. 주례자와 예비 부부가 앉아 이런 이야기를 나눈다는 것이 어려운 일일 수도 있지만, 성에 대한 가이드라인까지 나누며 장차 이룰 가정의 설계도를 보다 구체적으로 그릴 수 있다면 그것이야말로 주례의 훌륭한 애피타이저가 된다고 믿는다.

결혼 준비 5. 위기관리 능력이 결혼 성공의 열쇠

결혼하는 부부는 누구나 행복을 꿈꾼다. 다른 사람들이 다 불행해도 자신들만큼은 행복할 것이라 믿기에 많은 수고와 대가를 치르고서라도 결혼을 감행한다. 그러나 행복을 지속시키기 위해 계속적인 대가를 감수하고 노력하고 헌신하고 기도하는 부부들은 애석하게도 많지 않은 것 같다. 부부 두 쌍 중 한 쌍이 헤어지는 이혼 증가 추세는 이 사실을 잘 반영해 준다. 이제 우리 나라는 미국 다음으로 이혼율이 높은 나라가 되어버렸다.

왜 이렇게 되었을까? 이혼율이 높다는 것은 이혼 부부가 많아졌다는 사실만으로 그치는 것이 아니다. 부득불 깨진 가정의 아픔 속에서 상처받고 자라는 아이들이 많아졌다는 것을 뜻하고, 이는 곧 사회 전체의 상처와 아픔으로 이어진다는 것을 뜻한다. 이제 사회 구조 자체가 건강하고 따뜻하게 돌아가기 위해서는 가정 하나하나가 잘 세워지지 않으면 안 된다. 한참 꿈에 부풀어 결혼을 준비하는 예비 부부에게 이런 사실을 인지시키지 않을 수 없는 것은 그 때문이다. 어쩌면 너무 꿈에 부푼 채 결혼을 한다는 것이 문제가 될 수도 있다. 현실이라는 기반 위에서 서로를 바라보는 현실적인 자세가 필요하다.

현실적인 자세를 가지기 위해 무엇보다 우리가 결혼 전에 확실히 알아야 할 것이 있다. 사랑은 결코 감정적인 차원만이 아니라는 것이다. 사랑은 감정적인 기반 위에서 출발하지만 하나님 앞에서의 약속이자 그 약속을 지켜내려는 의지의 산물이다. 이 사실을 모르고 결혼하는 것만큼 위험한 일이 없다.

사실, 우리가 이성을 만났을 때 느끼는 설렘의 감정이나, 두근거리는 심장, 얼굴이 발그스레해지는 현상 등은 뇌의 화학 물질 분비에 의한 하나의 반응들이다. 어느 한 사람에게 사랑이라는 감정을 느꼈을 때 뇌에서는 자연스럽게 이런 화학 물질이 분비되고, 그 물질의 분비 작용으로 우리의 가슴이 뛰는 것이다. 재미있는 것은 그런 뇌 분비의 반응 자체가 18개월에서 길어야 30개월 이상 지속되지 않는다는 사실이다. 한 사람에게 반응하여 분비되는 뇌 분비 물질이 그 이상 지속될 수 없다는 연구 결과가 이미 객관적으로 검증된 바 있다. 더군다나 아이를 낳고 나면 그런 감정은 거의 사라진다고 한다. 더 놀라운 것은 한번 사라진 그 화학 물질의 분비는 더 이상 같은 대상에게서 나오기 어렵다는 것이다.

18개월에서 30개월. 그러나 내가 보기에 이만큼의 개월 수도 넉넉잡고 계산된 것 같다. 신혼 초기가 지나면 대부분은 사랑하는 감정이 식어버린다. 그리고 이 때부터 갈등이 시작된다.

이것은 무엇을 말하는가? 사랑의 감정이 식고 나서야 비로소 상대방의 단점이 보이기 시작하고, 사랑 없이 단점을 수용하려니까 갈등이 해결되지 않는다는 것이다. 그렇다면 우리는 어떻게 해야 하는가? 우리의 결혼 생활을 사랑이라는 감정의 흐름에 내맡기지 말고, 사랑이라는 감정이 식기 전에 '사랑의 기술'을 익히는 것이 가장 좋다고 본다. 그렇다면 '사랑의 기술'이란 또 무엇인가? 앞서 말한 대로, 그것은 곧 섬김에 대한 기술이자, 위기관리 능력이기도 하다. 위기 앞에서 나 자신을 어떻게 관리해서 극복하느냐, 위기 앞에서 상대방을 어떻게 격려하고 용납하고 세워주느냐의 문제가 바로 '사랑의 기술'이다. 따라서 연애 시절은 이런 기술을 익힐 수 있는 가장 좋은 시기이고, 신혼기인 결혼 1, 2년은 이런 기술을 현실 속에서 익힐 수 있는 최적의 시기이다. 배우자를 사랑하기 때문에 나를 관리하는 법을 더욱 익히고, 배우자를 사랑하기 때문에 배우자의 단점을 덮어주고 용납해 주는 법을 배워가는 시기가 바로 신혼 초기인 것이다.

그러나 요즘은 이런 위기관리 능력이 너무도 약해졌다. 사회 자체가 약

육강식의 생존 구조로 급변하고 있는 것도 문제이지만 그런 문제 앞에서의 대처 능력이 많이 약하다는 것도 문제이다. 또한 그 약한 대처 능력을 참아주고 기다려주지 못하는 연약함도 있다. 상대를 위해 내가 먼저 희생하고 섬기는 모습이 사라진지도 오래다. 그렇게 사는 사람을 오히려 바보스럽게 생각하기 때문이다.

하지만 진정한 사랑이란 결국 헌신과 섬김 없이 이루어지지 않는 법이다. 아무리 자식을 엄격하게 키우는 부모도 그 바탕에는 자식을 향한 헌신과 인내가 깔려 있다. 그것이 없다면 부모는 폭력 부모가 될 수밖에 없다. 자식이 성인으로 자라기까지 부모 속 태우는 일이 어디 한두 번뿐이겠는가. 아무리 엄격한 기준을 가진 부모라 해도 참아주고 기다려주고 용납해주는 모습이 있었기에 자식은 반듯하게 자라나는 것이다. 그것이 사랑이다. 그것이 사랑의 기술이다.

부부간에도 마찬가지이다. 사랑이라는 이름으로 결혼하여 함께 살아간다는 것은 수많은 위기와 갈등을 극복하며 살아가는 것을 뜻한다. 위기를 관리하고 극복하기 위해서는 나보다 상대방을 배려하는 이타심이 있어야 하고, 상대방을 세워주는 법을 배워가며 실천해야 한다. 결국 행복한 가정은 상대방에 의해 만들어지는 것이 아니라, 각자의 능동적인 노력과 헌신에 의해 세워지는 것이다.

나는 예비 부부에게 이런 질문을 던지곤 한다.

"왜 결혼하세요?"

그러면 다들 이렇게 대답한다.

"사랑하니까요."

그러나 그 답은 정답이 아니다. "사랑하니까" 결혼하는것이 아니라 "사랑하기 위해서" 결혼하는 것이다. 사랑하니까 결혼한다면 사랑이란 감정이 식은 후에는 헤어지겠다는 뜻이 아닌가. 그러나 사랑하기 위해 결혼한다면 그 가정은 앞으로 가야 할 방향과 목적이 분명해지는 셈이다. 그 말 속에는 결혼이란 무엇인지에 대한 정의까지 들어 있다. 결혼이란 결국 배우자를 통해 나의 사랑을 학습해 가는 과정이다. 따라서 상대방의 행동에 따라 내가 흔들리는 것이 아니고, 상대방이 보여주는 어떤 위기의 장면이 모두 나에게는 학습의 소재이자 재료가 될 수 있다. 그런 상황에 내가 어떤 반응을 보이느냐가 결국은 나의 사랑 실습 시간이 되는 것이다. 신랑이든 신부이든 각자 이런 사랑 실습에 착실하게 반응하면 그 결혼 생활은 아름다운 모습이 될 수 있다.

물론, 처음부터 위기관리 능력이 배양되는 것은 아니다. 처음부터 수영을 미리 배운 후 물 속에 뛰어드는 사람은 아무도 없다. 물 속에 뛰어든 다음에 수영을 배운다. 물도 먹고 허우적거리다가 수영을 배워간다. 그런 일련의 과정을 지나면서도 착실하게 배움의 자세를 잃지 않으면 결국 깊은 물에서도 수영을 할 수 있는 사람이 된다. 깊은 물에서도 익사하지 않고 바다를 건너갈 수 있는 것이다.

신혼 초기는 이제 막 수영의 몸짓을 시작한 시기이다. 이제 막 행복을 향해 아장아장 걸음마를 걷고 있는 단계인 것이다. 모든 것이 어설플 수밖에 없다. 따라서 피차 서로의 그런 아기 같은 모습을 인정하는 것이 필요하다. '나도 아직 어리고 저 사람도 아직 어리구나' 라는 인식 하에 서로를 보아 주고 기다려 주어야 한다.

하지만 많은 경우 그렇게 되지 않아 문제가 발생한다. 신데렐라를 꿈 꾸거나, 왕자를 꿈꾸며 결혼하기 때문에 상대에 대한 기대치가 너무 높은 것이다. '내가 이럴 때 상대방이 이런 반응을 보여주어야 하는데' '적어도 나에게 이렇게 대해주어야 하는데' 라는 꿈부터 꾸기 때문에 섭섭함이 커지고 감정의 골이 깊어지면서 서서히 대화가 끊기기 시작한다. 그리고 그런 작은 문제들의 연속선상에서 큰 문제가 "쾅!" 하고 터지면 둘은 그 위기를 감당하지 못하고 돌아서게 되는 것이다.

결혼 생활의 가장 중요한 자세는 결국 "사랑하기 위해서 결혼했다", "지금은 사랑 학습 중"이라는 말로 결론지을 수 있다. 언제나 이런 자세로 상대방을 바라보면 우리는 그만큼 마음의 여유를 찾게 된다. 지혜로운 사람은 날씨를 탓하지 않는다. 옷을 바꿔 입는다. 더우면 옷을 벗고, 추우면 옷을 껴입을 뿐이다. 내가 분노하고 있다면 스스로 기대치를 낮출 줄 아는 사람이 지혜로운 사람이다.

나는 결혼을 앞둔 예비 부부에게 이 사실을 결론적으로 강조한다. 행복한 '결혼 생활을 만드는 주체는 상대방이 아니라 바로 나 자신' 임을 당사자들에게 숙지시키는 것으로 주례자의 애피타이저를 마치게 된다. '결혼

예비학교'는 이렇게 5주 동안 위와 같은 내용을 전달할 수 있는 질문을 던져 답을 쓰게 한 후, 그 답을 함께 점검해 가는 방식으로 진행된다. 또한 그 과정을 마친 커플들도 경우에 따라 한 달에서 두 달, 많게는 다섯 달 사이에 틈틈이 깊은 상담을 통해 결혼 생활의 기초를 다지게 한다.

주례사의 구체적인 내용들

'결혼예비학교'에서 나누는 내용들을 간략하지만 비교적 소상히 적어 본 것은 위의 내용들이 곧 결혼 당일의 주례 내용이 될 수 있기 때문이다. 이런 내용들을 잘 거르고 혼합해서 각 주례자만의 독특한 주례사를 만들어도 좋을 듯싶다. 이미 '결혼예비학교'를 통해 이런 내용들을 나누었다면 당일의 결혼식에서는 좀더 실질적이고 구체적인 결혼 생활 지침을 나누는 것이 좋다.

나는 약 15분 정도 주례사를 하는데 이 시간 동안 신랑·신부뿐 아니라, 이미 결혼 생활의 경험이 있는 하객들, 결혼의 꿈을 간직한 미혼자들까지 함께 호흡할 수 있도록 최선을 다해 주례를 한다. 무엇보다 다함께 '공감' 하며, '재미'를 느끼며, 결국은 '감동'으로까지 가게 하는 것이 주례의 목적이라 할 수 있다.

이를 위해 어떤 목회자는 주례 설교에서 다음과 같은 실제적인 권면을 하기도 한다.

"남편 되는 신랑에게 권면합니다.
- 결혼 기념일과 아내의 생일을 잊지 마십시오.
- 나무를 가꾸는 정원사의 심정으로 아내를 대하십시오.
- 모든 일을 아내와 의논하고 결정하는 습관을 기르십시오.
- 진정한 행복은 사랑의 대화입니다. 많은 대화를 나누십시오.
- 마음에 상처를 주는 농담이나 가족의 이야기를 삼가하십시오.
- 남편의 매력은 너그러움입니다. 한 걸음 양보하십시오.
- 가정의 경제를 아내에게 일임하여 보람을 가지고 살림에 임하도록 하십시오.

또 아내 되는 신부에게 권면합니다.
- 아름다움과 재치와 근면하고 현숙한 아내가 될 것을 꿈꾸십시오.
- 음식을 정성껏 준비하여 식탁을 친교와 화목의 장으로 가꾸십시오.
- 웃으며 남편의 이야기를 들어주고 결코 혼자 중얼거리는 일을 하지 마십시오.
- 남편에게 혼자만 지낼 수 있는 정신적인 휴식시간을 주십시오.
- 중요한 일은 꼭 남편의 결정을 따르십시오.
- 가정을 성전으로 만들어 하나님의 축복이 머물도록 하십시오."

왜 이렇게 사소한 일까지 시시콜콜하게 잔소리를 하느냐는 분들도 있겠지만 실제로 젊은이들이 결혼 주례에서 바라는 것은 생활에서 실천할 수 있는 실제적인 가르침이다. 또한, 이런 실제적인 가르침을 하다보면 하객들도 함께 공감하며 자신의 결혼 생활을 돌아보게 된다. 가령, "화를 내더라도 교대로 내고 동시에 소리 지르지 마십시오"라는 권면을 했을 때 하객들 중에는 마음속으로 "맞아, 맞아. 우리 집이 그래서 싸움이 자주 일어났어"라고 맞장구를 치는 사람이 분명 있다는 것이다.

또한 감동적인 결혼 주례를 위해서는 주례자 자신의 경험담을 들려주는 것도 매우 좋은 방법이다. 누군가 이야기한 대로 "결혼이란 어떤 나침반으로도 항로를 발견할 수 없는 거친 바다의 항해"이다. 행복과 평안만이 있다면야 굳이 결혼 주례를 할 필요가 없을지도 모른다. 서로의 사소한 단점을 수용하고 받아들이는 문제에서부터 자녀 양육의 어려움, 큰 시련 앞에서의 대처법 등 여러 파도를 넘어야만 하는 것이 결혼 생활이다. 누구든 결혼 생활을 겪으며 시행착오를 하고 실수를 하고 아픔을 겪는다. 실망, 절망, 낙망의 단계를 겪는 것이다. 그러나 하나님 나라 백성은 그런 실수와 아픔에도 불구하고 하나님의 사랑과 은혜 안에서 소망으로 나아간다. 주례자가 그런 이야기를 들려줄 때 신랑·신부뿐 아니라 하객들은 재미와 감동을 동시에 선물 받게 된다.

따라서 주례자는 결혼 생활에서 가장 즐거웠던 기억이나 감동적인 순간도 이야기해야 하지만 그것보다는 가장 위험하고 위태로웠던 경험을 들려주는 것도 좋다. 그래서 어떤 목회자는 이혼을 생각하고 홀로 눈물을 곱씹었던 위기의 순간을 털어놓기도 한다. 과거의 경험을 있는 그대로 쏟아 놓는 모습을 보면 사회적으로 덕망도 있고 성공한 목회자로서 존경을 받아 온 그에게 그런 아픔이 있었다는 것이 믿어지지 않을 정도다.

하지만 뜻밖에도 그런 주례는 강력한 힘을 가진다. 어느 누구도 부인할 수 없는 흡입력으로 결혼 예식에 참가한 사람들의 마음을 사로잡고 그 영혼을 뿌리부터 흔들어 놓는다. 또 결혼에 대한 환상이나 쓸데없는 자존심 때문에 하나님 앞에서 서약한 결혼을 경솔하게 여기는 실수를 저지르지 않도록 하는 강한 권면의 힘도 가지고 있다. 그럼에도 불구하고 한 가지 주의해야 할 것은 이 때, 주례자의 경험 자체가 어떤 간증 집회처럼 흘러가서는 안 된다는 사실이다. 주례자의 경험담은 신랑·신부를 권면하고 축복하기 위한 하나의 예화로서의 기능을 가지고 있다는 사실을 잊지 말아야 한다.

나도 이미 가정 사역 전문가로 알려져 있지만 결혼 생활의 실수와 허물이 없었던 사람이 아니다. 누구보다 많이 싸우고, 누구보다 결혼 생활을 힘들어 했었다. 그런 과정이 있었기 때문에 가정의 소중함, 아내의 소중함을 깨달을 수 있었고, 가정 사역자로서의 사명을 가지게 되었을 것이다.

이런 나의 경험을 살려 주례를 해 나가면 회중들은 배꼽을 잡고 웃기도 한다. 결혼 생활에서 가장 안 되는 부분이 무엇인가. 상대방이 실수했을 때 그것을 덮어줌으로써 득점의 기회로 살리지 못하고 비꼬고 지적함으로써 실점을 하게 되는 부분이다. 실제로 내가 그랬다. 덜렁거리는 아내와 완벽주의에 가깝게 꼼꼼한 나의 결혼 생활은 사사건건 부딪침 그 자체였다. 그러나 수많은 시행착오 끝에 기질적인 단점은 서로가 도와주어야 하고 채워

주어야 하는 부분임을 비로소 알게 되었다. 아내의 선천적인 특징은 내가 뜯어고칠 수 있는것이 아니라 내가 채워주고 도와주어야 할 부분이라는 것이다. 그 다음부터 우리집은 서로의 모습 그대로를 용납하는 법, 장점대로 활용하는 법이 잘 훈련된 가정이 되었다. 영수증이나 동전을 못 챙기는 아내를 대신해서 다그침 대신 내가 챙겼다. 화장은 잘하는데 화장품을 정리하지 못하는 아내를 대신해 화장대 정리는 늘 내가 했다. 그러다보니 어느덧 아내의 덜렁대는 습관도 많이 고쳐져 있었고, 우리 부부 사이는 세상에서 가장 호흡이 잘 맞는 영혼의 친구가 되어 있었다. 누가 실수하면 그것을 웃음으로 받아넘길 수 있는 마음의 여유를 가족 모두가 가지게 되었다. 얼마 전에도 외국에서 엄마와 함께 공부하고 있는 아들 녀석이 내게 이런 메일을 보내왔다.

"아빠, 드디어 엄마가 신기록을 수립했어요! 부엌에서 그릇 세 개를 동시에 깨뜨렸거든요. 아마 여태까지 깬 것 다 합하면 한 살림 차려도 남을 거예요."

나는 그 메일에 이런 반응을 보였다.

"하긴, 그래서 우리는 늘 엄마의 생음악을 듣고 살잖니? 그것도 교향곡으로 말이다. 그런 엄마가 있어서 얼마나 감사하냐? 그런 엄마 때문에 우리는 웃을 수 있고, 돈도 더 열심히 벌어야 하니 얼마나 감사한 일이냐? 그게 다 의미 있는 경제 활동이다. 생산을 위해선 소비가 필요한 거다."

나의 메일 때문에 온 가족이 웃었다는 답장이 왔다.

나는 이런 이야기를 주례에서 들려준다. 모든 가정에서는 사소한 일로 다툼이 일고 감정적인 상처를 주고받게 된다. 하지만 유머와 재치는 그런 불필요한 상처를 받지 않게 해 준다. 가정을 웃음과 행복으로 이끌어 준다. 그래서 나는 주례사에서 실제적인 권면을 할 때 웃음과 재치를 늘 강조한다. 이를테면 이렇게 권면하는 것이다.

"사랑이란 무엇입니까? 사랑의 사전적 의미는 '만족하게 한다, 배부르게 한다' 라는 뜻입니다. 그럼 어떻게 해야 만족하게 하고 상대방을 배부르게 할 수 있을까요? 'Love' 라는 단어의 철자를 보십시오. L은 'Laugh' 즉 '웃다'에서 나온 첫 자입니다. 참사랑은 상대방에게 웃음을 준다는 것입니다. 하루에 한 번만이라도 미소를 지으세요. 미소는 진공청소기와 같습니다. 우리의 슬픔, 걱정, 분노, 불안, 두려움 이 모든 것들을 빨아당겨주니까요. 미소는 압축파일과도 같습니다. 소망과 희망과 우리의 미래들을 다 압축해 놓은 파일이니까요.

신랑·신부! 이런 미소를 하루에 한 번씩만 지어볼 수 있겠나?(이 부분부터는 부드러운 어투로 말한다). 특히 신랑은 집에 들어올 때 근심 걱정을 가져오면 안 돼. 집은 감정의 쓰레기통이 아니잖아. 집에 와서 근심, 걱정을 풀어놓지 말고 웃음 보따리를 풀어놓아서 신부를 하루에 한 번 웃게 할 수 있겠니? 대답해 봐. 그래서 영어의 가장 긴 단어는 스마~일스(smiles)야. 왜? S에서 S사이가 1마일이나 되니까. 한 번만 미소 지어도 1마일을 달려갈 수 있는 힘을 얻게 된다는 것이 미소의 진정한 의미지. 돼지도 미소를 크게 지어야 값이 더 나간다는데… 어떻게 미소 한 번 지금 지어볼 수 있겠나? 거기다 부부가 하루에 한 번만 목젖이 보이도록 웃을 수 있어봐. 행복이 저절로 영그는 거야. Laugh! 늘 이 마음가짐으로 살아라.

Love의 'O'는 무슨 단어에서 나왔을까요?(청중에게 질문 유도). 그렇죠. 'Okay'에서 나왔습니다. 어떻게 상대방을 긍정할 것이냐? 이것이 문제라는 거예요. 문제는 'I'm OK'는 많은데 'You're OK'가 없다는 거예요. 상대방을 긍정하는 일 중에 가장 아름다운 긍정은 칭찬해 주고 세워주는 겁니다. 이래서 칭찬은 귀로 먹는 보약이에요. 신부! 내 묻겠다. 하루에 한 번씩 신랑을 꼭 칭찬할 수 있겠어? 신부는 하루에 한 번, 한 가지씩 신랑을 칭찬해 주어야 해. 알았지?(친밀감을 주는 어투 사용).

그 다음 'V'는 Victory, 즉 '서로 승리'의 약자입니다. 윈윈(win win) 하기 위해서는 상대방의 필요를 잘 헤아려야 해요. 상대방의 필요에 민감하라는 말이에요. 신랑·신부 혹시 미국에 가 봤어? 미국에 가면 앰뷸런스의 영어 철자가 옆구리에는 제대로 새겨져 있는데 프런트 범퍼에는 거꾸로 쓰여 있단 말이야. 왜 그런 줄 알아? 이유가 있어. 앞의 차들은 백미러를 통해 뒷차를 식별하지. 그러니까 거꾸로 써 두어야 제대로 보이는 거지. 이게 미국의 서비스 정신이야. 우리는 흔히 서비스를 이야기할 때 '눈높이'를 이야기하지만 그것을 뛰어넘는 것이 '거꾸로' 정신이지. 예부터 금슬 좋은 부부를 삼각배필이라 했는데 이유가 하나 있어요. 부부는 이제는 따로따로 경기를 하는 것이 아니라 함께 뛴다는 의미입니다. 이 때 핵심은 호흡을 맞추어야 하는 것이고, 한 사람이 쓰러지면 옆에 있는 사람도 쓰러지고 말지요. 그래서 언제나 공동 승리만을 생각하며 상대방에 대한 배려와 친절을 놓치지 말아야 할 것입니다.

또 E는 'Enjoy', 즉 서로 즐기라는 말이에요. 그러기 위해서는 평생 두 사람의 결혼 생활의 즐거움을 어디에다 두고 살 것인가 하는 문제가 아주 중요합니다. 학문의 즐거움이 있는가 하면 먹는 즐거움도 있고 교제의 즐거움도 있습니다. 서로 시간을 나눌 수 있는 공통분모를 찾아야 합니다. 가치 있는 것에서 공통분모를 찾을 때 두 사람은 평생 즐거움을 함께 나눌 수 있어요. 이 때 핵심은 시간입니다. 저는 3분이야말로 마법의 시간이라 여깁니다. 이를테면, 컵 라면도 3분이면 OK입니다. 즉석 사진도 3분이면 현상이 되지요. 거기다 신랑 권투 좋아해? 목숨 걸고 싸우는 권투도 1라운드가 몇 분인지 알지? 3분. 거기다 모든 응급차는 출동시간이 3분 이내가 목표입니다. 상대방을 설득하는데도 3분이면 충분하지요. 그래서 엘리베이터 브리핑이란 말까지 등장했습니다. 3분 안에 사업의 성패를 결정할 수 있는 시간이란 말입니다.

신랑·신부 많이도 말고 함께 즐기기 위해 3분을 내 놓으란 말이지.”

이런 식으로 준비한 나의 주례사는 약 3~5가지 정도 된다. 주례사는 반복이 될 수밖에 없기 때문에 기본적으로 서너 가지를 준비했다가 상황에 맞는 주례사를 선택해서 사용하면 된다. 그러나 똑같은 주례사라 하더라도 신랑·신부에 대한 주례자의 각별한 애정을 표현하기 위한 좋은 방법이 없는 것은 아니다. 하객 가운데는 신랑·신부를 잘 모르고 찾아온 일가친척도 있으므로, 주례자는 신랑·신부에 대한 잠깐의 소개를 곁들일 필요가 있다. 이 때 신랑·신부의 모습을 가장 잘 드러내주는 과거의 에피소드나 그들의 별명, 장·단점 등을 적절하게 소개해 주면 특별한 주례사라는 느낌을 줄 수 있다. 주의할 점은 그들을 너무 거창하게 소개하거나 억지웃음을 위해 우스갯감의 소재로 그들을 전락시키지 말아야 한다는 점이다. 신랑·신부 소개는 주례자의 신랑·신부를 향한 친밀감을 표현하는 정도에서 그쳐야지, 그 이상이나 이하가 되면 듣는 사람이 역겹거나 민망해 진다는 사실을 잊지 말아야 한다.

주례 설교의 원고를 신랑과 신부에게 나눠주라

아무리 주례를 멋지게 한다 해도 일생에 한 번뿐인 결혼식을 위해 단 위에 서 있는 신랑과 신부는 대체로 정신을 차리지 못하고 진땀만 흘리는 경우가 많을 것이다. 여러 하객들 앞에서 긴장한 탓도 있고, 사람의 인생에서 가장 중요한 시기라는 압박감에서 오는 부담감도 클 것이다.

이런 상황이기에 주례자가 아무리 좋은 권면을 한다고 해도 그 내용이 머리 속에 고스란히 남아 있기를 바라는 것은 분명히 지나친 기대이다. 차라리 신랑·신부가 신혼여행지에서 안정감을 되찾고 결혼에 관한 생각을 되짚어보며 다시 한 번 읽어볼 수 있도록 원고를 선물하는 것은 어떨까? 내 주변에도 실제로 이렇게 하는 목회자가 몇 사람 있다.

어떤 목회자는 결혼 주례가 담긴 비디오테이프를 신랑·신부에게 선물하기도 한다. 시간 날 때마다 부부가 함께 틀어보며 결혼의 의미를 되새겨 보라는 뜻이다. 물론, 결혼식 비디오는 누구나 다 찍지만, 주례사 목소리를 끝까지, 제대로 녹음한 비디오는 거의 없다. 그래서 주례 비디오를 따로 찍어 선물하는 것이다. 영락교회의 한 장로는 45년 전에 받은 주례 설교를 녹음해 결혼 기념일마다 되새겨 듣는다고 한다. 이 얼마나 멋지고 아름다운 일인가! 우리의 기억력이 아무리 좋아도, 아무리 뚜렷하게 떠오르는 추억이라 해도 남겨진 기록보다 좋지는 않을 것이다. 문서나 영상으로 남겨진 기록은 볼 때마다 추억을 새록새록 더해주는 것 같다.

결혼식은 일종의 서비스다

결혼식에서 주례사는 중요한 순서이지만, 그것만으로는 감동적인 혼인예식이 될 수 없다. 아무리 인상적인 주례사를 한다고 해도 번갯불에 콩 볶아 먹듯 결혼식을 치러버리면 하객들과 신랑·신부에게 남는 인상은 단 하나뿐이다.

"오늘 주례사 좋더라!"

아름다운 결혼식은 "주례사 좋았더라!"는 말로 끝나서는 안 된다. "오늘 느끼는것이 많았어." "나는 결혼의 의미가 이렇게 숭고한 것인지 처음 알았어." "결혼식에 참석하고 보니 나도 예수 믿는 가정을 만들고 싶어졌어." "오늘 결혼한 신랑·신부를 위해 계속 기도해 주고 싶어."

적어도 하객들의 입에서 이런 소리가 나와야 하지 않겠는가.

앞에서 표현한 대로, 나는 결혼식의 진정한 주인공이 신랑·신부가 아니라는 생각으로 예식을 진행하고 있다. 물론 신랑·신부가 주인공이긴 하지만, 즐거움과 감동의 주체는 하객이어야 한다는 것이다. 즉, 결혼식은 그들의 첫출발을 가능하게 한 하객들을 향해 드리는 일종의 서비스가 되어야 한다는 말이다. 결혼식이란 곧 신랑과 신부가 주연으로 무대에 서서 하객들을 위로하고 축복하고 감동을 드리는 일종의 뮤지컬드라마와 같은 것이라고 생각한다. 그렇기 때문에 결혼식의 모든 순서는 하객들을 의식하는 순서여야 하고, 그들에게 감동을 주기 위한 순서여야 한다.

왜 이렇게까지 해야 하는가? 사실, 결혼 당사자들의 오늘이 있기까지는 수많은 이들의 친절과 축복이 있었기 때문임을 부인할 수 없다. "우리 모두는 누군가의 친절에 기대어 산다"는 말처럼, 사람은 누구나 이웃과 친구들의 크고 작은 친절 속에서 성장해 간다. 결코 홀로 살아갈 수 없는 세상에서 우리는 알게 모르게 사랑의 빚을 지며 살아가고 있는 것이다. 때문에 인생의 가장 큰 축복이자 출발인 결혼식은 그런 친절과 사랑에 대한 감사의 예식이자 앞으로 자신들도 그런 사랑의 통로가 되겠다는 서약의 예식이다. 따라서 결혼식의 모든 컨셉트는 하객에게 맞추는 것이 당연하다. 신랑과 신부는 배우자를 얻었다는 것 자체에서 이미 평생의 감동을 받은 사람들이기 때문이다.

그래서 나는 신랑·신부가 주례사를 듣는 시간을 제외하고는 하객들을 향해 서도록 한다. 이것은 하객들을 위한 최상의 서비스가 된다. 대부분의 결혼식에서 하객들이 서로 수군대며 결혼식에 집중하지 못하는 이유가 무엇인가. 신랑·신부의 뒤통수만 바라보다 가기 때문이다. 하객들이 진짜로 보고 싶어 하는 것은 새롭게 출발하는 신랑·신부의 환한 웃음과 행복해 하는 그들의 모습이다. 그런 모습을 보며 덩달아 행복해지는 자리가 바로 결혼식이 아니겠는가. 실제로 새신랑·새신부가 하객들을 향해 서 있으면 하객들은 서로 수군댈 수가 없다. 앞을 향해 집중할 수밖에 없는 것이다.

전체적인 결혼 예식의 감동을 위해 또 하나 빠질 수 없는 중요한 요소는 '음악'이다. 음악적인 감동이 하객들에게 임할 때 전체 예식은 감동의 도가니가 된다. 그런데 기독그리스도인의 일반적인 결혼 예식에서는 음악적인 감동이 하객들에게 제대로 전달되지 않는 것 같다. 왜 그럴까? 아이러니하게도 찬송가에 의지하는 결혼 예식의 음악적 요소가 효과를 거두지 못하기 때문이다. 사실 찬송가만큼 감동적인 음악은 세상에 없을 것이다. 하나님의 영광을 찬양하고, 그분의 아름다움을 찬양하는 찬송가야말로 사람의 영혼을 흔드는 가장 아름다운 음악이다. 하지만 그것은 부르는 이의 마음의 밭이 준비될 때에 가능한 일이다. 그 마음에서 이미 하나님을 향한 마음의 문이 열려 있을 때, 입을 벌려 찬송가를 부르며 은혜를 받고 감동을 받는 것이다. 그 때문에 비그리스도인들은 찬송가를 불러도 여간해서 감동을 받기 어렵다. 무엇보다 그들 스스로가 찬송가를 부르는 것이 부자연스럽다고 느끼기 때문에 찬송 부르는 시간을 고역스러워 한다. 회중의 80~90%가 그리스도인인 경우에는 그들의 소리에 묻혀 비그리스도인의 목소리를 숨길 수라도 있건만, 겨우 신랑·신부만 예수를 믿어 결혼 예식을 드리는 경우에는 회중의 대부분이 찬송가를 틀리게 부른다. 그런 그들의 틀린 음정이 그대로 들리는 것이다. 몇 마디 따라 부르려다가도 잘 되지 않아 이내 입을 다물어버리는 것은 그 때문이다. 사정이 이렇게 되면 비그리스도인인 회중들은 축제의 장인 그 곳에서조차 이방인 같은 소외감을 느끼고, 교회라는 곳에 대해 벽만 높이 쌓게 된다. 그래서 더욱 찬송 부르는 시간에 옆 사람과 잡담을 하게 되는 것이다.

그렇다고 결혼 예식에서 찬송가를 뺄 수는 없는 일이다. 그러면 어떻게 해야 찬송가를 부르면서도 음악적인 감동을 비그리스도인들에게 심어줄 수 있을까?

내가 찾은 방법은 이것이다. 부르는 찬송의 개념이 아닌, 듣는 찬송의 개념으로 전환하는 것이다. 옛날 많은 비그리스도인들은 교회 차임벨 찬양 소리에 마음이 움직여 교회에 나왔다는 경우가 적지 않았다. 부르는 감동 이전에 듣는 감동이 영혼을 울릴 수 있다는 뜻이다. 이 점에 착안해서 찬송 순서가 되면 노래하는 사람들이 앞에 나와 찬송가를 가장 아름답고 영감 있게 부를 수 있도록 진행하는 것이다. 그러면 하객들은 부담 없이 듣다가 찬송가 선율에 은혜 받고, 찬송가 가사에 마음의 문을 열게 된다. 대신 그 모든 순서는 자연스럽고 감동적으로 흘러가야 한다. 신랑·신부, 주례자, 노래하는 사람들이 사전에 철저하게 기도로 준비해서 모든 것이 조화롭게 진행되도록 해야 하는 것이다. 그런 절차가 잘만 진행되면 결혼식에 참석했다가 가정의 천국을 발견하고, 예수님을 만나는 영혼들이 많아지리라고 확신한다.

이를 위해 나는 주례를 하기 전, 성경 본문을 읽을 때 회중들과 함께 성경을 읽을 수 있도록 순서지에 본문을 적어 놓도록 지시한다. 이 때는 비그리스도인들도 함께 동참할 수 있도록 주례자가 너스레를 떨 필요도 있다.

"주례를 하기 전에 순서지에 나와 있는 부분은 여러분들이 읽어주시면 됩니다. 이 부분은 원래 신랑·신부를 축복하기 위해 여러분들이 읽어주는 겁니다. 크게 축하해 주고 싶으신 분들은 큰 소리로 읽어주시고, 별로 축하하고 싶은 마음이 없으신 분들은 읽지 않으시면 됩니다. 아셨지요?"

이렇게 성경 봉독의 과제를 회중들에게 돌려버리면 그 자체로 결혼식은 멋진 의미를 가지게 된다. 듣는 신랑·신부도 감동이 더하고, 하나님 말씀을 읽는 회중들에게도 결혼 예식에 동참했다는 의미가 더해질 것이기 때문이다. 무엇보다 비그리스도인들이 이렇게 해서 성경 말씀을 읽게 되었다는 것이 큰 의미라 할 수 있다. 이런 모든 순서들 속에서 신랑과 신부, 주례자, 회중은 모두 함께 호흡하며 하나의 드라마를 완성해 가는 것과 같은 기쁨을 얻는 것이다.

모든 이들에게 공표하는 가족 사명서

주례가 끝나면 신랑·신부는 마주보며 무릎을 꿇은 채 그대로 앉도록 한다. 이 때 축가를 맡은 사람이 부르는 주기도문송이 울려퍼지고 신랑·신부는 이마를 맞댄 채 하나님 앞에 첫 기도를 드리게 된다. 그리고 나는 하객들에게 간절하게 당부 한다.

"이제 첫출발을 하는 신랑·신부가 앞으로 이런 삶을 살겠다고 약속한 내용이 있습니다. 삶의 목표를 제시한 미션 스테이트먼트지요. 여러분들이 들고 계신 순서지 뒷면에 '가족 사명서'가 기록되어 있지요. 이것은 신랑·신부가 결혼을 준비하면서 기도로 기록한 내용입니다. 여러분들은 그것을 읽으시고 가슴에 품고 기도해 주시기 바랍니다."

분위기 자체가 워낙 엄숙한 순간이라, 가족 사명서를 낭독하는 시간을 따로 두지 않고 그렇게 멘트만 해 주어도 회중들의 마음은 간절해진다. 정말 신랑·신부를 가슴에 품고 기도해 줄 사람처럼 느껴질 정도이다. 이런 순서 하나 속에서도 회중들은 그리스도인의 가정 천국을 맛볼 수 있는 것이다.

가족 사명서의 예

신랑 김영준(가명)

1. 나는 내 인생의 주인이 하나님이심을 인정하겠습니다.
  (매일매일을 기도로 시작하고 마무리하겠으며, 매 결정의 순간마다 하나님의 음성을 들으며, 하나님 편에서 결단하겠습니다.)
2. 나는 내 직장에서 하나님을 증거하며 건강하고, 교양있는 사람이 되겠습니다.

(나의 능력보다는 기도와 겸손으로 일하며, 저의 성실한 모습을 통해 예수님을 증거하고, 동료 신우들에게 좋은 선례를 남기도록 하겠습니다. 가족과 함께 운동하고, 한 달에 한 번 여행을 하고, 2주에 한 번 문화 생활을 누리겠습니다.)

3. 나는 우리 가정의 대제사장으로 살아가겠습니다.

(우리 가정이 행복하고 편안한 공동체가 되도록 노력하겠으며, 매주 1번 드리는 가정 예배를 통해 사랑하는 가족과 하나님의 말씀을 나누겠습니다.)

4. 나는 예수님을 증거하는 이웃이 되겠습니다.

(일상 생활 어디에서나 마주치는 이웃에게 항상 친절하고 따뜻하게 대하며, 그들에게 좋은 인상을 남기도록 하겠습니다.)

신부 김은영(가명)

1. 나는 하나님의 사랑을 깨닫고 그 사랑에 합당한 삶을 살겠습니다.

(그 사랑을 알기 위해 매일 아침 성경 말씀을 묵상하겠습니다. 나의 나 됨이 오직 주님의 은혜임을 잊지 않고 살겠습니다.)

2. 현숙한 사람, 지혜로운 여인, 그리고 몸과 마음이 건강한 사람이 되겠습니다.

(믿음의 선배, 친구들과 교제를 하고 적당한 운동과 규칙적인 식사를 하겠습니다.)

3. 나는 믿음의 본이 되는 가정이 되도록 힘쓰겠습니다.

(나는 남편을 존경하고 신뢰하며 살겠습니다. 가족들에게 감동을 주는 사람이 되겠습니다.)

4. 나는 아동 복지 현장에서 정서적으로 고통 받는 아동들이 건강하게 자랄 수 있도록 그들을 돕는 사람이 되겠습니다.

(가진 것을 나누는 삶을 살겠습니다. 제가 가진 것이 제 소유가 아님을 늘 기억하는 사람이 되겠습니다.)

축복의 자리, 멘토 서약

첫 기도를 드린 후에는 '멘토 서약'이 준비되어 있다. 사람이 살면서 인생의 멘토를 만난다는 것보다 인생을 풍성하게 하는 다른 비결이 있을까? 특별히 결혼 생활에 있어서 멘토를 만난다는 것은 부부 관계, 고부 관계, 자녀 양육의 문제, 가정의 비전을 세우는 문제 등 다방면에 걸쳐 구체적인 지도와 기도를 받을 수 있다는 점에서 인생의 크나큰 축복이 아닐 수 없다. 따라서 우리는 결혼 생활의 멘토를 찾아나서는 일에 적극적이어야 한다. '나는 특별히 나를 살펴줄 만한 멘토가 없다'는 수동적인 태도로 멘토 찾기를 포기해서는 안 된다. 지금까지 그런 사람이 없었다면 결혼이라는 시점을 기회로 어떻게든 멘토를 찾아 임명해서라도(?) 멘토 만들기에 적극적으로 나서야 한다. 이를 위해 나는 일부러 결혼 예식 순서에 '멘토 서약'을 집어넣도록 한다. 주례자가 계속해서 신랑·신부를 만나 격려해주고 지도해주면 좋겠지만 그 많은 신랑·신부를 때마다 지도할 수는 없으므로 신랑·신부가 가장 존경하는 부부 모델 커플을 모셔와 멘토 서약을 하도록 하는 것이다.

그래서 나는 멘토 서약을 결혼 예식의 매우 중요한 순서로 본다. 알프스 산을 등정하기 위해서는 셀파이 도움은 필수적이다. 아무리 젊고 건강하다해도 셀파의 도움 없이는 절대로 알프스 산을 등정할 수 없는 것처럼, 결혼이라는 대장정에서 결혼의 모범적인 인생 선배를 셀파로 삼고 갈 수 있다면 그것만큼 든든한 일은 없을 것이다. 일종의 행복 도우미인 멘토는 결혼식에서 서약함으로써 앞으로 1년 동안 신랑·신부를 적극적으로 도울 것을 만인 앞에 공표하게 된다.

멘토 선언문은 각각 케이스별로 다르게 작성하여 선언해도 상관없지만, 참고를 위해 다음과 같은 예를 제시한다.

멘토 선언문

우리 ♤♤♤ ♠♠♠ 부부는 ♡♡♡과 ♥♥♥ 부부의 행복한 결혼의 길잡이로서 이들이 즐거워할 때 함께 즐거워하고 이들이 눈물지을 때 함께 우는 자가 되겠습니다.

힘들고 어려울 때마다 작은 지팡이가 되어주며 하나님께 나아가는 징검다리가 되어주고 언제나 이들 곁에서 큰바위얼굴처럼 삶의 모범이 되겠습니다.

신혼의 1년을 도와 작은 천국을 이루는 일에 도움이 되며 필요할 때마다 기도하며 이들을 도와 행복을 가꾸고 키우겠습니다.

이런 선언을 하는 멘토 부부는 그 자리에서 예수님의 정신을 본받아 사랑으로 돌봐줄 신혼부부를 양육하는 사명을 받게 된다. 동시에 이들은 자신들의 가정도 더욱 아름답고 성숙하게 지켜갈 것을 만인 앞에서 선언하는 것이다. 때문에 그 자리가 멘토 부부나 결혼 한 신혼부부 모두에게 축복의 자리가 되는 것은 더 말할 필요가 없을 것이다.

감동의 물결, 부모에게 드리는 편지

결혼식에서 가장 감회에 젖는 사람은 역시 부모이다. 지금까지의 세월과 앞으로의 세월을 동시에 바라보며 이제 막 새출발하는 자녀들의 축복을 가장 간절하게 바라는 그들이다. 그래서 부모는 결혼식장에서 여러 감정과 생각에 휩싸인다. 자식을 떠나보내는 서운함과 새로운 출발에 대한 기특함, 인생의 수많은 파도를 성숙하게 헤쳐나갈 수 있을지에 대한 결혼 선배로서의 염려…. 그런 부모에게 특별한 순서를 마련하여 위로해 줄 수 있다면 결혼식의 의미는 더욱 깊어질 것이다. 더군다나 결혼이 부모로부터 독립하여 진정한 어른으로 거듭나는 첫 시간이라면 이제 신랑과 신부는 부모에게 감사의 편지를 전하며 위로해 줄 수 있는 사람들이 되어야 한다. 그래서 나는 결혼 전날, 부모에게 편지를 썼는지 꼭 확인하고 당일 예식 순서 마지막에 이 편지를 신랑·신부의 목소리로 읽도록 한다. 특별히 이 시간이 되면 결혼식장은 감동의 도가니가 되는 것 같다. 편지 한 장 속에는 부모, 자식 간에 쌓아온 수많은 세월이 녹아들어 있기 때문이다. 다음은 감동적이었던 신랑·신부의 편지 중 한 예이다.

사랑하는 부모님께.

아주 어렸을 적, 거북등보다 더 거친 부모님의 손이 왜 저렇게 되셨는지, 얼굴에 논고랑 밭고랑보다 더 깊은 주름살이 왜 그렇게도 많았는지 몰랐습니다. 그러나 이제 알 수 있습니다. 그것은 제가 이렇게까지 훌륭하게 자랄 수 있었던 이유였습니다. 너무 늦게 그 이유를 알게 되어 더욱 슬퍼집니다. 그동안 부모님의 가슴에 흘리게 한 눈물들이 이제야 먹구름같이 몰려와 미련하게 울고만 싶습니다. 가끔씩 집에 들러 아버지, 어머니를 뵈올 때마다, 밥은 제 때 챙겨 먹느냐, 일은 고되지 않느냐, 항상 건강은 지켜 가며 일하라는 걱정의 말들을 많이 하셨지요? 그러나 이제는 제 걱정 마시고 아버지, 어머니의 건강을 더 돌보시고 보고 싶으신 것, 맛난 것, 해보고 싶으신 것 마음껏 하실 수 있게 이제는 제가 돌봐드리겠습니다.

여기까지 와 주신 친지 및 직장 동료, 친구들에게 많은 감사의 말도 드리고 싶습니다. 축복하고 지켜봐 주시는 바, 부족하나마 최선을 다하여 좋은 가정, 좋은 아빠 되도록 노력하겠습니다.

아버지, 어머니 고맙습니다. 그리고 사랑합니다.

막내아들 류재준 올림.

사랑하는 엄마.

언제나 철없는 딸 때문에 노심초사 걱정 많으셨던 것 잘 알고 있으면서도, 늘 이 기적이었던 제가 너무나 부끄럽다는 생각이 들어요. 많은 형제도 아닌데, 아직도 남동생과 토닥토닥 싸우는 절 보시고 얼마나 속이 상하셨을지… 걱정으로 하루도 눈물 마를 날이 없으셨을 어머니, 그 깊이 타들어가는 속내를 제가 어찌 다 알 수 있을까요.

엄마… 아빠의 빈자리까지 채워주시려고 정말 많이 노력하시고, 그만큼 또 힘이 드셨던 것 압니다. 우리 가정이 정말 주님의 사랑과 보살핌이 없었다면 늘 절망 속에 있었겠지만, 엄마의 쉼 없는 기도와 염려 덕분에 정말 행복한 가정이었던 것을 알기에 거듭 감사드립니다. 이제 한 남자의 아내로, 한 집안의 며느리로 절 떠나보내시면서 또 얼마나 염려하실지 제가 오히려 더 걱정되지만, 엄마의 기대를 저버리지 않을 만큼 잘할 거란 거 믿어주세요.

 엄마, 이제는 갚아드리기만 할게요. 엄마가 절 키워주신 만큼, 이젠 세상의 빛과 소금으로 살아갈게요. 언제까지나 저희 곁에 함께 해주세요. 늘 건강이 염려됩니다. 이젠 건강하게 저희 곁에 함께 해주시길 주님께 기도 드려요.

 엄마, 사랑해요. 그리고 너무나 감사해요.

딸 수연 올림.

여기에 아버지가 자녀에게 편지를 보낸다면 그 감동은 더해질 것이다.

 세월의 흐름 속에서 네가 장성하여 가정을 이루는 결혼을 하게 됨을 고맙게 생각한다. 1971년 12월 2일 네가 태어났을 때, 우리 가정은 너무 어려웠단다. 그러나 너는 그것도 모른 채 무럭무럭 자라 주었지. 철이 들기 시작하면서 유별나게 호기심이 많아 '이게 뭐냐' '왜 이렇게 되었어?' '나도 할래'…. 꼬치꼬치 캐묻고 해서 어떤 때는 너무 당황스럽기도 하고, 귀찮기도 했었단다.

 한번은 네가 감기로 몹시 아파서 체온이 39°가 넘었을 때, 아빠와 엄마는 당황해서 어쩔 줄 몰랐는데, '아빠, 왜 걱정해요? 하나님에게 기도하면 나을텐데…' 하면서 아빠 품에 안겨 머리를 내밀고 기도했을 때 네가 잠들고 열이 내렸던 적이 있었지. 그 때 아빠는 네게서 믿음을 배웠단다. 강원도 서면교회에 부임했을 때는 네가 종을 치려고 까치발을 하다 넘어져도 다시 일어나 종을 쳐 온 마을에 종소리가 울려 퍼질 때 몹시 기뻐했던 기억이 나는구나. 초등학교 때는 그림 그리기 대회에서 특선으로 뽑혀 강원도 대항 그리기 대회 날짜를 앞에 두고 준비하다가 할아버지께서 위독하시다는 연락을 받고 포기해야 했었을 때 몹시 아쉬워하던 네 모습도 떠오르는구나.

  고등학교를 졸업하고 서울대 입시에서 낙방하고 재수한다더니 혼자 유학 준비를 해서 미국 대학 입학 허가서를 받고 미국 가겠다고 했을 때는 아빠는 너무나 난감하고 어려웠었지. 그러나 너는 끝내 유학의 길을 선택했지. 그때가 꿈만 같구나. 그러면서 너는 아빠에게 이렇게 말했지. "나는 절대 목사는 안 할래요." 그러던 네가 이제 목사가 되었구나. 이제는 '너'라고 하기보다 '자네'라고 할까? 왜냐고? 자네도 이제 어른이 되었으니까 말일세. 귀한 집 딸을 아내로 맞이했으니, 장인·장모님의 기대 이상의 행복한 가정을 이루어야 한다. 존경과 섬김으로 만들어 가는 부부 생활을 해야 해. 이 말은 인생의 선배로서 부탁하는 거야. 조그마한 일에 신경을 써 주고 사랑해주어야 해.

  그리고 목회의 선배로서 부탁한다. 엄마의 심정으로 양 떼를 안아주고 사랑해 주어야 한다. 그리고 사람들에게 어떤 소리를 들어도 변명하지 마라. 둘이 하나가 되었으니 하나님께서 주신 달란트로 이웃을 위해 섬겨라.

  '최고'의 사람이 되기보다는 '최선'을 다하는 사람이 되고, '유명한' 사람이 되기보다는 누구에게나 '필요한' 사람이 되었으면 하는 것이 이 아버지의 바람이다.

  축하한다. 믿음으로 행복한 가정을 이루거라.

주후 2004년 6월 5일,
아버지가 아들에게.

1%의 나눔 운동으로 번지는 행복 바이러스

  선교 초기 한국 교회는 나눔 운동에 적극적이었다. 대표적인 것이 성미 운동이었다. 우리 어머니들은 밥을 짓기 위해 쌀독에서 쌀을 퍼내면서 기도하고 한 주먹을 따로 구분하여 성미 주머니에 담았다. 그렇게 해서 주일이 다가오면 성미 주머니를 달랑달랑 들고 교회로 향했다. 그 성미를 가지고 가난한 목회자들의 식량을 보탰고 어려운 사람들을 구제했다. 많은 목회자 자녀들이 그 성미를 먹고 자랐다. 아니 성미가 아니라 성도들의 기도를 먹고 자란 셈이다. 그래서 그런지 그 가난했던 시절의 목회자 자녀들이 사회에서 잘 되어 있는 것을 보게 된다. 그런데 이런 구제가 없어지고 말았다. 어느새 사회공동기금 모금회가 생겨나고 복지 단체들이 늘어나면서 교회가 해야 할 일들을 저들이 다 하고 있다. 안타까운 일이다.

인생을 70년으로 간주했을 때, 대개 460번 정도의 축하와 축복의 기회가 있다. 생일 축하 70번, 결혼 기념일 약 40여 번, 유치원 입학부터 대학 졸업까지의 축하와 축복…. 그 많은 축복가운데서도 가장 큰 축복의 날이 결혼하는 날이다. 이날 우리가 받은 축복을 1%만 나누자고 제안을 했더니 한 커플도 거절하는 이가 없었다. 그들은 혼수품의 1%를 또는 축의금의 1%를 누군가에게 나누어 행복을 전달하겠다는 것이다. 그래서 축도까지 마친 다음 첫 행진을 하기 전에 서명 테이블이 놓여지고 거기에 부부가 된 다음 첫 서명을 하게 되는 것이다. 바로 이 순서가 대미를 장식하게 된다. 모두들 기립하여 박수칠 뿐 아니라, 비그리스도인들조차도 이런 행위에 감동을 받는다고 한다. 역시 그리스도인들은 다르다는 것이다.

나눔이 필요한 세상이다. 기업의 경영도 나눔 경영이 핵심 코드가 되어

가는 세상이다. 바로 이런 때에 저들에게 첫 출발부터 행복의 날개짓을 가르치고 나눔을 행동으로 옮기게 하는 것이야말로 큰 의미를 갖는 일이라 할 수 있다. 나는 이를 행복의 나비 효과(butterfly effect)라 부른다. 1963년 미국 기상학자 에드워드 로렌츠가 발표한 이론으로 중국 베이징에서 나비 한 마리가 날개짓을 하면 기류와 풍속을 바꿔 미국 뉴욕에선 폭풍우를 부를 수 있다는 것이다. 비록 1%는 작고 하찮아 보이는 것일 수도 있지만 그 작은 것이 어떤 후 폭풍을 일으켜 세상을 행복하게 할지 모른다는 것이다(나눔 운동에 대한 더 구체적인 사항은 행복 발전소 하이패밀리로 문의할 수 있다 02-2057-0033).

지속적으로 연계되는 애프터서비스

결혼 예식의 모든 순서마다 결혼의 의미를 깊고 아름답게 조명해 주면서 가정 천국의 맛을 선보여 줄 수 있다면 그 자체로 훌륭한 복음 축제가 되는 것 같다. 실제로 결혼식에 참석한 하객들 중에는 "이런 결혼식 처음이었다. 너무 느낀것이 많다"며 눈물을 글썽이는 사람들이 많았다. 또한 결혼식을 치른 후, 1년 만에 만난 신랑과 신부는 이런 고백을 해 오기도 했다.

"저는 결혼한다는 사실 자체에 들떠서 가정의 의미를 별로 깊게 생각해 보지 못했어요. 그런데 '결혼예비학교'를 하고 특별한 결혼식을 치르면서 그때서야 조금 어른이 된 느낌이랄까요. 아, 정말 앞으로의 가정생활에서는 기도로 한발한발 걸어가야겠다는 생각이 들었어요. 그저 마냥 들떠서 결혼했더라면 아마 몇 날이 못 가 접촉 사고가 났을지, 아니, 대형사고가 났을지도 몰라요."

이런 고백을 들을 때마다 결혼 주례를 서는 일이 얼마나 엄숙한 일인지를 새삼 되시기곤 한다. 그래서 더욱 결혼을 전후한 모든 사역들을 소홀히 할 수가 없고, 결혼 후 다시 그들을 만나 삶을 나누는 일이 내겐 큰 기쁨이 되는 것 같다. 이처럼 주례자가 결혼 1주년이 되는 날 함께 만나 여러 사항들을 점검해 보는 것은 일종의 애프터서비스와 같은 것이다. 이는 이미 결혼 전부터 약속되어 있던 날이기도 해서 나도 이 시간만큼은 아무리 바빠도 시간을 꼭 지켜 많은 대화들을 나눈다.

그런데 행복한 결혼 생활을 위한 보다 실제적인 애프터서비스는 따로 있다. 결혼 후에는 반드시 결혼 리엔지니어링을 위한 교육 과정을 밟도록 결혼 전에 미리 서약해 놓는 것이다. 이를 위해 미리 행복 예탁금을 납입하도록 하여 가족 기능 강화 프로그램에 꼭 참여하도록 한다. 물론, 이것은 우리 연구소에서 진행하는 프로그램이지만, 일반 교회에서도 활용이 가능하다. 미리 시간을 정하고 물질을 정해 꼭 참여하도록 유도해서 교회 안에 건강한 신혼 가정이 세워지도록 돕는 것이다.

이외에도 사회 봉사 활동에 부부가 꼭 참석하도록 미리 약속을 받는 일은 가정을 세우는 필수 코스라고 확신한다. 주변을 둘러보면 우리의 손길을 필요로 하는 곳이 너무 많다. 그곳에 가서 그들을 돌보다보면 사소한 것에 목숨 걸었던 부부가 참회하는 모습을 볼 수 있을뿐아니라, 그리스도인 가정의 사회적 역할과 사명에 대해서도 확인할 수 있다. 무엇보다 나는 장애인 가족의 자녀들을 데려다 그들을 데이케어 하라고 권한다. 그들 부모들이 겪는 고통은 우리의 상상을 뛰어 넘는다. 하루 종일 감시의 눈을 뗄 수가 없다. 그들은 실상 봉사의 사각 지대에 놓여있다. 이 일은 그들에게 작은 위로가 되고, 한 아이를 하루만 데리고 놀아 주어도 건강한 생명에 대한 기도가 간절해 질 뿐 아니라, 최단 시간에 부모 역할 학습이 끝날 수 있는 효과가 있어 좋다. 우리가 왜 하나님의 축복을 받아야 하는지, 그 축복을 어떻게 나누어야 하는지를 알아가며 보다 성숙한 가정으로서 거듭나는 계기가 제공되는 것이다. 부부가 살면서 종종 그런 현장에 참여해 보면 인생의 시야를 더 넓힐 수 있을 뿐 아니라 가정을 어떤 방향으로 세워나가야 하는지 성숙한 잣대를 가지게 된다. 이기주의가 만연한 이 때, 그런 잣대를 지니고 나누는 가정, 베푸는 가정이 하나 둘 세워진다면 그 자체로 가정은 든든히 세워지고 사회는 더욱 아름다워지리라 확신한다.

가장 확실한 애프터서비스는 신혼부부반에서

지금은 각 교회마다 신혼부부반이 개설되어 운영되고 있지만, 몇 년 전만 해도 중소 규모의 교회에서는 신혼부부반을 거의 찾아볼 수 없었다. 교회마다 신혼부부반 운영을 어렵게 생각하기도 했거니와, 몇 커플 안 되는 신혼부부들을 위해 따로 부서를 개설하고 운영할 필요성을 절감하지 못했기 때문이다. 그러나 이제는 각 교회마다 신혼부부반 운영이 교회 성장의 필수적인 요소임과 동시에 교회를 역동적으로 만드는 주역임을 인정하고 활발한 신혼부부반 운영을 위해 애쓰고 있는 형편이다.

교회마다 이러한 모습이 되기 전까지 신혼부부들은 신혼여행을 갔다 옴과 동시에 갈 곳 없는 처지가 되어버렸던 것이 사실이었다. 소속 그룹이 없기에 주일 예배를 드리고 난 이후에는 더 이상 교회에 머무를 필요가 없었다. 청년부 회원도 아니고 각 전도회에 소속된 사람들도 아니기에 그야말로 졸지에 공중에 뜬 사람들이 되어버리는 것이다. 결혼까지 한 지금이야말로 가장 활발하고 안정적으로 섬기며 교회를 젊고 신선한 분위기로 이끌어갈 때인데, 대부분은 그 시기에 주일 예배만 드리고 집으로 돌아가는 형편이다. 교회의 주도적인 일꾼은 중년 이후의 사람들이고 젊은 사람들은 설 자리가 없는 것이다.

이런 분위기에서 신혼부부반을 잘 운영하기만 하면 교회는 금세 젊어지고 활기찬 분위기를 띤다. 교회의 규모와 상관없이 일단 신혼부부반이 활발하게 이루어지면 교회는 역동적인 성장의 흐름을 타기 시작한다. 무엇보다 갓 결혼한 부부들은 결혼이라는 관문을 통과하면서 믿음으로 사는 삶에 대한 새로운 각오를 다지게 되어 있다. 더군다나 감동적인 결혼 예식을 치르면서 신랑과 신부는 하나님 나라 백성으로서의 삶에 대한 성숙하고 감동적인 여운을 안고 있으며 교회 안에서 믿음으로 격려 받고 성장하기 때문에 이때만큼 좋은 때가 없다.

결혼 예식 후의 가장 확실한 애프터서비스는 교회 안에서의 신혼부부반 운영인 것이다. 실제로, 많은 교회들에서 신혼부부반이 활발히 운영되면서 젊은 부부들의 교회 헌신율이 눈에 띄게 높아졌을 뿐 아니라, 젊은 부부들의 교회 등록률도 올라갔다는 보고가 있다. 게다가 요즘 부모들은 자녀 양육에 있어 유아의 시기를 가장 중요하게 생각하기 때문에 육아 문제까지 활발하게 이루어지는 신혼부부반 운영은 비그리스도인들의 교회에 대한 호감도를 높이는 역할까지 한다.

이처럼 신혼부부반 운영은 교회나 각 가정을 위해 많은 유익을 끼치고 있다고 할 수 있다. 무엇보다 그들을 위해 정보를 공유할 수 있는 네트워크를 형성해 준다는 것은 젊은 부부들을 안심시켜 주고도 남는다. 맞벌이 부부가 많은 현대 사회에서는 이런 네트워크 형성 그 자체가 또 하나의 기댈 언덕이 되기 때문이다.

서로의 관심의 차원, 고민의 차원, 아이가 생기고 태어나 자라는 환경의 차원도 비슷하기 때문에 더욱 활발히 커뮤니케이션이 이루어질 수밖에 없다. 한 가정이든 두 가정이든 일단 회집 가능한 신혼부부를 모아 시작해 보라. 그 자체로 교회는 젊어질 것이고, 그 안에서는 생동감 있는 사역과 아이디어들이 봇물처럼 터져 나올 것이다.

운영은 이렇게

신혼부부반 운영을 위해 처음부터 또 한 사람의 교역자를 두는 일은 교회마다 부담이 될 수 있다. 그런데 나는 신혼부부반 운영의 가장 확실한 적임자는 사모라고 생각한다. 다른 교역자가 필요한 것이 아니라 사모의 리더십을 살려 신혼부부반을 운영하는 것이 가장 좋은 방법이라는 것이다.

생각해 보라. 사모들은 교회 내에서 신혼부부를 세우는 일에 가장 아름답게 헌신할 수 있는 이들이다. 결혼 생활의 선배로, 또 어머니로 젊은 부부들을 따뜻하게 격려할 수 있을 뿐 아니라, 믿음의 가정을 세우는 일에 가장 실제적인 조언자가 되어줄 수 있다. 신혼부부의 임신과 출산에 대한 준비와 격려도 사모만큼 해 줄 수 있는 사람이 없다. 일반 교역자들처럼 의무감으로 사역하는것이 아니라 신혼부부 각 구성원들에게 마냥 애정을 주며 진실한 벗이 되어 줄 수 있다는 점에서도 사모는 신혼부부반 운영의 적임자라 생각한다.

사모들이 이렇게 가정 사역 현장에서 마음껏 그 리더십을 발휘하기 위해서는 목회자 가정이 또한 잘 세워져야 한다. 때문에 이 책의 마지막 장에서 목회자 가정 세우기에 대해 덧붙여 보았다.

어쨌든 사모의 리더십 계발을 통해 교회 안에서의 가정 사역, 특히 신혼부부반 운영에 사모들이 투입되어 신혼부부반을 따뜻하고 아름답게 세워 나갈 수 있기를 바라는 마음 간절하다. 누가 그 반을 운영하든 사역자는 이른바 '사모 마인드' 즉 어머니의 마음으로 운영하면 된다. 그렇게 까다롭고 어려운 것이 아니다. 자녀에게 좋은 것을 주기 위해 끊임없이 공부하는 마음으로 이끌어 가면 되는 것이다.

신혼부부반의 가장 기본적인 커리큘럼은 4주 코스로 진행되는 방식이다. 주일 예배 후에 함께 어울려 식사를 한 후 첫 주에는 북 리뷰를 하도록 한다. 가정생활에 도움이 되는 책자를 선정, 한 달에 한 번 꼴로 책 내용을 발제하고 독서 토론을 하면 그것 자체가 가정 치료에 매우 탁월한 효과를 준다. 책을 읽고 독서 토론을 함으로써 자연 치료가 되는 것이다. 왜 그럴까? 아무리 허물없는 사이라 해도 교회 안에서 가정의 세밀한 상처와 아픔을 나누기는 어렵다. 가정의 어려운 문제를 나눈 것이 빌미가 되어 때로는 그 가정이 깨어지는 사태까지도 발생한다. 발 없는 말이 천리를 가기 때문이다. 어느 집 아내는 이렇고 남편은 저렇다는 소문이 돌면서 결국 가정 문제를 알린 사람들이 교회를 떠나버리기도 한다. 이것은 신혼부부반 운영의 미숙함 때문이기도 하거니와 우리 각자가 어느 선까지 마음을 열고 절제해야 하는지를 잘 모르기 때문이기도 하다. 따라서 가정 문제에 관한 책을 발제해서 토론하다 보면 각 케이스 별로 자신의 가정 문제를 간접적으로 지적당하게 된다. 그 때 참석자들은 노출시키기 어려운 자신의 문제들을 책 내용을 통해 간접적으로 풀 수 있게 되는 것이다. 사실, 아무리 친밀한 소그룹이라고 해도 남편과 아내의 치부를 함부로 드러내는 일은 극히 조심스러워야 한다. 노출을 통한 치료가 필요하다면 일대일 개인 상담을 통해 이루어져야 한다. 그래야만 신혼부부반이 유쾌하고 바람직하게 진행되며 각 가정이 세워질 수 있다.

첫 주에 북 리뷰를 하고 나면 둘째 주에는 미니 특강 시간을 두는 것도 좋다. 교회 안에는 각 분야 전문가들이 있다. 이를테면 간호사들이 한 둘 있게 마련인데, 이런 성도들을 초청해서 유아 응급 처치법이라든가, 예방 접종에 관해 듣게 하면 매우 좋은 반응을 얻는다. 산후 건강 관리법에 대한 특강도 좋고, 음식을 잘하는 여 집사를 초빙해 요리에 대한 특강을 듣게 하는 것도 좋다. 각종 생활 과학적인 요소들을 특강을 통해 들을 수 있다면 강의를 하는 사람이나 듣는 사람 모두 특별한 시간으로 기억될 것이다.

셋째 주쯤에는 서로 모여 토론을 해 보는 것도 좋다. 자녀 출산은 몇 명이 좋은지에 대한 문제만 놓고 토의를 벌여도 매우 활발한 토론이 진행된다. 때론 가볍게 나오는 이야기들 속에는 정말 우리가 귀담아 들어야 할 의미 있는 내용들도 쏟아져 나온다. 시댁과 처가의 용돈을 어떻게 배분할 것인지에 대한 문제, 가사 분담에 대한 문제, 자녀 양육법에 대한 문제 등을 토론하면서 젊은 부부의 고민을 해결하고 더 나아가 교회 내에 좋은 토론 문화를 정착시켜 나갈 수 있다면 금상첨화일 것이다.

넷째 주는 교회 내의 모범적인 선배 가정을 방문해 그들의 가정 문화를 익히는 현장 탐방의 주로 정하는 것도 좋다. 모두가 버스를 타고 가면서 재미있는 이야기도 나누고, 그 선배 가정만의 분위기와 손님 접대 방식, 그들만의 결혼관을 들으며 젊은 부부들은 가정에 대한 아름다운 청사진을 그려낼 수 있을 것이다. 또한 이런 식의 방문은 방문하는 부부들에게도 배움과 기쁨이 될 뿐 아니라 선택받은 선배 가정에게는 또 하나의 자긍심이 됨과 동시에 함께 젊어지는 기쁨을 누리게 되므로 모든 면에서 적극 추천하고 싶은 커리큘럼이라 할 수 있다.

다섯째 주는 어쩌다 한 번씩 돌아오는 주간이므로 더욱 중요한 시간이다. 이 때는 무조건 요리 강습을 하라고 권하고 싶다. 그것도 남편들이 만드는 요리 강습회다. 이제 남편들은 요리할 줄 모르면 안 된다. 급한 상황, 돌발 상황, 섬겨야 할 상황 등 수시로 바뀌는 여러 상황 속에서 남편들의 위력을 발휘하기 위해서는 요리를 할 수 있어야 한다. 그래서 다섯째 주는 남편들을 위한 요리 강습회를 열어 남편들의 요리 실력을 업그레이드 시켜주면 신혼부부들은 그렇게 좋아할 수가 없다. 라면을 끓이되 더 맛있게 끓이는 방법이라든가, 아내가 아플 때 끓여주는 죽 요리법, 비빔밥은 숟가락으로 비빌 것인가, 젓가락으로 비빌 것인가의 상식적인 문제 등 아주 간단한 요리 상식에서부터 창의적인 요리법에 이르기까지 남편이 주체가 된 요리 강습회 시간을 만들어 보라. 아마도 이런 시간들을 통해 남편이 비로소 남편답게 학습되고 다듬어질 것이다. 또한 남편답게 노력하는 그 시간들이 얼마나 즐겁고 소중한 시간들인지도 깨닫게 될 것이다.

이렇게만 신혼부부반이 운영되어도 개별 교회의 신혼부부반은 매우 큰 효과를 거둘 수 있을 것이다. 책만 해도 1년이면 12권을 읽고 학습하는 격이 되고, 요리도 서너 가지는 반드시 배울 것이며, 교회의 선배 가정도 열

두 곳을 방문해서 실제적인 노하우를 듣고 배웠으니 신혼 가정을 세우는 그 1년이 얼마나 유익한 해가 되겠는가. 아마도 그렇게 교회와 더불어 보낸 1년을 통해 신혼 가정은 든든하게 세워질 것이며, 신혼부부들은 훗날에도 그 1년을 추억하며 감사의 기도를 드리게 될 것이다.

결혼 주례에 대한 애프터서비스가 이렇게 신혼부부반 운영까지 이어진다면 교회는 또한 그 신혼 가정을 통해 알차게 성장하고 성숙하는 큰 기쁨을 얻게 되리라 확신한다. 가정이 잘 세워지는 것보다 더 큰 교회의 유익은 없기 때문이다. 따라서 교회는 장기적인 마스터플랜 속에 예비 부부를 상담해서 맺어주고, 감동적인 결혼 예식을 치러주며, 활기차고 성숙하게 신혼부부반을 운영하여 젊은 부부들을 교회 안에서 흡수하고 성장시키는 일에 주력해야 할 것이다. 점점 젊어지는 교회, 젊은 일꾼들이 헌신하는 교회는 그렇게 해서 탄생되는 것이 아닐까 생각한다.

2장 성도는 가정 설교에 목마르다

왜 가정 설교여야 하는가

나는 늘 이런 상상의 그림을 그려보곤 한다. 아버지의 입에서는 교훈과 도전의 말들이 나오고, 어머니에게서는 사랑과 위로의 메시지가 전달되며, 자녀들에게서는 축복과 기쁨의 열매가 맺히는 모습…. 매우 추상적인 표현이지만, 이런 추상적 표현 속에는 여러 구체적인 이미지가 우리 마음 속에 그려진다. 아들이 실수했을 때 포근히 감싸안는 아버지의 모습도 그려지고, 퇴출당한 남편의 어깨를 다독이며 따끈한 된장찌개를 끓여 올리는 아내의 모습도 생각나며, 가족 중 누군가 위기에 빠졌을 때 온가족이 모여 기도하는 모습도 그려진다. 모진 비바람이 부는 추운 겨울이지만 서로의 입김으로 시린 손을 녹여주는 따뜻한 시간 속에서 마침내 화창한 봄날을 맞이하는 한 가정의 모습이 시나리오처럼 펼쳐지는 것이다.

이런 가정들이 각 교회마다 살아있다면 그 교회의 예배는 어떠할까? 기쁨과 감사의 제사를 드리게 되지 않겠는가! 큰 일을 진행할 때마다 서로 협력하며 격려하는 분위기가 자연스럽게 나오게 되지 않을까? 떡을 떼며 교제하고, 성령의 하나되게 하신 약속을 힘써 지키는 사도행전적 교회 모습이 그대로 이루어지지 않겠는가!

이와 반대로 늘 싸움만 하는 가정, 원망과 시비가 끊임없이 일어나는 가정이 교회 안에 많아진다면 교회는 어떻게 될까? 가정 안에서 강퍅했던 마음이 교회 안에만 오면 180°로 달라져서 서로 사랑하고 아끼는 마음으로 변화될 수 있을까? 서로 협력하고 남을 세워주며 나보다 남을 낮게 여기는 모습이 교회 안에서 자연스럽게 표출될 수 있을까?

사실 어떤 가정이든 어려움 없는 가정은 없을 것이다. 또한 누구에게나 가정의 어려움은 가장 실제적인 문제이기 때문에 가장 큰 기도 제목이 된다. 따라서 위기 상황을 어떻게 극복해야 할지, 어려움을 풀어가려면 내가 어떻게 반응해야 하는지, 사랑이란 무엇이고 격려란 무엇이며 기다림이란 무엇인지를 가장 실제적으로 배워가는 곳이 바로 가정이다. 가정의 위기를 통해 기도를 배우고, 가정의 고통을 통해 위기관리 능력을 배양하며, 가정의 축복을 통해 살아계신 하나님을 만나는 것이다. 인생의 모든 희로애락이 묻어 있는 곳이 가정이고, 하나님의 훈련과 축복이 가장 세밀하게 머무는 곳이 바로 가정이다.

따라서 모든 그리스도인들은 가정을 어떻게 세워야 할지, 가족 구성원으로서의 나의 사명이 무엇이며 이를 어떻게 감당해야 하는지에 대해 목말라 한다. 각 가정에서 일어나는 그 수많은 사건과 사연들을 어떻게 받아들이고 수용해야 하는지 복음으로 안내받고 싶어하는 것이다.

그러나 많은 목회자들이 가정 설교를 외면해 왔던 것이 사실이다. 각 가족 구성원들이 성숙한 하나님 나라 백성이 되는 일에 가정 문제가 걸림돌이 되고 있음에도, 목회자가 가진 가장 탁월한 경쟁력인 설교를 통해 가정을 살릴 수 있는데도, 그 문제를 말씀으로 정면 승부하지 못하고 있는 실정이다. 1년이면 두 차례, 어버이날이나 어린이날에만 연중 행사처럼 가정 메시지를 전달할 뿐, 말씀 속에 언제나 가정에 대한 소망을 담아 메시지를 전하는 목회자는 적은 것 같다.

성경은 창세기부터 요한계시록까지 가정 이야기가 없는 곳이 하나도 없다. 그런데 묘하게도 지뢰밭의 지뢰를 피하듯 가정에 관한 이야기는 요리조리 피해서 설교를 전달한다는 느낌을 받는다. 마치 가정이 성경 속 지뢰와 같은 역할을 한다는 생각이 들만큼 가정을 제대로 다루지 못해왔다는 느낌이다. 가정만큼 무한한 축복의 주제, 감사의 주제, 회개의 주제, 나눔의 주제, 헌신의 주제, 성령의 주제가 있는 곳이 어디 있겠는가. 그런데도 교회 안에서는 묘하게 가정 이야기에 대한 관심이 적다. 일부러 피한다는 느낌까지 들 정도다. 가정 설교로 돌아가야 한다. 가정은 성경 속 지뢰가 아니라 성경 속의 보화이다. 그 무한한 보화를 더 이상 묻어 둘 수는 없지 않겠는가.

가정 설교에 대한 두려움을 떨치고

목회자들이 가정 설교를 외면하게 된 데에는 이유가 없는 것이 아니다. 그 첫째 이유가 목회자들의 양심이 너무 깨끗하기 때문(?)이라는 데 있다. 목회자들도 여느 가정처럼 많은 문제점을 안고 살아간다. 그 문제 속에서 지지고 볶고 싸우는 일도 많다. 처음부터 완전한 성인이 되어 모든 문제를 성숙하게 풀어갈 수 있다면 교회에서도 자신있게 설교하겠지만 그렇지 못하기 때문에 양심상 가정 설교를 전하지 못하는 것이다. 목회자 자신이 가정 생활에 행복을 느끼지 못하는데 어떻게 가정의 행복을 운운할 수 있겠는가. 더군다나 부부 싸움도 하고, 자식 문제로 큰 갈등을 겪는 시점에서 가정 문제를 들춰내어 설교한다는 것처럼 맥 빠지고 김새는 일이 없을 것이다.

또한 기성세대의 목회자들은 가정까지 버리며 하나님 나라를 위해서만 달려갔던 세대이기에 더더욱 가정에 대해 할 이야기가 없다. 좋은 가정의 모델을 배우지도 못했고, 그런 모델을 스스로 만들어 가지도 못했다.

이런 이유들로 목회자는 양심상 가정 설교를 준비하지도, 전하지도 못하는 형편이다. 그러나 곰곰이 생각해 보면 이것만큼 비복음적인 생각도 없다. 내 가정이 불완전하기 때문에 가정 설교를 할 수 없다면 결국 복음 증거의 도구를 나의 완벽한 가정 생활에 두겠다는 뜻이 아닌가! 이것이야말로 복음의 능력을 약화시키는 꼴이 아니고 무엇이란 말인가! 복음이란 나의 행위와 상관없이 하나님의 은혜와 소망에 초점을 두는 것인데 나의 행위에 매여 가정 설교를 전하지 못한다면 그것은 곧 나의 의를 앞세워야만 말씀을 전할 수 있다는 뜻이 되고 만다.

목회자든 누구든 시간이 흐를수록 알게 되는 중요한 결론이 있다. 하나님께서는 가정을 세우시길 원하시고, 가정이 살면 결국 교회도 살고 나라도 살게 된다는 것이다. 이 결론 앞에 부딪쳤을 때 목회자는 지난 시간들이 부끄러울 수 있고, 현재의 가정 모습에 부족함을 많이 느낄 수도 있다. 내 가정 안에는 아직도 온전한 천국이 세워지지 않았고, 가족 구성원 간에는 원망과 시비의 모습이 역력할 수도 있다. 그러나 설교자는 그런 가정의 현실을 애써 덮어두려고만 하거나 포기해서는 안 된다. 그 자신이 성경 안에서 보여주는 천국의 가정에 시선을 두고 아름다운 가정의 미래를 소망해야 한다. 그리고 보화를 캐듯 천국 가정의 모습을 캐며 담대하게 말씀을 전하면 되는 것이다. 그럴 때 가정 설교의 진수가 터져 나온다고 나는 확신한다.

가정 설교를 제대로 전할 수 없는 목회자의 고민은 또 다른 데서도 찾아볼 수 있다. 이미 교회 안에는 가정 문제를 안고 있는 장로, 집사들이 너무 많다는 것이다. 특별히 교회에 영향력을 행사하며 텃세를 부리는 가정에서는 가정 설교가 아닌 다른 설교에서도 트집을 잡아내곤 한다. 그런 상황에서 가정 문제를 정면으로 내세워 설교를 하면 자신의 가정 문제를 온 성도들 앞에서 끄집어내 설교했다고 생트집을 잡기 일쑤다. 그런 염려 때문에 목회자는 예민한 가정 문제를 놓고 설교하기가 힘들 수밖에 없다. 행복한 가정의 모습을 놓고 설교하면 그렇지 못한 가정에서 상대적 박탈감 때문에 상심하고, 문제 많은 가정에 대한 권면을 하면 일부 오해한 가정에서는 자신의 가정사를 들쑤셔 놓았다고 트집 잡는 것이다.

그러나 이런 모든 상황의 어려움에도 불구하고 가정 설교는 더 이상 피해갈 수 없는 메시지가 되어버렸다. 더 이상 가정 천국에 대한 소망을 선포하지 않고 덮어 두기만 한다는 것은 하나님 편에서 볼 때도 옳지 않은 행동이라는 것이다. 파괴된 가정이 많아지고 있기 때문에 더욱 예언자적 목소리를 담아내야 할 때인 것이다.

어떤 목회자들은 신학교에서 가정 설교 장르를 배우지 않았기 때문에 가정 메시지를 전할 수 없다고 생각하기도 한다. 하지만 학교에서 배우는 공부만으로는 목회 현장을 채울 수 없음을 우리는 이미 알고 있다. 이제는 평생 학습의 시대다. 새로운 시대에 새로운 것을 배우고 익혀 전할 수 있는 태도가 지식인의 태도가 아니겠는가. 이런 지식인의 태도로 가정 설교라는 장르를 배우고 익혀 전달할 수 있어야 한다. 이 문제에 대한 깊은 성찰과 학습이 있어야 하는 시대다.

더군다나 지금이 어떤 시대인가. 우리 나라의 이혼율이 세계 1위에 다다르는 시대이다. 이러한 때에 강단에서 가정의 위기를 미리 경고하고 예방하지 않는다면 결코 우리의 소임을 다했다고 말할 수 없을 것이다. 이제 우리는 더 이상 가정 설교를 절기 설교에 머물게 해 서는 안 된다. 구체적인 삶의 현장에서 가정의 소망과 비전을 제시해야 한다. 성경의 많은 말이 구체적으로 열매 맺고 꽃 피우는 자리가 바로 가정이 되어야 하는 것이다.

그런 측면에서 가정 설교는 가정 사역의 핵심이라 할 수 있다. 이 핵심되는 가정 메시지를 목회자들이 꾸준히 감당할 때 성도의 자리는 더욱 빛을 발할 것이다. 가정을 파괴하는 문화가 너무나 왕성한 이 때에 주일 저녁 강단이나 수요 강단에서 가정에 대한 메시지가 끊임없이 전달되어야만 성도는 비로소 자기 자신을 이겨내고 가정을 지켜낼 수 있다는 것이다. 진정으로 가정 사역을 하기 원한다면 목회자는 이제 가정 설교에 주력해야만 한다. 이제는 가정 설교의 시대가 도래한 것이다.

가정 설교의 원리, 키스(KISS)의 법칙

그렇다면 가정 설교는 어떻게 준비해야 할까? 지금까지 내가 가정 설교를 학습하고 기도하고 준비하면서 정리한 가정 설교의 원리는 'KISS의 법칙'으로 요약할 수 있을 것 같다.

사실 나는 'KISS의 법칙'을 처음 들었을 때 무척 당황스러웠다. 그 때 나는 필리핀 MMC(Makati Medical Center)에서 C.P.E(Clinical Pastoral Education)훈련을 받을 때였는데 나의 슈퍼바이저 마거릿이 나에게 이런 충고를 해 주는 것이었다.

"레브런 송, Kiss, Kiss!"

'아니, 이게 무슨 말인가? 나 보고 키스를 해 달라고?'

어리둥절해진 나는 그에게 무슨 뜻이냐고 물었다. 그러자 그는 이렇게 대답했다.

"Keep it simple short"(단순하고 짧게).

그 뒤로 이 말은 평생 내 삶의 모토가 되었다. 나뿐만이 아니다. 이

'KISS의 법칙'은 기업 경영에 있어 적은 인력과 비용으로 이문을 남기기 위한 핵심 전략으로 평가받기도 했다. 맥도날드 형제는 "Kiss"(Keep it simple, stupid-어리석을 정도로 단순하게!)전략에 따라 제품을 햄버거와 감자 튀김 위주로 최대한 단순화 한 대신, 위생과 서비스 속도 개선을 위해 포크와 나이프 등 식사 도구를 일회용으로 바꿨다. 한 끼를 때우기에 충분한 식사를 빠르고 간편하게 해결할 수 있다는 장점에 초점을 맞춘 이런 전략은 당시 급속도로 성장하던 중산층을 사로잡았다. 'Kiss의 법칙'의 성공이었다.

이뿐만이 아니다. 'Kiss의 법칙'은 경영뿐 아니라 인터넷 문화 부문 등에까지 다양하게 쓰이고 있다. 최근 CNN의 유명한 토크쇼 진행자 래리 킹은 그의 저서 『대화의 법칙』에서 "세계적 지도자들의 연설에는 진부한 표현이나 복잡한 문장, 전문 용어들이 없다. 이들이 다만 공통적으로 사용하는 원칙이 있는데 그것이 바로 Kiss였다"고 말한다.

짧고 간결한 'KISS의 법칙'을 내 삶의 모토로 적용하게 된 나는 다음처럼 네 가지 요소를 첨가해 보았다. 이 네 요소는 가정 설교의 핵심 사항이 되었다.

1. K-Key Word(핵심이 무엇인가)

설교의 가장 큰 약점은 무엇일까? 설교는 많은 메시지를 강력하게 전달한다는 장점과 함께 자칫 잘못하면 핵심을 잃게 된다는 단점을 안고 있다.

이 때문에 설교를 듣고 나도 그 내용이 한 문장, 한 단어로 요약되지 않는다. 여기에 설교의 비극이 있다. 물론 그렇지 않은 설교도 많다. 힘있는 설교, 주제가 분명한 설교는 듣고 난 뒤에도 분명한 메시지가 마음속에 남는다. 사실 우리의 메시지가 힘을 얻으려면 원 포인트 메시지여야 한다. 너무 많은 욕심을 부리지 말고 한 번에 하나씩 분명하게 주제를 정해 전달해야 한다. 그래야만 중심을 잃지 않는 설교가 될 수 있다.

설교를 할 때마다 우리가 기억해야 할 것은 "나비처럼 날아 벌처럼 쏘아야한다"는 사실이다. 그런데 많은 목회자들이 벌처럼 날다 나비처럼 앉았다 가 버리고 만다. 즉 윙윙거리면서 겁은 주는데 정작 영향력이 없다. 정말 실력 있는 사냥꾼은 집을 나설 때부터 목표를 분명히 하고 떠난다는 점을 상기할 필요가 있다. 새 사냥인지 곰 사냥인지에 따라 총도 다르고 장소도 다르기 때문이다.

우리의 설교도 이와 같아야 한다. 키포인트를 놓치지 말고 가야 하는데 설교 중간중간 자꾸 곁길로 새어버리니 나중에는 출발 지점조차 못 찾게 되고 마는 것이다. 가정 설교를 할 때는 더욱 그렇다. 수많은 가정 문제 중 한 가지만을 잡아야 한다. 고부 갈등에 관한 주제만 해도 수천 가지에 달할 것이다. 그 많은 주제를 한 번의 설교에서 소화하기란 결코 쉬운 일이 아니다. 아니 불가능 하다는 것이 더 옳을 것이다. 한 번에 한 가지씩 성령의 깊은 내주를 바라며 심도 있게 전하는 것이 가장 좋다. 그래야 설교의 핵심이 회중의 심령 속에 오래도록 남아 역사한다.

2. I- Ice breaking(고정관념 깨뜨리기)

그리스도를 대적하는 잘못된 이론들을 파하고 잘못된 생각들을 바로잡아 그리스도에게 복종케(고후 10:5) 하는 아이스 브레이킹이야말로 목회자의 가장 큰 사명이다. 이런 점에서 목회자는 세속적인 고정관념을 깨뜨리는 사람이라 해도 과언이 아닐 것이다. 어떤 면에서 설교자는 생각 하나만 뒤집어엎어도 한 편의 설교를 만들어 낼 수 있다. 이를테면 나는 '기적'에 관한 우리의 생각을 뒤집어보라는 말을 하면서 이런 이야기를 들려준다.

어떤 사람이 기적을 많이 베푼다는 스승을 찾아 나섰다. 드디어 그 사람은 고생 끝에 스승의 집을 찾게 되었는데 그 집에 막 들어서려는 순간, 그는 그 스승의 제자와 부딪쳤다. 그는 확인부터 했다.

"당신 스승은 그렇게 기적을 많이 베푸는 분이라면서요?"

그러자 제자는 이런 대답을 남겼다.

"글쎄요. 소문에 듣자 하니까 당신네 나라에서는 사람이 소원하고 빌어서 하나님이 들어주시는 것을 기적이라고 하는가 봅니다만, 저희 나라에서는 하나님의 소원을 인간이 척척 들어주는 그것을 기적이라고 부릅니다."

이게 무슨 뜻인가? 우리 편에서 볼 때의 기적과 하나님 편에서 볼 때의 기적이 다르다는 것이다. 우리는 암환자의 암이 낫고, 절뚝발이가 걷게 되며, 소경이 눈을 뜨게 되는 일들을 기적이라고 하지만, 하나님 편에서 볼 때 그런 일은 너무 손쉬운 일이라는 것이다. 세상을 지으시고 움직이시는 분인데 병 낫게 하는 일쯤이야 뭐가 대수이겠냐는 뜻이다. 그것은 하나님

편에서 볼 때 기적이 아니라 하나의 일상에 불과한 것일 수 있다. 그렇다면 하나님 편에서 볼 때, 하나님께서 생각하시는 기적이란 무엇일까? 그것은 하나님께서 원하시는 것을 인간이 해 내는 것이다. 하나님께서 원하시는 인간의 모습이 된다는 것, 그것이야말로 하나님 편에서 생각하실 때 신통방통한 일이요, 기적이 아닐 수 없다. 어떻게 인간이 하나님의 생각을 읽어내어 하나님 뜻에 맞는 삶을 살아갈 수 있다는 말인가!

기적에 대한 이런 이야기를 하면서 결론적으로 이렇게 정리를 한다. "날마다 기적만 바라며 엉뚱한 소리하지 말고, 하나님께서 원하시는 대로 살아가는 진정한 기적의 주인공이 됩시다. 그렇게 살아가면 기적은 일상적으로 쏟아져 내립니다. 하나님 보실 때 우리 인간이 기적을 행했으니 하나님께서 무엇인들 주시지 않으시겠습니까?"

'기적'이라는 단어 하나만 뒤집어 봐도 이런 주제가 나올 수 있는 것이다. '사랑'이라는 단어도 뒤집어 놓으면 좋은 설교 주제가 탄생한다. 앞서 말한 대로, 우리는 '사랑하기 때문에' 결혼하는 것이 아니라 '사랑하기 위해서' 결혼한다. '때문에'와 '위해서'라는 단어 하나만 바꿔 놓아도 수많은 내용들이 그 속에 들어갈 수 있다. 그 뿐일까? 그 동안 우리는 '달라서' 싸운다고 했다. 그러나 틀렸다. '몰라서' 싸우는 것이다. 그러므로 배워야 한다. 다름은 중요하지 않다. 다름을 아는 것이 핵심이다. 그런데 모른다. 그러니까 갈등한다. 결혼에 관한 지식이 가장 무식한 지식이라 하지 않던가? 이런 핵심 하나면 그들의 생각을 확 바꾸어 놓을 수 있게 된다.

좋은 가정 설교를 위해 우리는 이렇게 생각의 고정관념을 바꿔야 한다. 특별히 목회자 자신에게 좋은 남편, 좋은 아버지에 대한 진부한 고정관념이 없는지를 살피고 그런 생각들을 성경 안에서 복종시켜 녹일 수 있다면 가장 훌륭한 설교가 탄생할 수 있을 것이다. 우리에게는 아직도 의식하지 못한 사이에 유교적 관념의 아내관, 남편관, 결혼관이 배어 있을 수 있다. 그런 무의식적 관념들을 하나씩 깨뜨려 성경적으로 뒤집어엎는 작업이야말로 좋은 가정 설교로 가는 지름길이 될 것이다.

3. S- Self application(자기가 녹아 든 설교)

누군가 한국 교회를 가리켜 비타민A 결핍증에 걸렸다고 표현한 적이 있다. 우리의 많은 메시지가 적용 없는 메시지가 되어가고 있다는 경고이다. 사실 진정한 설교는 자신의 삶이 녹아든 설교여야 한다. 설교자의 삶이 녹아든 만큼, 설교자의 삶이 말씀 안에서 육화된 것만큼 성도는 설교를 통해 은혜를 받고 변화를 받는다. 스펄전의 설교가 오랫동안 우리의 가슴속에서 잊혀지지 않는 것도 이 때문이다. 헬무트 틸리케(Helmut Thielicke)의 아래의 말처럼 스펄전의 설교 속에는 온전히 그 자신이 녹아들어 있었기 때문이다.

"그는 설교 시에 자신을 그 설교에 온전히 몰아넣었다. 그는 자신의 전 인격을 설교 속에 몰아넣었다. 그는 설교를 듣는 사람의 관심을 최우선으로 여겼고, 청중들이 그의 설교 안에 있기를 원하였다. 그래서 그는 자신이

다른 사람들보다 앞서 그 설교 안에 있었다."

이 얼마나 마음에 와 닿는 이야기인가! 먼저 자신의 이야기를 털어놓는 사람, 말씀으로 먼저 자신의 삶을 거울처럼 비추어보는 사람 앞에 설 때 우리는 자신도 모르게 마음의 빗장을 열게 된다. 방어적인 태도가 완전히 사라져 버리는 것이다. 그래서 자기 적용이 잘만 이루어지면 설교자가 아무리 자기 허물을 말한다 해도 듣는 사람은 설교자의 허물을 보는것이 아니라 말씀 안에서 새롭게 거듭나는 그리스도인의 아름다운 삶을 보게 되어 있다.

그런데 이러한 자기 개방은 매우 지혜롭게, 그러면서도 솔직하게 표현되어야 한다. 가정 설교를 한다는 이유로 아내와 자식들의 사생활을 존중해주지 않고 너무 떠벌인다거나, 그 반대로 지나치게 설교자 가정을 미화시켜 표현하는 것, 혹은 구체적이지 않게 애매한 표현으로 일관해 버리면 회중들은 설교를 통해 감동을 받기 어렵다. 자기 자신을 개방할 수 있는 부분이라 생각되면 솔직하고도 진실하게 표현하는 것이 가장 효과적이다. 그러기 위해서는 실제로 설교자 자신부터 가정에 대한 소망을 항상 품고 있어야 하며 좋은 아버지, 좋은 남편이 되기 위해 하나님 앞에 믿음의 선한 경주를 해야 할 것이다.

나는 비교적 가정에 대한 개방, 나에 대한 개방을 많이 하는 편이다. 부부 싸움을 질리게 했던 신혼 시절의 이야기, 무엇보다 나의 실수담을 사실적으로 표현하다보면 청중은 어느덧 내 이야기가 아닌 자신의 이야기로 설교를 듣고 있음을 발견하게 된다.

한번은 이런 이야기를 한 적이 있다.

"여러분, 제가 얼마나 악한 사람인지 모릅니다."

여기까지는 설교자들이 많이 쓰는 표현일 것이다. 설교자들 대부분은 자신이 하나님 앞에 죄인이라는 사실을 숨김없이 털어놓는다. 하지만 거기까지만 표현해 버리면 그 고백이 진실하고 구체적으로 와 닿지 않는다. 그래서 나는 구체적인 고백을 하기에 이르렀다.

"어느 날 저는 제가 존경하고 좋아하는 워싱턴 한인교회의 조영진 목사의 설교를 듣다가 IMF가 찾아온 것이 다 저 같은 사람 때문이라는 생각이 들었어요. 제가 얼마나 나쁜 놈인지, 악한 사람인지 알겠더라고요. 꼭 가시방석에 앉은 것처럼 제 마음에 찔리는 부분이 한두 가지가 아니었어요. 그 중 하나가 바로 비행기 모포 사건입니다. 제가 얼마나 악한 사람인가 하면요, 비행기 타고 왔다 갔다 할 때 비행기 안에서 주는 얇은 모포까지 챙겨 온 사람입니다. 책상에 앉아 일할 때 무릎에 덮으면 딱 안성마춤이겠다 싶어 그걸 챙겨 왔더니 집사람이 다림질 할 때 쓰면 좋겠다고 한 개 더 챙겨 오라고 하더라고요. 아, 그런데 설교를 듣다보니 그게 왜 자꾸 마음에 걸리는지, 깊이 회개를 하고는 다음날 항공사에 편지를 썼습니다. '오늘날 항공 업계의 위기는 경영 능력의 부족 탓이 아니라 다 저 같은 놈 때문에 일어났다고 생각합니다. 제가 귀사의 물건을 훔쳤습니다. 어제 설교를 듣고 깊이 반성하는 마음으로 회개하며 돌려보내니 널리 용서해 주십시오.' 그렇게 편지와 함께 모포를 돌려보낸 것은 당연한 처사였습니다. 제가 잘못을 저질렀으니 당연히 그리 해야지요. 그런데 이상한 일이었습니다. 그 후 며칠이 지나면서부터는 퇴근하고 집에 들어올 때마다 제 시선이 우체통에 자꾸만 머물렀습니다. '이놈들이 혹시 착한 일 했다고 공짜 티켓 안 주나?' 제 마음이 그렇게 흘러가더라는 것입니다."

이런 이야기로 나 자신을 깨뜨리며 메시지를 전할 때 성도들은 자신의 마음속에 꼭꼭 숨겨두었던 죄를 스스로 발견할 수 있게 된다. '맞아, 맞아! 나도 그런 적이 있었어!' 라며 자신을 돌아보고 변화의 시점을 찾게 되는 것이다.

4. S- Smiles & Humor(웃음과 유머)

설교가 반드시 재미있어야 하는 것은 아니다. 하지만 설교의 의미, 설교의 내용은 재미로 인해 깊어지는 것이 사실이다. 따라서 우리가 전하는 말이 너무 무미건조하고 딱딱하지 않았는지 돌아볼 일이다. 더군다나 이성적 코드보다 감성적 코드가 강해지는 21세기 디지털 세상에서는 좀더 말의 맛내기를 위해 정성을 들일 필요가 있다.

이제 우리 설교자들은 설교 속에 자연스러운 웃음과 유머가 녹아들도록 웃음의 설교학을 적극적으로 수용해야 할 때다. 웃음으로 회중들의 마음의 문을 열고, 유머로 회중들의 강퍅한 심령을 녹일 수 있다면 하나님께서도 얼마나 기뻐하시겠는가! 이제 유머는 설교 속에서 자유롭게 사용할 수 있는 코드가 되어야 한다. 그러나 단지 회중을 한 번 웃기기 위해 유머를 억지로 끼워 넣는다면 그것만큼 우스꽝스런 일은 없을 것이다. 설교자는 유머를 위한 유머가 아니라 설교의 의미 전달을 위한 유머를 자연스럽고 자유롭게 구사할 수 있어야 한다. 그런 면에서 필립 부룩스는 "유머는 진정한 삶의 일부분을 파악해내는 도구여야 한다"고 말했다. 한 번 웃게 하면서 그 자체로 하나의 삶을 담아내는 설교 속에서의 유머는 그리 쉬운 일은 아니다. 그런 면에서 유머야말로 설교자가 소유할 수 있는 가장 유용한 장점 가운데 하나이다. 설교 속에 유머를 적절하게 사용해 보라. 유머는 그 메시지를 청중의 가슴에 도달하게 하는 능력을 발휘한다. 또한 설교자가 설교 속에서 유머를 지혜롭게 사용할 때 그의 달란트는 더욱 빛이 난다. 그래서 헬무트 틸리케는 스펄전에 대해 이렇게 말했다.

"스펄전은 강단에서 설교할 때 쾌활한 모습을 지녔고 유머를 가득 담고 있었다."

유머는 한 번 사용하기 시작하면 유머의 영감이랄까, 아이디어가 계속 떠오르는 것 같다. 일반적인 대화에서도 유머를 적절하게 사용하면 서로를 향한 마음이 벌써 부드러워지는 것을 체험한다. 하물며 설교는 어떠하겠는가? 한 번의 시원한 웃음을 유도하는 유머 한 마디는 설교 자체를 명쾌하게 만들어 주는 역할을 한다. 더군다나 가정 설교는 더욱 더 웃음을 필요로 하는 설교이다. 가정이라는 울타리 안에 가장 많이 쏟아져 나와야 하는 것이 웃음이며, 이 웃음은 '행복'이라는 말을 대변해 주는 단어이기 때문이다. 즉 가정은 행복해야 하고, 행복한 가정에서는 웃음이 쏟아져 나오게 되어 있다는 면에서도 가정 설교 안에는 웃음을 담뿍 담고 있어야 한다. 행복한 가정을 방문한 뒤에는 우리 얼굴이 어느덧 웃음을 띠고 나오듯이, 좋은 가정 설교를 듣다보면 어느 새 입가에 웃음이 맺혀지는 그런 설교를 꿈꾸는 것이다. 물론 좋은 가정 설교 속에는 눈물도 많이 담겨 있어야 한다. 미안해서 울고, 속상해서 울고, 회개해서 우는 그런 울음이 가정 설교 속에 담겨 있다면 그 설교는 청중의 영혼을 움직일 수 있을 것이다. 그런데 울음과 웃음은 마치 왼쪽 눈과 오른쪽 눈 같다는 생각이 들만큼 마음 안에서 함께 작용하는 것 같다. 왼쪽 눈이 깜빡이면 오른쪽 눈이 깜빡이듯이, 마음이 울기 시작하면 금방 웃을 수 있는 준비를 하는 것 같다. 내 마음이 깨어진 가정의 아픔 때문에 울고 있다면, 그것은 곧 회복된 가정의 아름다움 때문에 웃을 수 있다는 신호이기도 하다. 그래서 한 설교 안에서는 웃다가 울다가를 반복할 수 있는 것 같다.

또한 가정 설교를 하다보면 심각하고 우울한 주제가 자주 언급될 수 있다. 그럴 때 너무 엄숙하게만 메시지를 전하면 회중은 신파조의 신세한탄을 하게 될 가능성이 있다. 소위 '내 신세가 왜 이렇게 되었을까?' 하는 비관적 체념을 하게 되는 것이다. 이럴 때 적절한 유머를 구사하며 메시지를 전달해도 회중은 충분히 그 내용을 알아듣는다. 가령, 신혼 시절의 부부 싸움에 관련된 메시지를 전한다고 했을 때, 부부 싸움의 내용들을 신경질적이고 예민한 분위기로 몰아 전달한다면 듣는 사람도 함께 그 분위기에 동요되어 신경질적인 느낌을 가지게 된다. 하지만 적절한 유머를 구사하면서 상황을 묘사해주면 듣는 사람은 자신의 마음속에 있던 부부 싸움의 짐을 웃음으로 털어버리고 다시 한 번 부부 관계를 아름답게 다지리라는 소망을 가지게 되는 것이다.

예를 들면 부부 사이에 말 한마디로 상처를 주는 부부가 있다는 이야기를 한다고 치자. 말 한마디 제대로 재치 있게 할 줄 몰라서 아내의 마음을 쓰리게 하고, 늘 공격하는 말, 사람을 치는 말만 하니까 부부 관계가 제대로 될 리 있냐고 설명과 설득 위주로 메시지를 전하면, 듣는 사람은 졸고 앉아 있거나 그 메시지의 대상이 바로 나 자신이라는 사실을 망각하는 경우가 많다. 하지만 이런 예화를 들어주면 회중은 함께 웃으면서 바로 나 자신이 그런 공격적인 언어를 사용하는 주체라는 걸 깨닫게 된다.

"제가요, 결혼해서 보니 아내는 참 성격 좋은 사람입니다. 매사에 편안한 것이 방바닥에 휴지가 떨어져 있어도 별로 개의치를 않는 거예요. 그냥 휴지가 있나 보다 생각하고 편안히 쉬는 거예요. 반면, 저는 지나치게 꼼꼼하고 완벽주의적인 기질이 있는 거예요. 휴지는 휴지통에, 책은 책꽂이에 딱딱 정리가 되어 있어야만 비로소 자리에 앉아 쉴 수 있는 사람입니다. 그렇게 서로 다른 두 사람이 만났으니 얼마나 싸움이 많았겠어요. 시행착오도 많았고, 상처도 많이 준 사람입니다, 제가. 그러다가 한 가지 깨달은 사실이 있는데, 상대방이 실수했을 때가 득점 기회라는 거예요. 그 사람이 실수할 때 그것을 지적하려 하지 말고 그 실수를 덮어주고, 그 단점을 내가 채워주라는 거예요. 그러면 상대방은 나에게 어떻게 해 주겠어요? 목숨 걸고 섬겨주어요. 정말이라니까요. 나는 분명 되로 줬는데, 말로 갚아주게 되어 있어요. 그게 사람입니다. 그런데 우리는 어떻게 합니까? 상대방이 실수할 때 꼭 그걸 지적하잖아요. 슬그머니 덮어줄 줄 몰라요. '저거 봐, 저거, 내 저럴 줄 알았다니까.' 이러고 있어요(웃음). 얼마 전에도요, 아내와 제가 외출을 하게 돼서 휴대폰을 챙기는데 아내가 충전을 위해 꽂아 놓은 휴대폰 배터리를 보며 이렇게 말합니다. '어? 전기 코드가 빠져 있네? 이게 언제 빠졌지?' 배터리는 꽂아 놓았지만 정작 중요한 코드는 빠져 있었으니 충전이 되어 있을 리가 없습니다. 그럴 때 전 같았으면 제가 뭐라고 했겠습니까? '건드렸으니까 빠졌지!' (웃음) 아내의 덜렁대는 습성을 지적하며 그렇게 한마디 했을 겁니다. 그런데 이제 저는 어떻게 반응합니까? '어, 빠졌네. 그럼 다른 배터리 있는지 찾아봐. 없으면 충전시켜 놓고 조금 있다 출발하지 뭐.' 이렇게 슬그머니 아내의 실수를 별 일 아닌 걸로 덮어줍니다. 사실, 우리는 별 일도 아닌 걸 큰일처럼 떠들어 댈 때가 얼마나 많습니까. 굳이 지적하지 않아도 이미 실수한 걸 다 알고 있는데 콕 찍어 지적함으로써 마음의 상처가 깊어지는 거예요."

부족한 내 이야기를 인용했지만, 가정 설교 속에서 유머를 유도해 내면 어려운 주제도 매우 쉽게 풀리는 것을 종종 경험하곤 한다. 그래서 나는 어떤 대화에서든, 어떤 설교에서든 가급적 웃음을 유도해 내려 노력하는 편이다. 일단 웃음이 머물면 아무리 딱딱하고 공격적이던 사람도 웃음 속에 마음을 풀어버리게 되기 때문이다. 복음의 바탕 위에, 준비된 설교 위에 이런 웃음을 언제나 머물게 할 수 있다면 가정을 변화시키는 가정 설교, 가정을 회복시키는 가정 설교는 한국 강단 위에 풍성히 쏟아질 수 있을 것이다.

3장 상담실 운영, 기법과 포인트

교회를 통해 회복되는 중년의 위기

　가정을 살리기 위해 교회가 가장 먼저, 지속적으로 해야 할 일은 가정 메시지를 전하는 일이다. 그런데 가정 메시지를 전함과 동시에 교회 곳곳에서는 가정을 살리기 위한 지원 사격을 아끼지 말아야 한다. 말이 뿌려지면 이제 남은 일은 그 말이 가정 안에서 싹을 틔우고 열매를 맺는 일인데 그러기 위해서는 다각도의 보살핌과 노력이 필요하다. 남성 사역과 여성 사역, 노인 사역, 주말 교회 운영 등을 다음 장에서 차례로 살펴보는 것은 그 때문이다. 그 중 교회 상담실 운영에 관한 부분은 교회 안에서 가장 어렵게 생각하는 부분이지만 성도들은 늘 뜨겁게 요청하는 부분이기에 여기에서 자세히 살펴보려 한다.

　사실 상담 사역은 매우 어려운 사역이다. 그러나 한편으로는 몇 가지 기본적인 지침들을 원칙으로 하여 진행한다면 매우 큰 효과를 거둠과 동시에 가장 큰 보람을 느낄 수 있는 사역이기도 하다. 목회자가 직접 나서기는 어렵지만, 교회가 꼭 해야 하는 일이기도 하다.

　우리가 살다보면 아무리 그리스도인이라 할지라도 인간의 연약성 때문에 홀로 일어설 수 없는 상태에 빠질 때가 있다. 때로는 우울증에 사로잡히기도 하고 때로는 탈진 상태에 이르기도 한다. 더군다나 가정 문제는 우리에게 치명타를 가해서 한 번 휘청하고 쓰러지면 일어설 힘이 없게 만든다. 이렇게 쓰러져 있는 가정이 있을 때 그들 스스로 해결할 수 있도록 내

버려두는 것은 그만큼 그들을 고통 가운데 오랫동안 방치해 두는 것과 다름없다. 그런 측면에서 상담이라는 것은 옆에서 도움의 손길을 베풂으로 인해 그들 스스로 수렁에서부터 빨리 벗어나도록 격려해 주는 일이다. 그런데도 교회가 가정의 아픔이나 상처를 치유하는 일을 외면해 버리면 그들은 어떻게 될까? 많은 경우 그 고통과 아픔을 다른 곳에서 해결하려 들 것이고, 그렇게 될 때 그들은 인생의 위기라는 가장 중요한 순간을 하나님 앞에서 해결하는 것이 아니라 세상 속에서 해결하게 되는 결과를 빚고 만다. 세상 속에서의 해결? 그것이 온전한 해결이겠는가? 하나님을 떠나 세상 품으로 돌아갔으니 문제는 더욱 심각해지고 마는 꼴이 된다.

나는 언젠가 김진홍 목사에게 들었던 말을 잊을 수가 없다. 그는 이런 요지의 말을 한 적이 있다.

"그리스도인 중 한 분이 알코올 의존증인 남편으로 인해 큰 고통을 받고 있었습니다. 그 아내는 남편을 구출하기 위해 할 수 있는 방법을 다 동원해 보았지만 아무 소용이 없었습니다. 그 때 교회는 그 절체절명의 위기 상황에서 아무런 도움도 주지 못했습니다. 사실, 한국 교회는 알코올 의존증 문제 등 각종 중독 문제에 대한 대안이나 도움이 전혀 없었던 것이 사실입니다. 결국 그 남편은 가톨릭에서 운영하는 프로그램에 참여해서 알코올 의존증으로부터 벗어나게 되었습니다. 치유와 회복이 그 가정 안에 임하게 된 것입니다. 그러자 교회 권사님이셨던 그 부인은 남편을 알코올로부터 구원시켜 준, 고통과 절망으로부터 해방시켜 준 가톨릭 교회가 너무 고마워서 보답하려는 심정으로 가톨릭 교회로 가버리고 말았습니다. 그 때 저는 너무나 큰 충격을 받았습니다. 교회야말로 개인의 절망적인 고통과 아픔에 대해 아무런 대안도 제시해주지 못하는 무기력한 모습이었다는 사실 앞에 큰 충격에 휩싸였지요."

김진홍 목사의 그 말은 나에게도 충격으로 다가왔다. 그리스도인들이 겪는 실제적인 고통에 대해 정작 교회는 침묵하고 있다는 자성이 들었기 때문이다.

사실, 상담 사역은 중년기 그리스도인들에게 가장 필요한 사역이기도 하다. 중년기에 겪는 보다 실제적인 인생의 위기 상황을 복음으로 치료하고 회복하도록 교회가 도와야 하는 것이다. 이런 부분이 원활히 이루어지지 않기 때문에 중년기의 그리스도인은 교회 안에서 말썽을 일으키는 세대가 되고 있다는 미국 교회의 보고도 있다. 즉 교회를 분열시키는 세대가 바로 중년기라는 것이다. 미국 교회의 보고에 의하면 중년기에는 이른바 '빈 둥지 증후군'이라는것이 찾아온다고 한다. 자녀들이 대학을 가기 위해 부모를 떠나다보니 자식의 삶에 모든 것을 걸고 투자하던 어머니들이 허탈감에 사로잡히게 된다는 것이다. 미국 어머니들 또한 한국 어머니들처럼 '어미 된 것 외에는 아무것도 모르고 살아온 세월'을 보내왔기에 갑자기 정체성이 흔들리기 시작한다. 소속감도 잃고 삶에 대한 회의가 찾아들면서 그간 소홀히 했던 교회 일에 집중적으로 헌신하려는 태도를 보인다. 그러다 보니 교회 안에서 자리 싸움에 집착하지만 교회는 이미 다른 사람들에 의해 역할 분배가 잘 되어 있던 터라 자리 문제를 놓고 심한 갈등을 겪게 된다. 이런 모습들이 결국 교회 분열의 요소가 된다는 것이다.

한국 교회의 경우도 미국 교회의 상황과 별반 다르지 않다. 게다가 가정 내에서 해소되지 못하는 갈등이나 심리적 허탈감, 고독감과 외로움들이 교회 안에서 공격적 성향으로 나타나거나, 적극적으로 동참하지 않고 그저 참여만 하는 방어적 태도로 나타나기도 한다.

따라서 중년기의 위기 문제 해결이라든가 청년기의 직업과 신앙 문제, 이성 문제, 노년기의 황혼 문제 등 누구에게도 쉽게 털어놓을 수 없는 깊은 고민의 문제를 해결해 나가기 위해서는 교회적인 장치가 마련되어 있어야 한다. 이런 장치가 무엇인가? 바로 교회 상담실 운영이다. 교회 상담실을 통해 활발하게 문제를 해결해 나갈 때 교회는 건강해지고, 그리스도인들은 또한 교회를 통해 건강한 삶을 살게 될 것이다.

생명을 살리고 죽이는 상담 사역

그렇다면 상담 사역을 성공적으로 이끄는 구체적 방법론은 무엇인가? 성공으로 가는 길을 안내하기 위해 먼저 나의 상담 사례, 그것도 실수할 뻔했던 상담 사례를 고백하면서 이 장을 열어야 할 것 같다.

그 때만 해도 나는 상담 사역이 얼마만큼 어렵고 무거운 일인지를 모르고 있었다. 그저 내게 약간의 상담 은사가 있다고만 생각하던 차였다.

그럴 당시 만난 그의 처지는 매우 딱하였다. 신실한 신앙인이었던 그의 살림살이는 찢어지게 가난하여 부인은 시장 좌판에 앉아 화장지를 팔고, 남편은 연탄 배달을 하면서 신학 공부를 하고 있었다. 연년생 자녀 둘을 돌보면서 살아가는 이들의 살림살이는 매우 고달팠지만 선교사의 비전과 열정을 품고 살아가기에 그런 대로 소망이 있었다. 그런데 문제는 부인의 건강이었다. 천식 질환을 안은 채 장사를 하려니 너무 힘이 들었다. 그래서 약을 상복하곤 했는데, 어느 날 심한 감기 몸살 증세가 있어 병원을 찾았더니 뜻밖에도 임신 중이라는 진단 결과를 받게 되었다. 그것도 쌍생아였다.

의사는 그간 부인의 천식약 복용을 알고 있었기에 당장 중절 수술을 권했다고 한다. 천식약은 약 중에서도 가장 독한 약이기 때문에 99% 이상 기형아가 태어난다는 것이다. 자연과학자들은 100%라는 말을 절대 쓰지 않는 까닭에 99%라는 말은 곧 100% 기형아 출생이라는 뜻과 같았다.

이런 상황에서 내게 상담을 요청한 그분의 이야기를 듣고 있자니 나 역시 눈앞이 캄캄해졌다. 솔직한 심정으로 나도 목사만 아니라면 이렇게 말하고 싶었다. "그 짐을 어떻게 지려고 그래요. 너무 고생할 텐데. 유산시켜야 하지 않겠어요?" 그러나 목사인 내가 차마 생명을 지우라고 말할 수는 없었다. 불가불 이혼할 수밖에 없는 상황의 부부를 앉혀 놓고도 이혼 이야기를 꺼내지 못하는 것과 똑같은 이치였다. 그래서 나는 너무나 모범적인 해답을 제시했다.

"하나님께서 살아 계시다면 생명이 그 안에 있는 걸 알면서도 왜 약 먹는 손을 안 막았겠어요. 앞으로 선교사의 꿈을 가지고 있는 분으로 하나님께서는 두 분이 가정의 생명을 어떻게 다루는지를 보고 싶으신 것이 아닐까요. 그걸 보시고 비로소 하나님께서 이 가정에 기회를 주시려는 것이 아닌가 싶은데요. 이 생명을 사랑할 수 있으면 선교지로 가는 거고…. 이게 첫 관문이 아닐까 싶습니다. 신학교 수업보다 더 중요한 것이 광야의 훈련입니다."

아, 내가 생각해도 정말 모범적인 답안이었다. 상담을 잘해도 이렇게 잘할 수가 없었다. 그분(박영규 평신도 선교사, 호산나교회 파송으로 현 말레이시아에서 사역)도 눈물을 글썽이며 내 손을 잡았다.

"목사님, 그렇다면 하나님 뜻대로 하겠습니다."

우리는 서로의 손을 잡고 뜨겁게 기도한 후 각자의 집으로 돌아갔다. 그런데 집으로 돌아오는 길에 갑자기 머리가 아득해지는것이 어떻게 해 볼 도리가 없었다. '아, 내가 지금 무슨 짓을 한 것인가?'라는 생각에 발걸음이 천근만근 무거웠다. '만약 그들이 진짜 중증 장애아를 낳는다면 어떻게 되는 거지? 그것도 쌍생아를 낳는 건데. 그렇게 되면 나는 어떻게 책임을 져야 하지? 그들이 의사 말대로 했더라면 이런 우환은 없었을 것이라며 나를 볼 때마다 원망할텐데…'생각이 여기까지 미치자 너무나 고민되지 않을 수 없었다.

집으로 돌아온 나는 고민 끝에 아내에게 입을 열었다.

"여보, 우리 애 하나 키워야할지 모르겠다."

아내는 느닷없는 내 말에 놀라 눈을 동그랗게 뜨며 물었다.

"왜 그래요? 무슨 일이에요?"

얼른 입을 열지 못하고 한숨만 푹푹 쉬는 나를 보며 아내는 가슴이 철렁 내려앉았을 것이다.

"괜찮아요. 뭐든 말해보세요."

그때서야 나는 자초지종을 설명했다.

"그 집에 만약 정말로 중증 장애아 둘이 태어난다면 내가 상담을 그렇게 해 준 대가로 우리가 하나는 맡아서 키워야 하지 않겠어?"

정말 그때의 심정은 그랬다. 상담을 한 후 그 상담 내용의 짐이 고스란히 내게로 와서 얹혀진 느낌이었다. 그래서 우리는 기도할 수밖에 없었다. 짐을 벗는 길은 기도 외에 달리 길이 없었기 때문이었다. 앉아도 기도, 일어서도 기도, 기도회에 가서도 그 기도 제목을 놓고 기도에 매달렸다. "하나님, 어떻게든 두 아이가 건강하게 태어나도록 도와주십시오"라며 눈물로 기도 드렸다.

결과는 어떻게 되었을까? 하나님의 은혜로 두 아이는 정상적으로 태어났다. 기적이었다. 제일 먼저 의사가 놀랐고 그 집 부부와 우리 부부가 놀랐다. 하나님께 너무도 감사드렸다.

그 상담 이후 나는 비로소 상담자가 느껴야 하는 상담의 무게가 얼마인지를 비로소 알게 되었다. 상담이란 바로 그런 것이었다. 내담자의 무게를 기꺼이 나누어 져야 하는 사람이 상담자인 것이다. 책임까지도 함께 지려는 심정으로 뛰어들지 않으면 '빛 좋은 개살구'에 불과한 이야기만 오갈 수 있는 것이 상담임을 그 때 알았다. 좋은 상담자는 자기 목숨과 생명까지도 나눌 준비가 되어 있어야 한다는 것이다. 그러니 상담이 얼마나 힘든 일이겠는가!

나는 또한 이런 상담을 한 적도 있었다.

그 가정은 재혼 가정이었다. 내가 재혼 주례를 섰기 때문에 재혼 후에도 각별한 관심을 가지고 있는 가정이었는데 어느 날 상담이 들어왔다. 그 가정의 한 아이가 학교에 가면 자꾸 넘어지거나 어지러움증을 호소하더니 심지어는 옷에다 오줌까지 싸더라는 것이다. 나는 그 어머니로부터 전화 상담을 받으면서 "혹시 아이가 새어머니가 집에 들어오는 과정을 보내면서 정신적 충격을 받은 것일 수 있다. 새로운 환경에 적응하지 못한 부적응의 현상일 수 있으니 안정을 취해 주라"고 권면했다. 그 후에도 아이의 증상은 악화될 뿐 전혀 호전이 없었다고 한다. 결국 교회에서는 안찰기도를 한다고 아이를 두드리는 등 호들갑을 떨었지만 아이의 병은 전혀 차도가 없었다.

이번에 나는 '정신과'에 가서 상담을 받아보도록 권면했다. 그러나 그 곳에서도 아이의 증상은 진전이 없었다. 그래서 나는 마지막으로 신경외과 의사를 소개하면서 그 곳에 가 치료를 받아보라 했다.

결과는 정말 뜻밖이었다. 신경외과에서 촬영을 해본 결과 아이는 뇌종양으로 밝혀졌다. 뇌 속에 있는 종양 때문에 아이는 그렇게 힘들어했던 것이다.

　그 소식을 듣고 나는 만감이 교차했다. 내가 가진 상담의 지식이라는 것이 얼마나 어설픈지, 내 편견 하나로 아이를 망칠 뻔했다는 자책이 밀려왔다. 아이는 지금 병에 걸려 고통스러워하고 있는데 나는 기껏 "새어머니가 들어온 정신적 충격일 것"이라는 소리나 하고 앉아 있었던 것이다. 내가 의학적인 지식을 간과해 버렸기 때문에 생명을 죽일 뻔했다는 생각이 들면서 다시 한 번 상담의 무게에 대해 실감을 했다.

　그 때 이후 정말 좋은 상담자가 되기 위해서는 균형 잡힌 상담을 하지 않으면 안 된다는 긴장이 찾아왔다. 신학적인 소견이나 상담 지식만 가지고는 바른 상담을 하기 어렵다는 결론이 난 것이다. 늘 공부해야 하고, 기도해야 하며, 자신의 생명을 내어놓는 목회적 소양까지도 갖추고 있어야 하는 사람이 바로 상담자이기 때문에 상담 사역은 결코 쉬운 일이 아님을 다시 한번 절감했던 것이다.

위기 상담을 피하고 예방 상담으로 접근하라

　오랫동안 가정 상담을 해 오면서 내가 내린 또 하나의 결론이 있다. 목회적으로 가정 상담을 한다는 것은 잘해야 본전치기일 뿐이라는 사실이다. 더군다나 목회자가 직접 가정의 예민한 문제를 들어주고 상담해 주는 것은 많은 위험을 동반한다. 부부 문제든 자녀 문제든 급해서 털어놓을 때는 정신없던 내담자가 문제를 해결 받고 난 뒤에는 너무도 온전한 제정신으로 돌아오고 만다. 이것은 무슨 뜻인가? 이미 털어놓은 과거의 가정사가 너무도 부끄럽게 느껴진다는 것이다. 자기 자신이 그렇게 미숙하고 어리석어 보일 수가 없고, 그런 어리석은 모습을 목회자에게 보여준 자신이 미워 죽고 싶을 지경까지 이른다. 그래서 이런 문제를 해결하지 못해 교회를 떠나버리는 사람도 많다.

또한 교회를 떠나지는 않지만 목회자에게 오히려 공격적으로 대하는 사람도 생겨난다. 약점을 잡혔다고 생각하기 때문에 괜한 방어 의식에 목회자에게 적대적인 태도로 돌변하는 것이다. 목사가 선포하는 모든 설교의 내용이 자신을 향한 공격이라며 트집잡기도 한다.

이런 면면들 때문에 목회자는 다른 일반적 신앙 상담은 괜찮지만 가정사의 예민한 부분에 대한 상담은 가급적 피해 가는 것이 좋다. 따라서 담임 목사는 가정에 위기가 닥쳤을 그 때에 가정을 치료하겠다고 다가서는 위기 상담을 하지 말고, 예방 상담을 하는 것이 가장 바람직할 것이다. 예방 상담이 무엇인가? 그게 바로 가정 설교이다. 담임목사는 그리스도인 전체를 상대로 계속적인 가정 설교를 선포해야 한다. 그 설교 속에는 특정인을 향한 비방이나 모욕, 오해가 들어가 있어서는 안 되기에 목회자는 성도들 각 가정의 치부를 모르는 것처럼 보이는것이 낫다.

그러면서도 목회자는 성도들 가정에 대한 각별한 관심과 지도를 해야 하는 사람이기에 가정 설교를 통해 공중 상담(퍼블릭카운셀링)을 해 나가야 한다. 성경에 있는 여러 케이스나 상황을 놓고 상담적 접근으로 풀어내는 것이다. 그러면 회중은 자신의 상황을 노출시키지 않고서도 '나도 이렇게 해야겠다' 는 길을 모색해 나가게 되어 있다.

목회자가 상담을 피해 가는 방법 중 하나이면서 교회 전체적으로 바람직하게 진행되어야 할 가정 사역 중의 하나가 바로 '독서 요법' 이다. 독서 요법이란 한마디로 이야기하면 책을 자꾸 읽게 함으로써 책 속에서 스스로 해답을 찾도록 도와주는 것을 말한다. 이는 그리스도인의 치부를 직접 드러내지 않고 혼자 그 문제를 조명해 보며 자가 치료를 한다는 점에서 매우 좋은 방법이라 할 수 있다. 사실, 현대를 사는 우리에게는 의사를 찾지 않고도 낫는 병들이 많다. 자기 병의 원인이 무엇인지를 알면 어느덧 낫게 되는 병이 얼마나 많은지 모른다. 독서 치료도 이와 같다.

나 역시 상담 전문가이면서도 1차적으로는 이와 같은 독서 요법을 많이 활용한다. 정말 사생결단을 내야 하는 문제가 아닌 이상은 본인들에게 과제를 주어서 과제 상담으로 처리하도록 하는 것이다. 가정의 사사로운 이야기가 나오기 전에 문제의 요지만 파악하고는 그와 관련된 탁월한 책을 소개해주면서 다음주까지 책을 읽어오라는 과제를 던져준다. 그러면 많은 내담자들은 책을 읽는 동안 자기 문제가 책 속에 섬세하게 다 녹아 있음을 발견하게 된다. 상담자가 말로 떠드는 것보다 더 섬세한 필체로 묘사된 글들을 읽으면서 깊은 묵상도 하게 되어 더 효과적이다. 상담을 하면 상담자의 말을 따라가야 하지만, 책을 읽으면 자기 호흡을 따라 읽고 묵상하기를 반복할 수 있으므로 치유 효과 면에서는 더 좋다고 할 수 있다.

때론 책보다도 설교 테이프나 강의 테이프를 주기도 한다. 강의를 들으면서 문제를 이겨낼 수 있는 자가 치료의 기회를 주는 것이다. 쉽게 말해 이와 같은 방법들은 "이 약을 써 보시오"라는 일종의 1차 진료와 같다. 이 약을 먼저 써 보고 안 되면 정밀 검사를 하자는 뜻이다. 처음부터 모든 상담자들을 대상으로 정밀 검사를 할 수도 없거니와 그럴 필요도 없다.

효과적인 독서 치료를 위해 우리 연구소에서 작성한 독서 요법 자료를 공개하면 아래와 같다. 이를 참고로 더 좋은 자료를 첨가해서 활용하면 성도들의 자가 치료에 도움이 될 것이다.

성인아이(Adult-Child)치료를 위한 독서 요법 자료

역기능 가정에서 자라난 아이를 '성인아이'라고 한다. 성인아이는 아직 해소되지 아니한 어린 시절의 문제를 처리하고 있는 성인이다. 그를 치료하는 방법에는 크게 두 가지 접근이 있다. 하나는 독서 요법이고 다른 하나는 지원 그룹이다. 여기에 실린 주제별 도서 목록은 독서 요법을 위한 자료이다. 성인아이는 자존감이 낮기 때문에 쉽게 상처를 받는다.

따라서 상담자는 상담 과정에서 내담자인 성인아이에게 상처를 줄 수 있다. 그러나 관련 분야의 책을 추천하여 독서하게 할 경우, 상처를 최소화 할 수가 있는 것이다. 책은 내담자에게 상처를 주지 않으면서 새로운 통찰력을 주는 반면 변화의 효과는 약한 것이 단점이다. 따라서 독서 요법과 함께 지원 그룹을 적절히 병행하는 것이 바람직하다.

A. 내적 치유에 관한 책
내 마음의 벽 / 부르스 탐슨 / 예수전도단 ❂ 내적 치유와 영적 성숙 / 마이클 플린 / IVP ❂ 상처받은 영혼들에게 띄우는 편지 / 김영근 / 기가연 ❂ 상한 감정의 치유 / 데이빗 A. 씨맨즈 / 두란노

B. 정신 건강에 관한 책
길을 떠난 영혼은 한 곳에 머무르지 않는다 / 스캇 펙 / 고려원미디어 ❂ 영적인 열정을 회복하라 / 고든 맥도날드 / 하늘사다리 ❂ 예수님의 심리학과 정신 건강 /레이몬드 크레이머 / 생명의말씀사 ❂ 자부심 키우기 / 나다니엘 브랜든 / 새로운 사람들

C. 우울증에 관한 책
우울증의 원인과 치료 / 팀 라헤이 / 보이스 ❂ 우울한 여자에게 / 제니퍼 제임스 / 새터 ❂ 우울한 현대인에게 주는 번즈 박사의 충고 / 데이비드 번즈 / 문예출판사 ❂ 자! 이제 우울의 늪을 빠져 나오십시오 / 찰스 셀 / 나침반

D. 성인아이와 알코올 의존증 가족에 관한 책
아직도 아물지 않은 마음의 상처 / 찰스 셀 / 두란노 ❂ 성인아이 치유를 위한 12단계 / 노용찬 / 글샘 ❂ 위장된 분노의 치유 / 최현주 / 규장

E. 외도와 성 문제에 관한 책
성경이 가르치는 결혼, 이혼, 그리고 재혼 / 제이 E. 외저 / 베다니 ❂ 아내의 거울에 비친 남자 / 푸른숲 ❂ 중년기 위기를 극복하라 / 짐 콘웨이 / 보이스사 ❂ 화성남자 금성여자 침실 가꾸기 / 존 그레이 / 친구

F. 정신분열증에 관한 책
정신분열증 / 이홍식 / 진수출판사 ❂ 정신분열증에 대해 나누고 싶은 이야기 / 김 진 / 뜨인돌 ❂ 정신분열증을 어떻게 다룰 것인가? / 알렉산더 P. 하이드 / 정우사

G. 정신병에 관한 책
나 그리고 또 하나의 나 / 태화기독교복지관 / 집문당 ❋ 마음을 앓는 사람들 / 이시가와 노부요시 / 예영커뮤니케이션 ❋ 환자와의 대화 / 브라이언 버드 / 집현전

H. 신경증에 관한 책
대인공포증의 치료 / 이시형 / 집현전 ❋ 때론 나도 미치고 싶다 / 이나미 / 문학사상사 ❋ 왜 나 자신을 밝히기를 두려워하는가 / 자유문학사

I. 상담과 심리학에 관한 책
기독교 상담심리학 / 로렌스 크랩 / 나침반 ❋ 신앙의 눈으로 본 심리학 / 데이비드 마이어스 / IVP ❋ 크리스찬 카운셀링 / 게리 콜린스 / 두란노서원

J. 혼전 교육에 관한 책
No 데이팅 / 죠슈아 해리스 / 두란노 ❋ 아름다운 준비 / 브루스 & 캐롤 브리튼 / 생명의말씀사 ❋ 평생의 반려자를 선택하는 열 가지 방법 / 닐 클락워렌 / 요단출판사

K. 부모 역할(자녀 양육)에 관한 책
인격적인 사랑 효과적인 훈육 / 베티 체이스 / 두란노 ❋ 거북한 십대, 거룩한 십대 / 유진 피터슨 / 홍성사 ❋ 밤새 훌쩍 크는 아이들 / 김영희 / 시공사

L. 가정 생활에 관한 책
가정을 허무는 여우를 잡으라 / 송길원 / 두란노 ❋ 화성에서 온 남자 금성에서 온 여자 / 존 그레이 / 친구 ❋ 사랑은 사랑의 씨앗을 낳고 / 송길원, 김향숙 / 가족사랑

M. 부부 생활에 관한 책
결혼, 행복과 불행의 갈림길 / 에스 패로트 / 요단출판사 ❋ 마음과 마음이 이어질 때 / 고든 & 게일 맥도날드 / IVP ❋ 사랑하는 아내와 남편 / 에드 휘트 / 생명의 말씀사

N. 의사 소통에 관한 책
가족끼리 사랑끼리 / 송길원 / 두란노 ❋ 마음을 터놓고 진실한 교제를 나누려면 / 찰스 셀 / 나침반 ❋ 행복을 낚는 말 한마디 / 송길원 / 기가연 ❋ 행복한 부부대화의 열쇠 / H. 노만라이트 / 두란노

상담실 운영의 전제와 목적

가정 메시지와 독서 요법 등을 통한 자가 치료만 이루어져도 교회는 매우 풍성한 나눔과 건강성이 확보된다. 하지만 어디에든 정밀 진단이 필요한, 매우 심한 고통에 시달리는 사람들이 있다. 그런 이들을 위해 교회는 상담실을 운영하여 그들이 치료받고 회복되도록 도와야 한다. 병든 자, 아픈 자, 고통받는 자를 위한 교회의 투자와 관심이 이루어질 때 진정으로 교회가 교회다워진다는 사실을 놓쳐서는 안 된다.

교회 상담실을 운영할 때 가장 중요한 한 가지 전제 조건이 있다. 그것은 상담실을 운영하되, 그 운영이 교회 내 교인들을 위한 것이어서는 안 된다는 사실이다. 즉, '상담실 운영으로 덕 좀 봐야겠다'는 발상 자체를 바꿔야 한다는 뜻이다. 그렇게 되면 실패 가능성은 100%에 가깝다고 단언해도 좋다. 상담실 운영은 교회 내 교인들을 위한 지엽적 차원에서가 아닌, 지역 사회와의 연계 속에 지역 사회 섬김을 위한 선교적 마인드로 운영되어야 한다. 완전히 운영 목적을 바꾸는 것이다.

왜 그럴까? 왜 교인들을 위한 상담실 운영이 어렵다는 것인가? 교인들의 가장 큰 두려움이 무엇인지를 생각해 보면 이유를 알 수 있다. 교인들은 언제나 '내가 상담을 받으면 내 케이스가 목회자의 설교 재료가 되지는 않을까?'에 대한 두려움을 안고 있다. 실제로 교회 안에서 상담실이 운영되는 경우, 목회자의 설교를 들으며 스스로 시험에 드는 경우가 많다. '어,

저 얘기는 내가 상담한 얘긴데, 혹시 밀고된 건 아닐까?' 이렇게 되면 진위 여부를 떠나서 상담의 신뢰 수준, 메시지의 신뢰 수준이 떨어지고 만다.

이런 이유들로 교회 내 상담실은 생각보다 많은 상담이 이루어지지 않는 형편이다. 특히 신앙 상담이나 여타의 다른 상담은 활발히 이루어지지만 정작 중요한 가정 상담은 깊이 있게 이루어지기 어렵다.

그렇다면 가정 상담을 위한 상담실 운영은 어떻게 해야 할까? 가정 상담실 운영은 앞에서 예로 든 알코올 의존증 문제 해결처럼 교회가 풀어가야 할 또 하나의 숙제이다. 여러 부작용이 두려워 이 숙제를 해결하지 않을 수는 없는 일이다. 그러면 어떻게 이 난제를 풀어가야 할까?

이를 위해서는 앞서 말한 상담실 운영의 전제와 목적부터 분명히 해야 한다. 우리 교회 성도들뿐 아니라 타 교회 성도들은 물론 지역 사회를 위한 봉사 기관의 차원으로 상담실 운영의 목적을 두는 것이다. 그렇게 되면 "상담실을 설치했는데 왜 결과가 없냐?"는 식의 결과 중심적 사고로 상담실을 바라보지 않게 된다. 교회 성장을 위한 상담실이 아닌, 한국 교회 전체의 성숙을 위한 상담실이라는 시각으로 상담실을 운영할 때 결국 교회도 살고, 이 땅의 그리스도인들도 살아나는 것이다.

그런 시각이 잡히면 먼저 '아웃소싱'이 필요하다. 전문 상담 기관과 연계하는 작업이 필요하다는 것이다. 1주일에 하루 내지 이틀 정도 파트타임 상담 전문가를 고용해서 상담소를 운영하는 방식이다.

이런 방식은 대형 교회든 중소형 교회든 어느 교회나 가능하다. 물론 상담소를 설치하고 전문가를 고용하는 데는 비용이 들게 마련이다. 그래서 상담실 운영은 지역 교회와의 연계 속에 이루어지는 것이 좋다. 같은 지역 내의 교회들이 연합해서 하나의 상담실을 운영하는 것이다. 이렇게 되면 기독교 상담실 운영이 진정한 교회 연합의 도구가 될 수 있다는 장점까지 지닌다. 서너 교회, 혹은 대여섯 교회가 힘을 합쳐 제3의 장소를 상담소로 지정하고 한 교회에서 한 달에 얼마씩만 투자하면 공동으로 운영하는 상담실을 가질 수 있다. 상담하는 날을 화요일이나 목요일 등 특정한 날로 정해 기독 전문 상담가에게 의뢰하도록 하고, 상담을 교회가 아닌 교회 밖 상담소에서 이루어지게 하면 여러 가지 부작용을 줄일 수 있을 뿐 아니라 그 자체가 지역 사회를 위한 봉사의 차원이 된다. 사실, 주변을 둘러보면 이혼 문제, 경제 문제, 외도 문제, 자녀 문제 등 심각한 가정의 문제를 놓고 어떻게 해결해야 할지 몰라 깊은 절망에 빠진 이웃들이 너무 많다. 그리스도인이든 비그리스도인든 지푸라기라도 잡고 싶은 심정의 사람들이 곳곳에서 신음하며 구원의 손길을 목마르게 기다리고 있는 실정이다. 누구에게 전화라도 걸어 하소연하고 싶지만 비밀이 보장되지 않기에 홀로 속앓이를 하는 사람들이 얼마나 많은지 모른다. 그래서 사람들이 '생명의 전화'와 같은 상담 전화를 찾게 되는 것이다. 사실 교회는 양떼들의 이런 속사정에 관심을 기울여야 한다. 익명성이 보장될 뿐만 아니라 상담 비용까지 교회가 지불하는 교회 밖 상담실은 그런 면에서 지역 사회와 그리스도인들을 섬기는 최상의 도구가 된다. 인생의 위기 순간이 하나님을 만나는 가장 최고의 순간이기도 하기 때문에 때에 따라서 비그리스도인들에게는 그 자체가 복음의 도구가 될 수 있다. 무엇보다 교회 안에서 홀로 끙끙대는 그리스도인들이 아무런 염려 없이 상담자를 찾을 수 있다는 점에서 상담실 운영은 건강한 가정 만들기를 위한 좋은 대안이 될 수 있다.

아주 깊은 가정 상담 외에 신앙 상담이나 기타 상담은 교회 내 인적 자원을 계발함으로써 다각도로 활용하면 좋다. 요즘은 상담학에 대한 관심이 증폭되고 있다. 심리학과 출신의 성도들도 많다. 그런데 이들이 다 취업이 되는 것은 아니기 때문에 이들을 상담실의 자원 봉사자 내지는 인턴십으로 채용해서 활용한다면 일석이조의 효과를 거둘 수 있을 것이다. 즉 심리 검사라든지, 성격 검사, 자녀들의 은사 계발 테스트 등의 다양한 상담은 얼마든지 이들을 통해 이루어질 수 있다는 것이다. 그렇게 되면 이들에게도 일할 기회가 주어져 고용 창출에도 적게나마 기여할 수 있다.

상담실 운영의 방법은 여러 가지다. 그 중 위에서 제시한 방법을 사용하면 무엇보다 목회자의 시간과 성도들과의 관계에 대한 보호막이 형성된다는 점에서 큰 부담을 줄일 수 있다. 또한 교회가 개 교회 이기주의가 아닌, 지역 사회를 섬기며 나아가는 거시적 안목을 보여줄 수 있다면 그 자체가 교회 이미지 형성에 큰 역할을 한다고 볼 수 있다. 교회가 상담소를 운영한다는 것은 미시적으로 보았을 때는 '투자' 그 자체지만 거시적으로 본다면 결국 '수확'이라는 것이다.

결론적으로, 교회는 아픈 자, 병든 자들을 위한 배려에 최선의 노력을 다해야 한다. 그런 점에서 교회는 강단이나 교육을 통해 해결하지 못하는 아주 내적이고 개인적이고 은밀한 아픔에 대해 상담을 통해 도움을 주어야 할 때임을 다시 한번 강조하고 싶다.

소그룹에서 지원 사격을

전문적인 상담을 진행하면서도 교회 안에서는 활발한 소그룹 상담이 함께 이루어져야 한다. 사실, 그리스도인들이 가장 적절한 마음의 치료를 받을 수 있는 곳은 교회 안 소그룹이라 해도 과언이 아니다. 소그룹 상담이 활발하게 이루어지면 굳이 상담실로 직행하지 않아도 될 정도로 교회 안 소그룹 사역은 매우 중요하다. 소그룹 안에서의 치유와 나눔 사역이 이루어질 때 그룹 안에서는 가정의 예방 상담까지도 감당할 수 있다.

과거 구역 조직으로 대표되는 교회 내 소그룹 사역은 모여서 사도신경으로 시작해 주기도문으로 마치는 구역 예배 위주, 주일 예배 출석을 격려하는 성도 관리 위주로 진행되었다. 그러나 현대 교회 안에서 셀 교회 개념이 도입되면서 셀은 그 자체로 하나의 작은 교회 역할을 감당하게 되었다. 즉 주일 예배를 제외한 교회가 할 수 있는 모든 기능들이 셀 모임 안에서 펼쳐지고 있는 것이다. 가장 중요한 셀 기능 중 하나가 바로 나눔과 치유, 대화와 회복이다. 소그룹이 모인 셀 모임에서는 교회 안에서 할 수 없는 구체적인 나눔과 친밀한 교제가 가능하다. 이 기능을 부각시키기 위해 셀 안에는 과거 구역 예배 조직보다 더욱 견고한 '작은 목사' 개념이 존재하고, 이른바 작은 목사인 목자(리더)를 중심으로 모이는 셀 가족들은 그야말로 가족적인 사랑과 친밀함으로 뭉치게 된다. 그 안에서 이루어지는 모든 내용들이 중앙의 간섭이나 통제 속에 진행되는 것이 아니라는 점도 큰 장점 중 하나이다. 즉 과거에는 교회의 일방적 지시 속에서 여전도회나 남전도회를 중심으로 성도들이 움직였다면 이제는 셀 가족들이 모여 계획하고 활동하는 셀 교회 위주로 교회 생활을 하게 된다는 것이다. 따라서 셀 교회 구성원 간에는 매우 높은 친밀감이 형성되고, 그 안에서는 가족과 같은 사랑과 편안함이 형성된다는 장점이 있다.

이런 면면들 덕분에 소그룹 안에서는 이미 상담 치유가 이루어지고 있는 실정이다. 서로 나누고 섬기며 회복하는 역사가 이미 펼쳐지고 있는 것이다. 그러면서도 한편, 갑자기 마음의 문을 열고 자신의 문제를 노출시키는 셀 구성원들을 수용하지 못해 당황하거나, 아무도 마음의 문을 열지 않는 바람에 아직도 맹숭맹숭한 셀 모임들이 있다.

따라서 셀 목자를 세울 때는 말을 어떻게 효과적으로 전하느냐의 문제보다는 셀 구성원 상호 간의 나눔과 치유, 상담 기법과 서로의 비밀 유지에 관한 문제들을 중점적으로 다루며 훈련시켜야 마땅할 것이다. 존재의 고독과 외로움의 문제, 부부 관계의 바람직한 방향, 자녀 양육의 성경적 태도 등을 가장 효과적으로 나누고 치료하고 회복할 수 있는 곳이 바로 교회 내 소그룹임을 상기할 때, 가정 교회라 명명되는 셀 교회를 이제는 보다 적극 활용해야 한다. 가정 교회를 통해 답답한 문제를 토로할 뿐 아니라, 바람직한 남편상, 아내상을 발견하는 도전을 받을 수 있다면 그 자체가 움직이는 상담실이라 해도 과언이 아닐 것이다.

상담시 주의 사항 ABC

목회자를 비롯한 교회 지도자, 셀 교회 목자, 그 외 우리 모두는 어떤 식으로든 상담자가 될 때가 있다. 그 중 목회자는 가장 많은 신앙 상담을 받는 사람 중 한 사람일 것이다.

그런 면에서 우리는 상담에 대한 기본적인 지식을 갖추고 있어야 한다. 상담시 주의 사항은 무엇인지, 어떻게 해야 내담자의 마음을 위로하고 격려할 수 있을지에 대한 공부가 필요하다는 뜻이다.

오케스트라 지휘자가 지휘를 하기 위해서는 모든 악기를 다 다룰 수는 없더라도, 악보를 읽고 각 악기마다 어떻게 소화해야 하는지에 대한 이해는 반드시 있어야 한다. 만약 그것마저 없다면 그는 오케스트라 지휘를 맡지 말아야 한다. 각 악기를 조화시켜 아름다운 하모니를 내기는커녕 불협화음을 이루는 데 주범이 되고 말 것이다.

상담자가 상담 학습을 해야 하는 이유도 이와 같다. 내담자의 심리를 보다 잘 이해하여 그들의 마음 밭을 조화롭게 지휘하기 위해서는 악보를 배우는 개념으로 상담학에 대한 기본적인 공부를 해야만 좋은 상담자가 될 수 있다. 그러나 우리는 이 사실을 잊어버릴 때가 얼마나 많은지…. 준비 없이 부딪치고, 부딪치면서 숱한 상처를 내고 만다.

A. 조급한 결론부터 내리지 말라

특별히 목회자들의 경우, 말씀과 기도 안에서 모든 인생의 해답을 이미 찾았기 때문인지 조급한 결론부터 내리고 만다. 어떤 문제든 이 한마디면 다 된다.

"집사님이 참으셔야죠!"

이 얼마나 부담과 멍에를 지우는 한마디인가! 못 참아서 찾아온 사람에게 계속 참으라는 말만 되풀이하다니…. 거기서 더한 목회자들도 많다.

"기도하세요."

기도하지 못해서, 기도가 막혀서 온 사람에게 기도하라고만 한다. 이것은 내담자의 어깨에 짐을 하나 더 얹어주는 것과 다름 아니다. 어떤 이들은 아예 설득과 훈계를 하는 경우도 있다. 자기 같으면 그렇게 대처하지 않았을 것이라며 잔뜩 자기 자랑과 과시를 늘어놓는 사람도 있다.

이런 무책임한 상담과 관련하여 다음의 일화는 이미 널리 알려져 있지만 한번 더 상고해 볼 만하기에 소개한다.

한 청년이 자신의 문제를 털어놓기 위해 랍비를 찾아갔다고 한다. 청년은 랍비에게 많은 고민을 털어놓기 시작했는데 청년의 이야기를 듣던 랍비가 갑자기 말을 가로막고 이렇게 이야기했다.

"메시아를 믿으시오."

랍비는 처방부터 내려주었다. 청년은 깜짝 놀라며 다시 물었다.

"메시아를 믿으면 어떻게 되는데요?"

"지금의 모든 고민이 해결된다오. 아니, 그 이상의 고민까지 다 해결될 것이오."

그러자 청년은 랍비에게 눈을 동그랗게 뜨고 다시 한번 물었다.

"랍비님, 그러면 제가 한 가지를 더 묻겠는데요. 나는 그 메시아를 진짜 믿고 싶어요. 근데 메시아를 믿고 난 다음이 아니라 메시아를 믿기 전까지 내가 무얼 해야 될지 그걸 좀 얘기해 주면 안 되겠습니까?"

이 일화는 무엇을 뜻하는가? 우리가 성령충만하고 성숙해 있다면 아마 상담자를 찾아가 상담할 일도 아예 없을 것이라는 뜻이다. 그러지 못하기 때문에 상담할 일이 있고, 고민할 일이 있는 것인데 자꾸만 뒷이야기를 하면 어떻게 하느냐는 것이다. 성숙한 삶, 성령충만한 삶을 향하여 가고 있는 이 여정에서 어떻게 해야 성령충만한 삶을 살 수 있을지에 관한 세세하고 구체적인 고민과 답이 상담 속에 머물러 있어야 한다는 뜻이다.

B. 진정한 위로는 상대방을 공감해 주는 것

실패한 상담 케이스로 이런 경우도 있다. 어떤 목회자가 한 성도로부터 전화를 받았다. 전화 내용은 남편이 바람을 피운다는 것이었다. 그 이야기를 듣던 목회자는 대번에 이렇게 말했다.

"요새 그런 분들 한둘이 아니에요."

아무리 위로라고 한 말이라지만 듣는 사람에게는 그 말이 어떻게 들렸겠는가! 남편 바람피우는 문제는 다들 겪는 문제니까 그렇게 혼자 호들갑을 떨지 말라는 소리로 들리지 않겠는가! 또한 당사자 입장에서는 아무리 세상 모든 남자가 바람을 피울지라도 내 남편만은 아니기를 바랐기 때문에 마음의 큰 상처를 안고 상담을 요청한 것인데, 거기다 대고 "남자란 다 그런 것이다"는 말을 한다면 그게 무슨 위로가 되겠는가!

게다가 그는 이렇게 덧붙여 말했다.

"그러니 집사님이 참으셔야죠. 어떡하겠어요?"

당장 남편을 어떻게 하자고 상담 전화를 한 것이 아니다. 내 마음의 고통과 상처를 수습할 길이 없어 전화를 했던 것인데, 오히려 찬물을 끼얹듯이 "참으라" 말하면 상담자의 마음은 더 폭발하지 않겠는가 말이다. 그래서 상담자는 너무 화가 난 나머지 전화를 탁 끊어버렸다고 한다. 그 목회자는 목회자대로 그런 상담자의 태도를 바라보며 나름대로 평가를 하고 만다. '저러니 남편인들 제대로 붙어 있겠어? 쯧쯧.'

그런데 어느 날 그 목회자가 상담에 관한 훈련을 받고 보니 그때서야 자신이 내린 처방이 극약 처방이란 사실을 깨닫게 되었다. 만약 상담 훈련을 받지 않았더라면 자신의 실수를 깨닫지도 못했거니와 그때 전화했던 성도의 성격만 문제 삼았을 것이다. 그는 이런 말을 남겼다. "큰 걸림돌을 안고 찾아온 내담자에게 나는 그 걸림돌을 치워주지는 못할망정 내가 더 큰 걸림돌이 되었었다."

그 후 그는 어떻게 상담을 하게 되었을까? 비슷한 상황에 이를 때마다 그때와는 정반대의 태도로 접근했다고 한다. 그냥 공감만 해 주는 것이다.

"아, 속상하겠다. 어떻게 그런 일이 집사님처럼 착한 분한테 일어났을까요? 이런 우환이 어디 있어요? 다른 가정은 다 그래도 집사님네만은 그런 일이 없어야 하는데, 얼마나 속상하겠어요…."

그러면서 오히려 상대방 편에 서서 속상한 마음을 막 털어놓는 것이다. 그러자 상담자는 자신의 마음을 이해해 준 목회자가 고마워 흐느껴 울기 시작했다고 한다. 이윽고 결정적인 순간, 그는 상담자에게 이런 말을 남겼다.

"그래요. 그럴 때는 아무리 남편이라도 때려죽이고 싶을 정도로 미운 거 아니겠어요?"

그 말에 상담자는 더욱 목 놓아 엉엉 울었다. 그 목회자는 얼마나 지혜로우신지, 이번에는 엉엉 우는 상담자가 한참 울도록 기다려 주었다. 과연 결론은 어떻게 되었을까? 남편을 때려죽일 기세로 찾아왔던 상담자의 마음이 어느덧 울음 속에서 정화가 되었는지 눈물을 닦고 차분한 어조로 이렇게 이야기하더라는 것이다.

"목사님, 그래도 어떡하겠어요? 제가 참을 때까지 참아봐야죠."

바로 이것이다. 내담자 스스로 결론을 내리도록 도와주는 것, 그것이 훌륭한 상담자의 역할이다. 위의 경우는 내담자가 이런 결정을 내리기까지 상담자가 전혀 강요한 것이 없다. 그저 공감해 주고 들어주었을 뿐이다. 상담의 성패는 바로 이런 공감의 능력에서 좌우된다고 해도 과언이 아니다. 좋은 상담자란 바로 이렇게 공감의 능력을 소유한 사람들이다. 아픔을 받아주는 사람, 아픔을 들어주고 상대방의 이야기를 수긍해 주는 사람이 바로 카운슬러인 것이다.

또 다른 상담 사례도 이와 같은 사실을 잘 반증해 준다. 그 집사의 고민은 다른 데 있는 것이 아니었다. 시아버지와 시어머니의 관계가 극도로 안 좋아서 '황혼 이혼'이란 말이 오갈 정도에 이른다는 점이었다. 말 한마디 대꾸하지 못하고 시아버지에게 눌려 지내온 시어머니는 환갑을 넘기면서 갑자기 지나온 세월에 대해 항상 억울해 했다. 그런 까닭에 남편인 시아버지의 모든 행동이 미워 보여 툭하면 시아버지와 이혼하고 싶단 말을 했다. 며느리와는 친정 어머니처럼 사이가 좋았던 터라 시어머니는 화가 날 때마다 며느리인 그 집사에게 전화를 걸어 하소연을 했다고 한다.

"오늘은 니 시아버지가 아침밥 먹으면서 뭐라고 하는 줄 아니? 나보고 목석하고 사는 것 같댄다."

이렇게 시작되는 전화를 받을 때마다 며느리는 마음이 늘 답답했다. 이러다가 두 분이 진짜 갈라서는것이 아닌가 싶었다. 한편으로는 시아버지에 대한 마음속 불만을 왜 지금껏 해결해 오지 못했는가 하는 시어머니에 대한 안타까운 심정도 컸다. 그래서 대뜸 이런 말을 했다고 한다.

"어머님, 그래도 아버님만한 분 없어요. 육십 평생 성실하게 가정을 지켜 오셨잖아요. 어머님이 아버님한테 애교도 좀 부려보고 그러세요."

그러자 시어머니는 버럭 화를 내더라는 것이다.

"뭐? 니가 한번 시애비 같은 사람하고 살아봐라. 애교가 나오나. 손바닥도 마주쳐야 소리가 나올 거 아니니?"

안 그래도 착하게만 살아왔던 시어머니는 자신의 내성적이고 무뚝뚝한 성격을 비관하고 있던 차였다. 거기다 독불장군 같은 시아버지와의 결혼 생활에 대해 한없이 피해 의식에 시달리고 있었다. 늘 남편으로부터 지적만 받으며 살아온 시어머니는 누군가 자신의 편에 서서 자신감을 북돋아주길 원했지만, 며느리는 답답한 마음에 섣부른 결론부터 내리고 만 것이다.

그 후 며느리는 상담에 대한 스스로의 학습을 통해 자신의 상담 태도가 잘못되었다는 사실을 깨닫게 되었다. 무엇보다 내담자의 속사정은 절대로 상담자가 다 알 수 없는 일이기에 내담자에 대한 섣부른 결론부터 내리는 것이 얼마나 교만한 일인가를 깨닫게 되었다고 한다. 그래서 어느 날인가는 시어머니의 전화를 이렇게 받았다는 것이다.

"어머님, 너무 속상하시겠다. 아버님은 왜 그러시는지 모르겠어요. 어머님이니까 그만큼 참고 사신 거지, 왜 그걸 모르시는지 몰라요. 이번에 저희가 내려가면 아버님한테 말씀드릴 거예요."

그러자 시어머니는 깜짝 놀라며 되물으셨다.

"야야, 따지다가 너까지 미움 받으면 어떡하려고 그래?"

며느리는 더 화가 난 기세로 대답을 한다.

"미움 받아도 할 수 없죠, 뭐. 저는 어머님이 이렇게 상처받으며 사시는 것이 너무 속상해요. 제가 십자가를 지고 말씀드릴 건 드려야겠어요."

며느리의 태도에 이번에 시어머니는 전혀 뜻밖의 반응을 보였다.

"아니다. 그래도 니 시아버지가 큰 잘못은 한것이 없지 않냐? 나도 노력을 해야지. 시아버지 입장에서는 나랑 사는것이 답답할 수도 있다. 니들 봐서라도 내가 노력할 테니까 너는 그냥 참고 있거라."

"어머님, 어머님이 얼마나 멋진 여잔데요? 왜 아버님은 그걸 모르시나 몰라?"

"글쎄 말이다. 하하. 멋진 내가 참아야지, 어떡하겠냐?"

바로 이것이다. 이 시어머니는 며느리가 자신에게 공감해 줬다는 사실에서 벌써 마음의 병을 절반쯤 고침받았다는 사실이다.

C. 정밀 진단이 필요할 때는 전문가에게

좋은 상담은 상담자가 가지고 있는 마음의 올가미를 벗겨주는 역할을 한다. 그러나 잘못된 상담은 오히려 내담자에게 올가미를 씌운다는 점에서 우리는 상담의 기본적인 ABC만이라도 숙지할 필요가 있다. 그것만이라도 숙지한다면 상담자로서의 1차적 역할은 할 수 있다고 본다.

상담을 하다보면 때론 상담자가 함께 지기 어려운 매우 큰 문제를 만날 때도 있다. 특히 가정 상담은 매우 복잡하고 어려운 내용일 때가 많다. 상담자가 가지고 있는 지식이나 능력으로는 어떤 대안을 제시해야 할지 도무지 알 수 없을 때, 그럴 때가 반드시 온다는 것이다.

그럴 때는 좀더 세밀한 진단을 위해 종합 병원(?)에 보내야 한다. 즉 보다 전문적인 기관을 소개해 줌으로써 내담자가 확실한 도움을 받도록 안내해 주는 것이다. 이럴 때 상담자는 진실하고 애정 어린 태도로 상담자에게 상황을 설명해 주어야 한다.

"집사님, 제가 정말 돕고 싶지만 그런 일에 대해서는 제 경험과 지식이 너무 부족하네요. 저도 안타깝지만 대신 제가 더 좋은 기관을 소개해 드릴 테니 그 곳에서 전문적인 상담을 받아보시는것이 좋겠네요."

이렇게 징검다리가 되어주는 것만으로도 상담자는 제 역할을 했다고 말할 수 있다. 사실 상담을 하다보면 때로는 내담자의 마음 상태를 공감해 주는 것만으로는 해결되지 않는 복잡한 문제가 많다. 폭력적인 남편의 문제, 약물 중독의 문제, 왕따 자녀 문제 등 전문 기관을 통해 지속적으로 치유받고 학습되어야 할 문제들이 있는 것이다. 그럴 때 전문 상담 기관을 소개해 주거나 아버지 교실, 어머니 교실, 내적 치유 기관 등과 연결시켜 주는 일, 청소년 문제 상담 기관을 소개해 주는 일은 문제 해결의 실마리가 된다.

상담자들의 징검다리 역할을 위해 아래처럼 전문 상담 기관을 간략하게 소개해 보았다. 이 외에도 좋은 기관들은 얼마든지 많이 있다. 이런 기관들과의 면밀한 협조 아래 부디 복잡하고 어려운 가정 문제들이 빨리 해결받을 수 있기를 바란다.

상담 기관 소개

아동 상담

- 맑은놀이치료센터(www.paideia.co.kr) - 여러 가지 심리적 문제를 지닌 어린이를 위하여 심리 평가 및 치료 교육 프로그램을 실시
- 강남아동상담센터(www.kncsangdam.co.kr) - 성장 과정에서 여러 가지 문제로 인하여 어려움을 겪는 아동들에게 풍요롭고 건강한 삶을 마련해 주고자 하는 아동 전문 상담 기관
- 한국육영회 부설 치료교육연구소(www.kidgrowing.org) - 언어, 정서, 사회성, 인지 발달 등의 문제로 사회적 적응의 어려움을 갖고 있는 어린이와 청소년, 가족에게 다양하고 전문적인 치료와 교육을 제공

청소년 상담

- 한국청소년상담원(http://www.kyci.or.kr) - 상담 프로그램을 개발 보급하며 전문 상담을 통한 청소년 문제의 예방·해결 및 건전 육성을 위한 시범 상담
- YMCA청소년 상담 트워크(http://counsely.ymca.or.kr) - 성교육과 상담 그리고 문화 활동을 통하여 아픔을 가진 청소년에게는 희망이 되고 우리 사회의 건강한 성문화를 가꾸는 일꾼으로 육성함

부부상담

- 하이패밀리(www.hifamily.net) - 건강한 가정을 만들어가는 행복발전소. 부부 세미나, 치료 프로그램 개발 및 교육
- 한국가정법률상담소(http://www.lawhome.or.kr) - 가정 법률, 여성 관련 법률

상담, 가족법, 월간 가정상담. 호주제의 문제 상담
- 결혼지능연구소(http://www.mqkorea.com) – 위기에 처한 한국 가정의 건강을 목적으로 부부 상담 및 치료
- 한밀상담소(http://www.hanmil.or.kr)– 개인 및 부부, 가족과 지역 등의 상담, 심리 치료 및 세미나 교육

가족 치료
- 김영애 가족치료연구소(www.clsk.org) – 사티어 가족 치료 이론에 기초한 가족 치료 세미나 및 전문가 훈련 기관

성격 및 심리 검사
- 한국가이던스(www.guidance.co.kr) – 인성 및 심리, 성격 등을 검사함으로 진로를 상담하는 기관
- 한국MBTI연구소(www.mbti.co.kr) – MBTI를 활용한 각종 프로그램을 실시할 수 있는 지도자를 훈련하며, 번역과 저술 및 연구 활동을 하는 기관.
- 한국에니어그램연구소(www.kenneagram.com) – 진정한 자기를 발견함은 물론 자기를 변형하여 가족, 학교, 기업, 인사 및 조직 등의 분야에서 건강한 인간 관계와 효율적인 직장의 목표 달성을 추구하는 기관

상담의 보고는 역시 바이블!

앞서, 상담시 주의 사항 몇 가지를 간략하게 언급했지만 한 가지 분명한

사실은 상담의 정답은 없다는 것이다. 수많은 상담 방법은 우리가 주의 깊게 참고해야 할 하나의 자료는 되지만, 그 방법 자체가 진리는 아님을 또한 잊어서는 안 된다. A라는 방법이 A라는 사람에게는 옳게 작용했지만 B라는 사람에게는 그 반대로 작용할 수도 있다는 것이다. 그만큼 사람이 가진 개인적인 필요가 너무도 다양하기 때문이다. 그러나 보편적으로 작용하는 기본적인 상담 훈련은 반드시 배우고 익힐 필요가 있다. 좋은 상담을 위해 겸손한 자세로 끊임없이 학습하고 노력하는 자세 위에서 가장 좋은 상담법이 개발된다는 것은 의심의 여지가 없기 때문이다.

나는 상담에 대한 공부를 할수록 그 방법적인 측면의 다양함에 놀랄 때가 많다. 하지만 이 다양한 방법과 문제 접근법을 완벽하게 적용한다 해도 완벽한 상담은 이루어지기 어려울 것이다. 앞으로도 계속해서 또 다른 상담법이 개발되고 연구되겠지만 그 역시 완벽한 상담을 이루어내지는 못하리라.

그렇다면 무엇이 완벽한 상담을 가져올 수 있을까? 완벽한 치료, 온전한 치료는 무엇에 의해 결정될 것인가? 이미 눈치 빠른 독자는 정답을 알고 있을 것이다.

그렇다. 성경 말씀만이 어느 시대, 어떤 상황을 불문하고 최고의 치료제로 인간에게 다가설 수 있는 완벽하고 유일한 방법이다. 말씀에 의한 성령의 치료만이 사람의 상처를 아물게 하고 문제를 해결할 수 있는 유일한 길이라는 것이다. 때문에 기독 상담자들이 명심해야 할 한 가지 진리가 있다.

"심리학은 문제를 진단하지만 신학과 말은 문제를 치료하며 해결한다"는 사실이다. 이미 말씀의 능력과 생명력을 경험한 우리는, 그래서 상담의 기법을 찾기보다는 말씀의 권위를 세우고 말씀의 능력을 찾는 일에 주력해야 한다. 말씀은 살았고 운동력이 있어 좌우에 날선 어떤 검보다도 예리하여 혼과 영과 및 관절과 골수를 찔러 쪼개기까지 하며 또 마음의 생각과 뜻을 감찰(히 4:12)하기 때문이다. 또한 말씀은 하나님의 감동으로 된 것으로 교훈과 책망과 바르게 함과 의로 교육하기에 유익하여 이는 하나님의 사람으로 온전케 하며 모든 선한 일을 행하기에 온전케 하는(딤후 3:16, 17) 까닭이다.

따라서 성경이야말로 상담과 치유에 있어 원초적인 도구라 할 수 있다. 즉 성경은 상담학의 교과서인 것이다. 아담스(J.E. Adams)는 "왕이시며 교회의 머리되신 그리스도께서 개인적인 문제를 가진 하나님의 백성을 상담하실 때 성경을 통해 말하신다"고 말했다. 왜 성경이 그토록 중요한가? 존(M.L. Jones)이 이야기한 대로 "성경 속에는 온갖 인생살이에 속하는 문제가 이 모양 저 모양으로 다양하게 취급되고 있기 때문이다." 게리 콜린스(Gary R. Collins)도 "성경만큼 폭넓은 내용을 담고 있는 상담 사례집은 없다"고 주장했다. 또한 나라모어(C. M Narramore)는 "성경은 실제적이어서 남녀노소가 어떤 형편에 있든지 다 적용이 되는 책이다. 인생에 대한 온갖 문제의 해답서로서 순수하고 완전하기 때문에 인간의 마음에 스며들어 평화를 가져오는 능력의 근원이 된다"고 말했다.

굳이 이들의 말을 빌려와 표현하지 않더라도 상담 현장에 있어 본 그리스도인이라면 사람의 영혼과 마음과 육체를 어루만지고 살리시는 말씀의 능력에 대해 감탄을 금치 못할 것이다. 인간의 갖은 미사여구와 탁월한 위로의 말들도 문제에 대한 진단은 될 수 있을지언정 대안과 치료는 되지 못한다. 인간의 언어적 기능은 거기까지인 것이다.

그런 면에서 상담 치유는 더 이상 심리적이거나 정신 요법에 기초하기보다 말씀으로 돌아가서 행하는 작업이 필요하다. 상담자에게 있어 최고의 권위는 성경 외에 없다는 것이다. 특히 성경은 가정에 관해서 너무도 소중한 가르침을 제시하고 있다. 창세기의 처음 부분은 가정의 이야기(창 2:18~25)로 시작되고 있다. 구약 성경은 부자 관계의 회복으로 마무리되어지며 신약 성경은 가정에서 일어나는 출생의 이야기(마 1:1~25)로 서막을 연다. 마지막 요한계시록은 하나님 나라의 도래를 혼인 잔치로 묘사하고 있다(계 19:6~9; 21:2, 9~11). 이러한 관점에서 성경을 들여다보면 성경은 곧 '가정독본'이라 해도 지나침이 없다.

그래서 상담자는 늘 말씀 앞에 무릎 꿇어야 한다. 성경 연구를 통해 각 가정의 상황에 대한 하나님의 말씀이 무엇인지를 알고 있어야 한다. 성경 속에는 남성와 여성란 누구이며 아내와 남편의 구조, 아버지와 어머니의 역할, 자녀 양육 문제, 멋진 가정의 모습 등 수많은 가정의 상황들이 구체적으로 그려져 있다. 이런 그림을 보며 하나님의 마음이 무엇이며 가정을 향하신 하나님의 뜻이 무엇인지에 대해 이해하고 있어야 내담자에게 다가

가 하나님의 말씀으로 내담자의 처진 어깨를 일으켜 세울 수 있다. 그렇다고 내담자에게 설교를 하라는 뜻은 아니다. 내담자와 나누는 사랑의 대화 속에 하나님 말씀이 녹아 들어가 있을 때 진정한 치유와 회복의 생명력이 살아 숨쉴 수 있다는 뜻이다.

4장 남성이 살아야 교회가 산다

영적 가장으로서의 남성을 세워라

"당신은 가장이잖아요. 우리집 가장!"

좋은 의미든, 나쁜 의미든 인생을 사는 동안 모든 남성들이 꼭 한 번쯤 듣는 말이다. '한 가정의 가장!' 이 얼마나 성스러운 말인가! 하나님께서 남성들에게 부여해 주신 가장 가치 있는 직무요, 영광스런 삶을 나타내 주는 말이 바로 이 '가장'이라는 말일 것이다.

그런데 많은 경우, 가장의 의미를 경제적 부양의 의미로만 생각하고 만다. 돈을 잘 벌어오면 가장으로서의 의무를 다했다고 평가해 주고, 그렇지 못할 때는 가장의 의무를 못했다고 판단해서 그 지위를 박탈해 버린다. 그런 까닭에 IMF 이후 우리나라 남성들은 자의든 타의든 매우 위축된 모습으로 살아가고 있다. 실업자가 된 남편이나 돈을 많이 벌지 못하는 아버지는 이미 가장으로서 대우를 받지 못하고 있는 것이다. 돈벌이를 대신하는 아내는 "이제 우리집 가장은 나야"라며 가장이라는 타이틀을 스스로 떠안고 만다.

이것은 영적 가장으로서의 남편의 역할을 잘못 이해하는 데서 비롯된 모습들이다. 하나님께서는 남성들에게 영적 가장으로서의 책무와 역할을 주셨다.

"아내들이여 자기 남편에게 복종하기를 주께 하듯 하라 이는 남편이 아내의 머리됨이 그리스도에게서 교회의 머리됨과 같음이니 그가 친히 몸의 구주시니라"(엡 5:22, 23).

하나님께서는 남편을 가정의 머리로 세우셨다. 그렇다면 가정의 머리라는 말은 무슨 뜻인가? 가정의 영적 안내자, 즉 지도자로 세우셨다는 뜻이다. "남편이 아내의 머리됨이 그리스도께서 교회의 머리됨과 같다"는 말은 바로 그런 의미이다. 그러나 남성이든 여성이든 이 영적 지도자로서의 남성 역할을 망각해 왔기 때문에 가정의 아름다운 질서와 하모니가 깨지고 있다. 영적 가장으로서의 남성은 그리스도를 그 마음 안에 모시고 있어야 하며, 언제나 하나님의 인도를 받을 줄 아는 남성이어야 한다. 그런 의미에서 올바른 남성상은 영적인 거듭남에서 출발해야 하고, 영적 가장인 남성들이 '그리스도의 마음'을 얼마나 품고 가정을 다스리느냐에 따라 그 가정이 든든하게 세워지는지 여부가 결정된다. 남성이 성경적 남성상을 회복하여 그 사명을 다할 때 가정이 건강하게 세워진다는 것이다.

따라서 교회는 성경적 남성상을 확립할 수 있도록 남성들을 세우는 일에 주력해야 한다. 한 사람의 남자가 세워짐으로써 생명력 있는 가정이 탄생되기 때문이다. 그러나 많은 교회에서는 이 사실을 애써 간과하는 것 같아 안타깝기 그지없다. 영적 가장으로서의 남성들의 가치와 역할을 강조하고 각성시켜 줄 곳이 교회밖에 없는데도 교회는 남성 사역을 외면해 왔던 것이 사실이다. 교회 구성원의 3분의 2가 여성들이기 때문에 교회는 남성 사역의 불모지가 될 수밖에 없었다는 것은 어찌 보면 핑계에 지나지 않는다. 그럴수록 더욱 남성 사역에 집중해야 남성들이 그리스도 안에서 힘을 얻고 정체성을 찾으며, 교회 안에 더욱 많은 남성들이 모일 수 있지 않을까? 사회적으로 점점 위축되어가는 남성들이 교회 안에 모여 더욱 힘을 얻고 하나님께서 남성에게 부여해주신 고유 역할을 성경 안에서 찾아 달려갈 때 각 가정은 건강하게 세워질 것이다.

그렇다면 교회는 남성 사역의 어떤 부분에 집중해야 할까? 남성 사역이라 함은 단순히 남성들을 대상으로 행하는 사역을 말하는 것일까? 남성들의 어떤 면을 공략할 때 남성들이 집중해서 듣고 행하며, 가정이 건강하게 세워질 수 있는 것일까?

남성의 존재감을 일깨워주는 작은 배려들

이에 대한 답을 찾기 전에 가정적으로, 교회적으로 남성을 세워주는 것이 무엇인지 정립할 필요가 있다고 본다. 사람을 세워준다는 것, 남자를 배려해 준다는 것은 따지고 보면 크게 어려운 일이 아니다. 우리는 작은 배려 하나가 사람을 살리고 남성을 세울 수 있음을 잊고 사는 것 같다.

내 아버지의 경우만 봐도 그렇다. 자식도 다 나가고 아내도 나가는 교회를 아버님이 선뜻 나가지 못했던 데는 이유가 없었던것이 아니다. 시골 학교 교장이긴 하지만 언제나 아버지는 마을 행사가 있든 동네 잔치가 있든 공식 기념행사 자리에 가면 마을 어른으로서 설 자리가 있었다. 그런 분이

신지라 늘그막에 교회에 나가신다는 것이 여간 어렵지 않으셨으리라. 권사, 장로 등 직분자들 위주로 교회가 움직이는 것처럼 보였고 상대적으로 당신의 자리가 없다고 느끼셨기 때문이다. 그래서 한 번은 이런 말을 하시기도 했다.

"야, 장로고시 같은 거 없냐? 그런 거 있으면 한 번에 딱 장로가 될 수 있는데."

신앙의 연륜이 쌓이고 그만한 책임과 사명으로 주어지는 장로 제도를 초신자인 아버지께서 이해하실 리가 없다. 그런 말을 하시는 아버지에게 교회란 어떤 곳이며 장로가 되는 과정과 그 직분의 귀함에 대해 일일이 설명해 드리진 못했지만, 아버지 마음이 십분 이해되고도 남았다. 어머님은 이미 교회만 가면 "권사님, 권사님!"이라 불리며 대우를 받지만, 아버지는 아내인 권사님 옆에 서 있는 초신자였던 것이다. 초신자라는 것이 얼마나 귀한 이름인가! 예수 안에서 거듭난 인생을 시작할 수 있고, 그래서 더욱 하나님의 뜨끈뜨끈한 사랑이 머무는 사람들이다. 그런데 남성들이 초신자가 되면 왠지 교회 안에서 '초라한 신자'가 되는 느낌이 든다. 이미 저만큼 커져 있는 부인의 옆자리에서 아이가 된 것 같은 신앙적 위축감이 들기 때문이다. 남성들은 언제나 어린아이 같아서 무엇이든 동참할 수 있는 권리가 주어지지 않을 때 이런 위축감에 시달리는 것 같다. 비록 믿음에 있어서는 다소 부족하다 해도 어떤 결정권이 전혀 주어지지 않을 때 남성들의 어깨가 처지는 것이다. 따라서 교회가 남성들을 세우려면 이 처진 어깨에 힘을 북돋아주어야 한다. "일을 결정함에 있어 당신의 결정이 중대한 변수가 된다"는 느낌을 실어주는 것이다. "우리는 앞서 가고 당신은 따라오기만 하면 된다"는 식의 리더십이 아니라 "우리는 함께 가는 존재"임을 알려주는 리더십이 중요하다.

그런 면에서 어떤 부인이 권사 취임을 받을 때 남편이 아직 교회에 발을 들여놓기 전이라 권사 취임을 거부했다는 이야기는 의미심장한 메시지를 준다. 권사 취임을 빨리 받는 것보다 더 중요한 일이 있다는 것을 그 부인은 믿었기 때문이었다. 실제로 권사 취임을 앞두고 남편의 동의서를 받아 오도록 하는 교회도 있다. 특별히 믿지 않는 남편을 둔 예비 권사의 경우, 담임목사의 다음과 같은 목회 서신은 남편에게 큰 감동으로 다가간다는 것이다.

"귀 가정의 아내 되시는 ○○○ 씨는 그간 저희 교회에서 여성 리더십을 탁월하게 인정받고, 이제 영향력 있는 지도자로서 권사의 직분을 가지기에 이르렀습니다. 이 권사의 직분은 교회 내에서 이러이러한(내용 생략)한 영향력을 끼치게 되는 직분입니다. 이런 아름다운 직분을 받기까지 부군 되시는 ○○○ 님의 외조와 지원이 없었다면 불가능했을 것입니다. 그래서 이 아름다운 직분이 세워지는 일로 인해 부군께서도 기뻐하시리라 믿습니다. 하지만 혹시라도 이 직분 세우는 일에 부군 되시는 분이 허락하시지 않거나 부담을 느끼신다면 저희는 이 일을 취소하려고 합니다. 이 일에 대해 남편의 동의를 구합니다."

이런 요지의 목회 서신을 보냈더니 어떤 남편은 굉장한 감동을 받고 교회에 출석하게 되었다고 한다. '햐, 교회가 나를 무시하지 않았구나! 거기다 내 마누라가 교회에서 이렇게까지 인정받고 있었다니…. 그 동안 나는 마누라를 교회에 빼앗긴 줄 알았더니 그게 아니었어.' 이런 마음을 가지게 된 남편이 권사 취임을 계기로 교회에 나오게 된 것이다. 물론 그 남편은 초신자 공부부터 시작했지만 그 뒤로도 부인의 권사 직분은 그 남편을 위축되게 하는 것이 아니라 자긍심이 되었다고 한다. 교회에서나 집에서나 언제나 남편의 의견을 존중해서 일을 결정했기 때문이었다.

이 이야기는 남성들이 어떤 존재인지를 동시에 말해주는 내용이기도 하다. 남성, 그들은 매우 강한 존재이면서도 사실은 매우 약한 사람들이다. 특히 나이가 들어갈수록 사소한 일에 감동 받고 사소한 일에 소외감을 느끼곤 한다. 그런 측면에서 교회가 남성을 수용하기 위해서는 남성의 존재 가치를 일깨워주는 크고 작은 상의와 배려가 있어야 할 것이다.

젊은 남성, 소그룹 심방으로

그동안 교회는 심방 일정부터 남성들을 소외시켜 왔던 것이 사실이다. 남편들이 다 출근하고 없는 사이에 심방이 이루어져 왔던 것이다. 물론 요즘은 맞벌이시대가 열리면서 낮 심방 자체가 어렵다고 한다. 집을 지키고 있는 사람들이 줄어들었기 때문이다.

그럼에도 불구하고 심방은 계속해서 이루어지고 있다. 상대적으로 줄긴 했지만 집을 지키고 있는 쪽은 부인인 경우가 훨씬 많은 까닭이다. 그래서 교회는 부인과 아이만 있는 낮 시간대에 가가호호 심방을 한다. 그래서 남성들이 심방 받을 기회는 거의 없다고 해도 과언이 아니다.

나는 이것부터 달라져야 한다고 생각한다. 낮 시간이 아닌, 온 가족이 모인 밤 시간에 심방을 하면 여러 가지 면에서 좋은 효과가 있다. 아직 제대로 이루어지지는 않지만 나는 결혼식까지도 밤에 치러야 한다고 주장하는 사람이다. 실제로 성경에도 밤에 결혼식을 치른다. 왜 교통 체증이 심한 시간대인 토요일 낮에 사람들을 불러 모아 결혼식을 치르는지 모를 일이다. 일과가 다 끝난 평일 저녁 시간에 모여 결혼식을 치르면 모이는 사람들이 저녁 만찬에 초대받은 것같이 여유 있을 것이며, 토요일 일정을 온통 결혼식에 참석하느라 다 빼앗기지 않아도 될 것이다.

심방도 이와 같은 맥락에서 생각해 볼 수 있다. 아직도 1년에 한 차례씩 행해지는 대심방을 위해 어떤 가정은 출근한 남편이 조퇴하고 들어와 심방을 받기도 한다. 물론 그 사모하는 심정과 정성은 높게 평가하더라도, 그렇게 하기까지 남편이 직장 내에서 겪어야 하는 스트레스와 갈등을 생각한다면 무리하게 낮 심방을 진행하는 것은 교회가 남성 성도들의 사회적 활동을 제대로 배려하지 않은 결과라 할 수 있다. 1년에 한 번 있는 대심방을 위해 조퇴 한 번 하는것이 뭐 어떠냐고 반문할지 모르지만, 1년에 한 번씩 있는 일이 어디 대심방뿐이겠는가! 아이가 갑자기 아플 수도 있고, 노모가 급작스럽게 발병할 수도 있으며, 처가 문제, 친구 문제 등 남성들은 직장 생활을 하면서도 짬을 내어 찾아가야 하는 일들이 얼마나 많은지 모른다. 더군다나 요즘처럼 평생 직장의 개념이 사라진 시대에서는 성실하게 직장 생활만 해도 직장을 유지할 수 있을까 말까한 형편이다. 현대 남성들이 느끼는 압박감이 그만큼 크다는 것이다. 그런 면에서 크리스천 남성들이 사회적으로 더욱 빛을 발하며 직장 생활을 유능하게 감당할 수 있도록 도와주고 더 나아가 가정생활의 역할까지도 감당할 수 있도록 지도하며 격려해 주어야 할 책임이 교회에 있다. 진정한 남성 사역은 바로 그런 것이다.

따라서 교회는 남성들의 직장 생활 일정에 무리를 끼치지 않으면서도, 심방하며 정서적 환기와 영적인 공급을 해 줄 필요가 있다. 심방을 통해 남성들의 축 처진 어깨를 복음으로 다독이고 그들의 고유한 역할과 책임을 끝까지 수행하도록 격려하고 가르치는 일을 포기해서는 안 될 것이다. 그렇다면 바쁜 이 시대에 어떻게 심방해야 남성들을 살려낼 수 있을 것인가?

현대적 특성을 생각할 때 낮보다는 밤에, 축호심방보다는 그룹 심방이 남성들에겐 좋은 효과가 있는 것 같다. 남성들은 가뜩이나 긴장된 직장 생활을 마치고 돌아왔기에 저녁 시간에는 언제나 긴장을 풀고 싶어한다. 남성들이 퇴근 후에 술자리를 찾는 이유도 삼삼오오 모인 그 자리에서 하루 동안의 피로를 풀고 싶어하기 때문이다. 그런 점에서 남성들은 소그룹을 매우 좋아하고 즐기는 사람들이라고 볼 수 있다. 심방도 이런 점을 감안하여 이루어지면 좋다. 즉 축호심방이 아니라 어느 집에 그룹으로 모여 작은 파티 형식으로 심방을 하는 것이다. 실제로 교회 안의 교제를 살펴보면 주일이든 평일이든 젊은 부부들 중심으로 한 집에 모여 함께 식사하고 대화하는 것을 볼 수 있다. 이들은 누가 시키지 않았는데도 자발적으로 모여 칼국수도 해 먹고 삼겹살도 구워 먹는다. 이 때는 부부 중심으로 모이기 때문에 교회 활동에 소극적이던 남편들도 대부분 참석한다. 부담이 없기 때문이다.

소그룹 심방도 이런 식으로 진행하면 좋다. 조찬 기도회든 저녁 모임이든 한 집에 몇몇 부부가 모여 즐거운 식탁을 나눈다는 개념으로 모이게 하고, 이 때 교역자가 투입되어 심방하면 자연스럽게 남성들의 마음의 문이 열리게 되어 있다. 음식을 나누고 농담을 나누다가 어느덧 자연스럽게 말을 나누게 되곤 한다. 직장 내 스트레스 문제, 가정생활의 작은 문제들은 이때 다 나오게 되어 있다. 그때 교역자가 진지하게 들어주고 격려해주며 최종적으로 기도까지 해 주면 남성들은 교회에 대해 마음의 문을 활짝 열게 된다. 이렇게 소그룹 상담 또는 소그룹 활동이 이루어지면 남성들은 교회에 적극적으로 발을 들여놓는 자연스런 계기를 맞을 수 있다. 남성들이 교회 활동에 소극적인 이유가 무엇인가? 교회 안 교제권이 형성되지 않기 때문이다. 교제권이 형성되어도 교회에서 모이면 커뮤니케이션이 제대로 이루어지지 않기 때문이다. 일반적으로 남성들 사이에서 술 한잔씩 들어가기 전에 말을 튼다는 것이 상당히 어렵다. 그러나 소그룹으로 모여 함께 국

수도 먹고 차도 나누며 이야기를 하다보면 술 없이도 네트워크를 형성할 수 있다는 사실을 그들은 알게 된다. 즉 그룹 심방은 믿음의 교제권을 형성해주는 징검다리 역할뿐 아니라, 그들이 교회 안에 적극적으로 발을 들여놓는 계기도 마련해 준다.

이렇게 시작된 심방으로 마음 문을 여는 데 성공한 후, 이메일이나 인터넷 채팅으로 후속타를 쳐주면 젊은 남성들은 훨씬 쉽게 교회 쪽으로 다가온다. 교회에 대한 경계심과 방어 심리의 빗장을 여는 계기가 되는 것이다. 부담스럽지 않으면서도 유쾌하고 재미있는 소그룹 심방, 세밀한 관심으로 다가가는 이메일 심방으로 남성 심방이 보다 더 활발하게 이루어지길 소원한다.

남성들을 위한 구체적인 프로그램

교회가 남성 사역에 주력해야 한다는 데는 동의하면서도 실제로 남성들을 위한 프로그램을 시행하는 데 어려움이 많다고 호소한다. 남성들이 직장 생활에 매여 교회 프로그램에 참여할 시간이 없다는 것이다. 하지만 실제로 남성 프로그램을 시행해 보면 많은 직장인들이 토요일 조찬 프로그램에 참여해 은혜를 나누는 모습을 목격하곤 한다. 때로는 믿지 않는 남편까지도 아내와 함께 조찬 모임에 참석하기도 한다.

이것은 무엇을 말해주는가? 가족을 위한 모임이라 생각되면 믿지 않는 남편들도 얼마든지 포섭할 수 있다는 것이다. 굳이 기도회라는 이름이 아닌, 조찬 부부 모임이라는 이름으로 모이게 해서 아침 식사를 하고 1시간 가량 교양 강좌 형태로 명사의 강의를 듣게 해 주면 남성들은 그렇게 좋아할 수가 없다. 부부 관련의 유쾌한 강의도 좋고, 기독교 세계관에 근거한 유익한 정보를 주는 강의도 좋다. 유쾌하고 유익한 강의가 있다는 것은 토요일 조찬 모임을 매력적으로 만들어 주는 요소가 되므로 남편들을 모이게 하는 데 효과적이다.

강의 후에 부부끼리 가지는 조촐한 티타임을 통해 부부간에 자연스런 교제가 이루어지면 남편들은 보다 적극적으로 교회에 발을 들여놓게 된다. 1년에 두세 번만이라도 교회에서 이런 프로그램을 마련하여 아내에게 남편들을 교회로 초청하도록 하면 남성들은 교회에 오지 않을 수 없다.

"여보, 이번 주제가 '사랑 받는 아내가 되는 법'이래요. 내가 어떻게 해야 당신을 잘 내조할 수 있는지 가르쳐 주는 거래. 그런데 그 강의를 들으려면 남편을 꼭 데리고 와야 한대요. 꼭 같이 가 줄 거지?"

아내들은 미리부터 남편에게 이렇게 다가가서 그 날만큼은 무슨 일이 있어도 교회에 나오도록 유도해야 한다. 어찌 보면 '총동원전도주일'의 형태보다도 부부모임 프로그램을 통해 교회에 나오도록 유도하는것이 쉬울 수 있다. 남성들이 교회에 나오는 데 부담을 덜 느끼기 때문이다. 무엇보다 교회에 나오긴 나오되 교회 안 교제권을 형성하지 못해 아직 교회 생활에 열심을 내지 못하는 남성들을 위해서는 이런 토요일 조찬 프로그램이 매우 적절하다고 할 수 있다. 토요일은 부담이 적은 날이기 때문에 출근 시간 1시간 전에 프로그램을 마련하는 것이다. 식사를 교회에서 준비하되, 짧은 강의를 통해 유쾌한 기분이 들도록 해 주고 마지막에 오늘 하루의 승리를 위해 목사가 기도해 주면 남편들은 그 아침을 매우 즐겁게 생각하게 된다.

주5일 근무제가 본격적으로 도입되면 토요일 오전 시간은 남성 사역을 위한 시간으로 적극 활용될 수도 있다. "금요일 저녁부터 야외로 나갈 텐데 어떻게 토요일 오전 시간을 활용하냐?"며 미리부터 포기하지 말기를 바란다. 토요일 오전 시간을 미리 붙잡아 둘 수 있도록 지혜와 기도를 모으면 된다. 주5일 근무제가 도입되어 남성 사역의 위기가 왔다고 생각하면 사역 자체를 접어야 하지만, 주5일 근무제를 십분 활용하여 남성 사역의 활력을 찾겠다고 생각하면 그 생각이 바로 교회 부흥의 씨앗이 된다고 믿는다. 문제는 시간의 사각 지대를 얼마나 잘 활용하여 남성들을 공략하느냐, 어떻게 그들의 마음을 잡아끌도록 지혜와 기도를 모으느냐에 달려있음을 잊지 말았으면 한다.

그렇게 해서 남성들의 결집력이 어느 정도 모아졌을 때 '남성을 위한 특별 새벽 기도' 프로그램을 1년에 한두 차례 진행하면 성숙하고 멋진 남성들을 세우는 일에 발판을 다질 수 있다. 어찌 보면 남성을 위한 새벽 기도야말로 남성 사역의 꽃이라고도 할 수 있다. 이때야말로 남성을 그리스도 안에 견고하게 세울 수 있는 메시지가 선포되기 때문이다.

메시지 내용은 성경 안에서 무궁무진하게 찾을 수 있다. 거기에 좀더 풍성한 살을 붙이기 위해서는 남성 관련 학습이 뒤따라야 하는데 요즘은 번역된 남성 관련의 기독교 서적도 꽤 많다. 진정한 남성, 완벽한 남성이 무엇인지, 남성의 고유 역할은 무엇이며, 가정 안에서 가장의 의미는 무엇인지, 아버지란 어떤 사람이며 남편이 된다는 것은 무엇을 뜻하는 것인지 말씀을 펼쳐놓고 설교자와 회중이 함께 울고 웃는 시간을 가지는 것이다. 물론 이 때에는 출근하는 남성들을 위해 간단한 아침 식사를 마련해 주는 것이 좋다. 이렇게 교회가 온통 남성들을 위한 배려에 전력을 쏟고, 새벽 시간대 메시지까지 남성들을 위한 메시지를 선포할 때 그 특별 새벽 기도 시간은 남성들이 온전히 세워지는 시간으로 기록될 것이다.

1년에 한 차례씩 남성 대회를 여는 것도 매우 의미 있는 일이다. 목동 지구촌교회 조봉희 목사는 그 사역을 매우 잘하고 있다. 우리도 이제 남성 대회를 열어 남성들이 회개하고 힘을 얻고 인생의 전환점을 맞이할 수 있도록 계기를 마련해야 한다. 현충일 같은 공휴일에 기껏 어렵게 모여서는 뭐 잡아먹으러 갔다가 끝나버리는 허무한 시간은 이제 그만 접어야 하지 않겠는가!

아예 남성들을 데리고 제3의 야외 장소로 나가서 워크숍이나 세미나를 열고, 마지막에 남성들을 위한 메시지를 선포한다면 그 날은 교회의 남성들이 새롭게 일어서는 날이 될 것이다. 남성이 남성됨으로써 얻는 기쁨과 영광스러움을 성경 안에서 확인시켜주고, 남편으로서, 또 아버지로서의 정체성을 회복하도록 도와주는 것이다. 실제로 이런 프로그램을 통해 미국에서는 구원받는 남성들의 수가 많아졌으며 교회 안에 헌신하는 남성들이 더욱 많아졌음은 이미 알려진 사실이다.

그러나 아직도 교회 안에는 권위주의적 유교 문화에 젖어 있는 남성, 교회를 위한 헌신과 섬김에 소극적인 남성들이 많다. 성경적인 아버지와 남편상에 대해 전혀 귀 기울이지 않는 사람들도 수두룩하다. 그래서 교회 안에서의 남성 사역은 매우 중요하다. 남성 사역이 활발하게 이루어지면 좁게는 주방 안에서 설거지하는 남성들도 심심치 않게 찾아볼 수 있고, 넓게는 지역 사회 봉사를 도맡아하는 남성 성도들도 찾아볼 수 있다. 교회의 이름으로 남성들이 지역 사회를 섬기는 것이다. 부디 교회 안에서 남성 사역이 활발하게 이루어져서 가정을 섬기고, 교회를 섬기고, 지역 사회를 섬기는 이 땅의 그리스도인 남성들이 넘쳐나게 되길 소원해 본다.

주5일 근무제, 주2일 휴무제

앞서 잠깐 주5일 근무제를 이야기했지만, 이 부분은 좀더 짚고 넘어갈 필요성이 있는 주제이기 때문에 '주5일 근무제와 주말 교회'에 대한 내용을 나누었으면 한다. 사실 주5일 근무제란 용어는 교회에서부터 다르게 바꿔 써야 한다. '주5일 근무제'가 아니라 '주2일 휴무제'가 그것이다. 전자는 일하는 5일에 관심이 가 있지만, 후자는 쉬는 2일에 초점을 둔 표현이다. 우리의 교회는 그 이틀을 어떻게 활용할 것인지에 관심을 두고 있기에 마땅히 '주2일 휴무제'로 바꿔 불러야 할 것이다.

그런데 주2일 휴무제 시대가 오면 염려되는것이 있다.

그 첫 번째가 '세컨잡(second job)', 즉 한 가정에서 두 개의 직업을 가지게 되는 문제다. 그 때가 되면 아내가 꽃가게 같은 직업을 가지게 될 가능성이 크다. 그러면 남편들은 금요일 오후부터 아내의 일을 도와주는 지원 시스템을 가동하게 된다. 이런 시스템이 가동되면 휴일의 개념은 더욱 없어지고 가정은 경제적 창출을 위한 시스템으로 활발하게 돌아간다는 이론이 제기된다. 물론, 이런 이론은 새로운 고용을 창출할 뿐 아니라 경제를 원활하게 돌아가도록 한다는 장점을 내세우지만, 이 부분은 여러 역기능을 염려하지 않을 수 없다. 벌써부터 한국인들은 하루 평균 12시간 노동이라는 세계 1위 수준의 일 중독증 환자로 기록되어 있다. 그런데 이보다 더한 일벌레 환자가 된다는 것은 위험한 일이 아닐 수 없다. 무엇보다 사람이 경제 단위로 전락하게 되면 장기적인 안목에서 그 사회는 여러 부작용과 후유증을 염려해야만 한다. 그런 면에서 교회는 주2일 휴무를 이용한 프로그램을 적극 개발하여 그들을 교회 안으로 끌어와야 한다. 무엇보다 남성들의 삶이 더 이상 돈 벌레, 일 벌레의 개념으로 흘러가지 않도록 도와주어야 한다.

두 번째 우려되는 문제는 가족 갈등의 문제이다. 주2일 휴무제가 시행되면 처음 얼마 동안은 가족 단위의 여행을 다닐 것이다. 들로 산으로, 친구 집으로 친척집으로 돌아다니며 즐거운 시간들을 만끽할 수 있다. 그러나 실제 한국의 땅덩어리는 그리 넓지 못해 얼마간 다니다보면 여행의 한계를 느끼게 된다. 다닐 곳도 마땅치 않고 찾아갈 곳도 점점 없어진다. 집에서 빈둥거리기 시작하면서 시간을 요리하지 못해 하나둘씩 문제가 생겨난다. 이에 자칫하면 불필요한 성적 호기심에 노출되어 갈등의 원인을 빚어낼 수도 있다는 것이다. 지금도 문제가 되고 있는 인터넷 채팅 문제, 음란 사이트 문제, 불륜 문제가 더욱 불거질 수 있다는 말이다. 시간이 많아진다고 해서 가족이 하나로 묶어지는 것은 아니다. 시간이 많아져도 악한 문화에 노출되면 가족은 뿔뿔이 흩어질 수 있다. 사방을 둘러보라. 우리가 영적 긴장 상태를 풀면 곧 무엇이 다가오는지 알 것이다. 세상의 악한 문화가 달려든다. 그래서 지금은 문화와의 전쟁을 선포한 시대다.

그런 면에서 교회는 가족 단위의 문화 컨텐츠를 계발하여 가족을 하나로 묶어주는 중심 역할을 감당해야 할 때다. 토요일과 주일을 어떻게 요리하느냐에 따라 갈등하는 가족을 하나로 묶을 수도 있고, 그들을 신앙으로 무장시킬 수도 있는 절호의 기회로 주2일 휴무제를 맞이해야 한다. 사실 그간의 교회 프로그램은 주일 하루에만 너무 집중되어 왔고 그럴 수밖에 없었다. 그러나 주2일 휴무제 시대가 오면 시간을 폭넓게 활용할 수 있다. 주말 프로그램을 활용하여 가족 단위로 신앙 훈련을 시킬 수 있는 것이다. 그런 면에서 교회는 주5일 근무제 도입을 부정적으로만 바라볼 일이 아니다. 어쩌면 환호해야 할 일인지도 모른다. 문제는 얼마나 잘 준비되었는가 하는 것이다.

앞서 이야기한 남성 프로그램은 물론, 때로는 가족 단위의 프로그램도 얼마든지 개발이 가능하다. 요즘은 교회마다 영상 시설이 잘 되어 있는 터라 가족 영화 나들이를 마련하는 것도 좋다. 아버지에 관한 영화, 가족의 소중함을 일깨워주는 영화를 가족 단위로 보고 토론하며 가벼운 티타임을 가지도록 해 주면 가족들은 교회 안에서 참된 기쁨과 행복을 맛볼 수 있을 것이다. 대전의 모 교회가 했던 것처럼 '아버지와 함께하는 기차 여행' 프로그램도 좋다. 기차 칸칸마다 레크레이션 리더가 한 명씩 들어가 레크레이션 시간을 갖고 김밥을 나누어 먹으면서 가족간의 유대를 도모하는 것이다. 이런 시간들을 보내면서 가족들은 교회를 통한 가족간의 일치가 얼마나 기쁘고 행복한지를 느끼게 된다.

그래서 나는 21세기형 목회 현장에는 문화 기획자 한 사람이 꼭 있어야 한다고 생각한다. 교회 환경과 목회 환경이 급변하는 21세기에는 더더욱 문화 기획자의 역할이 중요하다. 본 연구소인 하이패밀리에서도 교회만을 위해 사역할 때는 목회자들과만 일을 했지만, 몇 년 전부터는 세상 속에 뛰어들기 위해 사역 범위를 확장하면서 일반 학과 출신의 시민 운동가를 채용해 보았다. 그러자 일의 성과가 당장 다르게 나타났다. 그 분야의 일을 해 내는 데 있어 그는 우리보다 열 배, 스무 배의 일을 해 냈기 때문이다. 역시 전공자는 다르다는 사실을 실감하면서 전문화라는 것이 얼마나 중요한 것인지를 새삼 깨달았다. 한 사람의 문화 기획자를 도입하는 문제도 그렇게 생각하면 크게 망설일 일이 아니다. 그 한 사람을 통해 남성 사역과 여성 사역, 가족 사역이 활발하게 진행될 수 있다면 그보다 좋은 일이 어디 있겠는가.

주말 교회 개념을 적극 받아들일 때

토요일과 주일을 활용한 주말 교회는 대형 교회를 중심으로 벌써 사역이 이루어지고 있다. 1박 2일 캠프를 가듯이 가족 단위로 집을 떠나 그 곳에서 모든 사역을 진행하는 것이다. 아버지들은 '아버지학교'나 '남편사랑교실'에 참여하고 자녀들은 자녀들을 위한 리더십캠프에 참여하면서 도전을 받은 뒤 저녁 시간에 모두 모여 가족 사랑 어울림의 마당을 만드는 시간이다. 이런 시간들을 통해 가족간의 사랑도 고취하고 그간에 누리지 못했던 여유로움도 누릴 수 있어 벌써부터 반향이 크다. 또한 이런 프로그램 속에서 실제적으로 변화되는 남편의 모습, 아내의 모습은 모두에게 은혜가 된다.

그런데 이런 주말 교회 개념은 대형 교회만이 할 수 있는 프로그램은 아니다. 서너 가정이 모인 작은 교회에서도 얼마든지 활용 가능하다. 모든 성도들이 주말에 어느 기도원으로 가서 아버지와 남편의 역할, 어머니와 아내의 자리에 대해 보다 깊이 있는 시간을 가진다면, 그 자체가 가족 부흥의 모티브가 된다고 믿는다. 요즘은 기도원 자체가 텅텅 비어 있기 때문에 기도원과 연계해서 주일에 예배를 드리면 주말 교회는 더욱 활성화 될 수 있다. 이를 위해 주일에는 꼭 본당 예배실에서 예배드려야 한다는 개념에서 벗어날 필요도 있다. 1년 내내 그런다면 문제가 되겠지만 1년에 몇 차례 장소만 달리해서 주일 예배를 드리는 것이고, 더군다나 믿지 않는 남편이나 믿음 생활에 소극적인 남편을 데리고 캠프 가듯이 야외로 가서 예배와 가족애를 회복할 수 있다면 이보다 더 기쁜 일이 어디 있겠는가.

또한 자연 속에서 배우는 아버지 됨의 의미, 남편 됨의 의미는 평소와는 다르게 각별한 은혜로 다가가게 되어 있다. 집을 떠나고 직장을 떠나와서 보는 가족의 얼굴도 다르게 보인다. 온 가족이 한 방에서 잠을 자면서 남편들은 자신이 가정의 제사장임을 다시 한번 깨닫게 된다. 이런 여러 이유로 주말 교회를 통해 회복되는 가정이 상당히 많다는 보고가 있다. 믿지 않는 남편을 전도한 가정도 생겨나고, 믿음의 가정이라 할지라도 위태로웠던 가정이 든든하게 세워지는 가정들이 늘어나는 것이다.

21세기형 목회는 가족 목회 중심적이어야 한다. 하나님께서는 우리의 가정 안에 천국의 모형을 만들기 원하시지만, 사탄은 가족 해체를 통해 교회를 분열시키려 하기 때문이다. 가족의 사랑 안에서 아버지가 세워지고, 아버지와 어머니의 기도 속에서 자녀들이 싱싱한 포도 열매처럼 탐스럽게 영글어가는 모습이 이제 한국 교회 안에 나타나야 한다.

그런 의미로 나는 주말 교회를 적극 수용하라고 권하고 싶다. 셀 단위로, 목장 단위로 떠나도 좋고, 1년에 몇 번 가족을 위한 프로그램을 계획하여 떠나도 좋다. 주말 교회를 통해 변화된 남성, 주말 교회를 통해 성숙해진 아버지들이 이 땅에 더욱 많아지리라 확신한다.

아버지 설교, 하나님의 끓는 사랑을 확인시키라

남성 사역, 그 중에서도 남성을 향한 메시지에서 가장 주력해야 할 부분은 뭐니뭐니해도 '아버지로서의 남성'일 것이다. 남성들은 아버지 됨을 통해 하나님 아버지를 알고 배우고 느끼기 때문이다. 그럼에도 불구하고 이 땅의 남성들이 가장 무관심하고 실수하는 역할이 아버지의 역할이기 때문이다. 가장 영광스러운 자리임에도 남성들은 아버지 역할에 대해 학습하려 하지 않는다. 때로는 아버지의 자리를 스스로 포기하기도 한다. 절대로 포기해서는 안 되는 자리이며 가장 영광스러운 아버지의 자리를 남성들은 회복해야 한다. 아버지의 자리가 회복되어야 남성의 자리가 회복되는 것이다. 아버지의 자리가 회복되면 가정이 살고 결국 교회도 산다. 그래서 나는 남성을 말할 때 아버지를 가장 핵심적으로 말하고 싶다.

옛날부터 그랬지만 지금도 자녀 양육의 책임은 거의 어머니에게 있다. 그런 측면에서 아버지 신학을 정립하는 것은 매우 시급하다. 아버지가 자녀에게 미치는 정서적 영향, 심리적 영향, 역할적 영향에 대해 전해야 할 메시지가 너무도 많다. 실제로 성경 안에는 이 아버지 역할과 영향에 대해 얼마나 많이 말씀하고 있는지 모른다. 가장 대표적인 말씀이 누가복음 15장이다.

누가복음 15장은 '탕자의 비유'로 많이 알려져 있지만 사실은 '아버지 비유'라고 말하는 것이 적절할 것이다. '아버지'라는 관점에서 이 비유를 들여다보면 가정의 아버지가 어떤 존재인지 너무도 감동적으로 깨닫게 된다.

본문 말씀을 보라. 자식이 재산을 나눠 달라고 하자 아버지는 재산을 나눠주었다. 이 부분만 보아도 우리는 놀라움을 금할 수 없다. 당시 재산 분배 방식은 자식에 의해 이루어지는 것이 아니었다. 전적으로 아버지가 주도권을 행사하고 있었다. 그러나 본문에서의 아버지는 죽거나 병들지도 않았는데 아들로부터 재산 분할을 요구받는다. 아버지 입장에서 보면 너무도 무례한 행동이 아닐 수 없다. 이런 자식의 잘못된 행동 앞에서도 아버지는 어떤 반응을 보였는가?

"아비가 그 살림을 각각 나눠주었더니"(눅 15:12 하).

자식의 잘못된 행동 앞에서 꾸지람하고 야단쳐야 할 아버지의 모습은 오간 데 없다. 재산을 나눠주고 있는 아버지의 모습만이 보일 뿐이다. 한 신학자는 이 모습을 가리켜 "여기 힘 없는 전능자가 계시다"라고 표현하기도 했다. 왜 그랬을까? 실제로 우리가 믿는 하나님도 이렇게 무기력하고 무능해 보일 때가 있는가? 이 구절을 곰곰이 읽어보면 우리는 엄청난 긴장에 휩싸이게 된다. '원래 하나님 아버지도 이렇게 무기력한 분인가?' 라는 혼란이 찾아올 수도 있다. 그래서 어떤 사람은 둘째 아들에 대한 내리사랑의 의미로 해석하기도 한다.

그러나 우리의 충격은 여기서 머물지 않는다. 21절에 보면 그나마 작은 아들은 아버지를 향해 "아버지여!" 하고 대화를 시작하며 아버지의 존재가치를 인정하고 받아들이지만 29절에서 큰아들은 "아버지여!"라는 통상적인 대화 방식을 거부하고 있음을 보여준다.

"아버지에게 대답하여 가로되"(눅 15:29 상).

아버지를 향해 "아버지!"라는 관계상의 호칭을 사용하지 않는 것이다. 이것은 아버지에 대한 모욕이다. 우리가 부모나 스승의 존재를 인정하기 싫을 때 호칭은 빼고 의사 전달만 하는 것과 같은 모습이다. 그런데도 아버지는 여전히 큰아들의 잘못된 행동에 대해 침묵하고 있다.

그런데 나는 이 아버지의 무능력해 보이는 침묵이야말로 사랑의 첫 번째 원리인 '오래참음' 임을 믿는다. 하나님께서 만약 우리가 그분을 향해 손가락질하는 그 순간마다 판단의 잣대로 우리를 책망하시고 심판하시기로 작정하셨다면, 우리 가운데 하나님 앞에 나아갈 수 있는 자가 누가 있겠는가! 우리가 누군가에게 손가락질하면 나머지 손가락 네 개는 전부 나를 향해 손가락질하고 있는 것처럼, 그런 원리로 우리가 하나님으로부터 책망 받는다면 살아남을 자 과연 누구겠는가 말이다.

그러므로 하나님께서는 언제나 오래참음으로 우리를 지켜보고 계신 분이시다. 우리를 기다리고 계신 것이다. 우리를 심판하고 책망하는 데 무기력해 보이는 것은 우리를 향한 그분의 사랑이 그만큼 열심이기 때문이다. 그것이 아버지의 사랑이다. 본문에서는 그 사실을 보여주고 있는 것이다. 31절 말씀을 보면 이 사실이 더욱 확연해 진다.

"아버지가 이르되 얘 너는 항상 나와 함께 있으니 내 것이 다 네 것이로되."

아버지라는 호칭조차 사용하지 않았던 큰아들을 향해 아버지는 "얘!"라고 부르고 있다. 이 한마디의 단어가 얼마나 감동적인지 모른다. 관계에 대한 호칭을 생략하고 의사 표현만 해도 될 것을 아버지는 굳이 "얘!"라며 큰아들을 지목하여 부르고 있다. 큰아들은 둘째 아들이 돌아와 송아지를 잡고 잔치를 벌인 사건을 따질 때에도 아버지란 호칭을 사용하지 않았다. 영어 원문에 보면 "당신의 아들이 돌아오매 당신의 아들을 위하여" 등 아버지란 호칭 대신 '당신'이라는 2인칭 대명사만을 사용하고 있음을 알 수 있다. 이것은 끝까지 아버지를 인정하지 않고 있다는 증거다.

그런 아들을 향해 아버지는 이렇게 말한다.

"얘야."

이 한마디를 통해 아버지는 아들과의 관계를 회복하고 있다. 로마서 말씀대로 "사망이나 생명이나 천사들이나 권세자들이나 현재 일이나 장래 일이나 능력이나 높음이나 깊음이나 다른 아무 피조물이라도 우리를 우리 주 그리스도 예수 안에 있는 하나님의 사랑에서 끊을 수 없음"(롬 8:38, 39)을 아버지의 그 한마디에서 보여주고 있는 것이다.

나는 아버지 설교를 할 때 바로 이런 사랑이 아버지의 진짜 사랑임을 강조하곤 한다. 그런데 많은 아버지들이 착각하고 있는 사실이 있다. 보여줄 수 있을 만큼 보여주었다는 것이다. 사랑할 수 있을 만큼 사랑해 주었다고 고백한다. 하지만 물은 100℃에서만 끓는다는 사실을 잊어선 안 된다. 99℃까지 올라갔다고 해도 물은 끓지 않는다. 반드시 100℃까지 올라가야만 한다. 대부분의 아버지들은 100℃까지 올라가는 끓는 사랑을 보여주는 데 실패하는 것 같다. 불 좀 때다가 조금 따뜻해지면 그것을 끓었다고 착각하는 것이다.

아버지의 사랑은 끓는 사랑이다. 100℃의 사랑이다. 우리는 1℃가 모자라 끓게 만들지 못한다. 아들이 완전히 녹을 만큼 사랑해 주지 못하면서 사랑할 만큼 사랑해 주었다고 고백한다.

나는 이것이 아버지 설교의 핵심이라 믿는다. 우리를 향한 하나님 아버지의 끓는 사랑을 확인시켜 줄 때 아버지들은 통곡하고, 회개하기 시작한다. 비로소 아버지로서의 눈물을 흘리기 시작하는 것이다. 남성들의 통곡의 순간, 그 때야말로 남성 사역에 꽃봉오리가 맺히는 순간이라 믿는다.

경건이 습관이 된 아버지의 모습

남성 사역의 핵심이 '아버지학교'라면 아버지 역할의 핵심은 자녀를 위한 축복 기도라 할 것이다. 자녀를 축복하는 제사장적 역할, 이것이야말로 가장의 핵심적인 사역이다. 언젠가 이런 이야기를 해서 웃은 적도 있지만, 나는 가장의 의미를 '가정의 제사장'의 준말로 생각한다. 그런 의미에서 아버지에게 주어진 가장 큰 권한은 바로 자식을 향한 축복권일 것이다. 아브라함이 이삭을, 이삭이 야곱을 축복했던 것처럼, 우리 아버지들은 자녀를 축복하는 권세를 하나님으로부터 부여받았다. 즉 하나님께서는 아버지의 축복 기도를 통해 자녀들을 축복하기 원하신다는 것이다.

우리 아이들은 어려서부터 이 사실을 놓치지 않았다. 아침에 일어나면 내게 다가와 무릎을 꿇고 이런 고백부터 한다.

"아빠, 아빠를 통해서 내려주시는 하나님의 축복을 받기 위해 무릎을 꿇습니다."

그러면 나는 아이의 머리에 손을 얹고 귓불을 어루만지거나 뺨을 비벼대면서 기도하기 시작한다.

"하나님 아버지, 이 아이를 지혜롭고 총명하고 명철하게 하시어 주의 나라 일꾼 됨에 흠 없게 해 주시옵시고, 무엇보다 이 아이들이 나이에 알맞은 경험을 쌓도록 도와주시며 인생의 굽이굽이 고비고비마다 만남의 축복이 있게 하여 주시옵소서."

이렇게 기도를 시작하면 아이들도 얼마나 진지하게 기도에 동참하는지 모른다. 또한 그렇게 자란 아들은 멀리 떨어져 있는 순간에도 아버지에게 전화를 걸어 축복 기도를 요청하며 그리워한다. 그래서 나는 전화를 통해 마음껏 자녀를 축복해 주며 아이들을 하나님께 맡긴다. 그렇게 전화상으로 축복 기도를 해 주면 전화선을 통해 전해지는 아빠의 축복 기도가 아이들의 삶에 정서적 안정감을 실어줄 뿐 아니라, 미래를 축복하는 메시지가 되어 아이들에게 날아가는 것이다. 나는 이것이야말로 하나님을 모신 가정의 특권이라 믿는다.

하지만 지금도 많은 가정에서는 질책하는 아버지, 감시자인 아버지, 꾸지람하는 아버지의 모습이 더 많은 것 같다. 물론 훈계가 필요할 때도 있지만, 자녀들의 미래를 바라보며 조급한 마음에 야단과 비판만 일삼는 아버지가 아니라 자녀들의 미래를 아버지의 기도로 일으키는 아버지의 모습이 선행되어야 하지 않을까 한다.

그런 점에서 우리는 "아버지는 자녀의 삶의 습관 형성자다"라는 말을 귀 기울여 생각할 필요가 있다. 자녀들은 아버지를 보고 배우게 되어 있다는 뜻이다. 아버지의 삶은 자녀의 미래에 결정적인 영향을 미친다. 그 사람의 습관이 어떠하냐에 따라 축복과 저주가 따르게 마련인데, 이런 습관을 형성하는 데 아버지 역할이 압도적으로 작용하기 때문이다.

다니엘과 세 친구를 보라. 그들은 바벨론에 포로로 잡혀 갔을 때도 "평소에 하던 대로" 기도했다. 영어 성경에 보면 "습관에 따라 기도했다"고 표현되어 있다. 이 습관이 다니엘과 세 친구를 승리와 축복으로 인도해 준 것이다.

나는 경건을 습관이라고 생각하는 사람이다. 경건이 습관이라는 그릇에 담겨져 있지 않으면 언젠가는 쏟아지게 되어 있다. 그래서 예수님께서도 경건의 습관을 보여주셨다. 새벽 미명에 습관에 따라 일어나 기도하신 것이 그것이다.

결국 아버지의 습관적인 축복 기도는 자녀의 미래를 좌우하는 중요한 열쇠가 된다. 축복 기도의 내용이 자녀의 미래를 바꿔놓기도 하지만, 미래를 기도에 맡기는 아버지의 삶의 습관이 자녀들을 기도하는 자녀로 만들어 놓기 때문이다. 인생의 절반은 습관을 만드는 데 소비되고, 나머지 절반은 습관을 따라 사는 데 사용된다는 말이 있다. 그런 면에서 아버지가 자녀들에게 물려 줄 최종적인 유산은 습관이기에 '아버지학교'에서는 경건의 습관을 중요하게 다룰 수밖에 없다. 거짓말하는 습관, 사기 치는 습관이 아니라 정직한 습관을 자녀에게 형성해 주기 위해 우리가 얼마만큼 목숨을 걸어야 하는지를 분명하게 나누어야 한다.

이 외에도 '아버지학교'에서 다룰 수 있는 주제는 많다. 이런 주제를 하나하나 밟아가며 이 땅의 아버지들이 자신의 정체성을 회복할 수 있다면 그것이 곧 "가정 같은 교회, 교회 같은 가정"을 만드는 지름길이라 확신한다. 배로 치자면 아버지는 선장과 같은 사람이다. 이제 교회에서는 선장이 키를 잘 잡을 수 있도록 도와주어야 한다. 그래야 그 가정이 교회 같은 가정이 되고, 교회 또한 가정 같은 교회가 될 수 있을 것이다.

웬일인지 요즘은 남성들이 너무나 무기력해 진 것만 같다. 집에서 아이를 깨울 때도 "애야, 일어나라" 하지 못하고 "애야, 엄마가 빨리 일어나란다" 하고 말한다. 그런 면에서 남성 사역은 넓게 보면 남성들만을 대상으로 할것이 아니라 전 성도를 대상으로 진행해야 할 것이다. 진정한 남성이 무엇인지, 남성을 세운다는 것이 무엇인지를 모두가 배워가야 하기 때문이다.

5장 가정을 꽃피우는 여성 사역

진정한 평등이란

한국 교회 안에는 이미 많은 기독교 여성들이 활발하게 움직이고 있다. 그런 시점에서 여성 사역을 말한다는 것이 새삼스럽다고 생각할 수 있다. 그러나 그럴수록 여성 사역의 올바른 방향 정립이 필요하다. 무엇보다 그 많은 여성들이 어떤 가치관으로 활동하고 있는지에 대해 우리는 너무 침묵해 왔다는 생각이다. 그 속에 억압되어 있거나 풀지 못한 숙제가 없는지, 답답한 마음을 그냥 묻어둔 채로 봉사하고 헌신하는 것은 아닌지 세밀하게 조명해 보지 못했다. 복음 전파에 있어 여성의 역할, 가정 내에서 아내와 어머니의 역할을 중요하게 인정하면서도 성경에서 말하는 여성란 무엇인지, 여성으로 산다는 것이 무엇을 의미하는지에 대해서는 내적인 조명을 해 주지 못했던 것이다.

그러다 보니 여성관에 대한 세속적 가치관의 공격 앞에 기독교 여성들은 속수무책일 수밖에 없었다. 그중 하나가 페미니즘의 공격이다. 소위 여성 해방 운동으로 일컬어지는 페미니즘의 영향으로 교회 안에서도 자꾸만 '남녀평등'을 주장하기에 이르렀다. 이것은 성경적 여성관과 남성관을 무너뜨리는 결과를 낳았다.

물론 이 땅의 여성들이 그간 유교 문화의 영향으로 남성들에 비해 억압받고 불평등한 대우를 받아 왔던 것은 부정할 수 없는 사실이다. 여성을 남성의 성적 도구나 소유물로 바라보는 시각 때문에 취업 현장의 여성들은 많은 신음과 고통을 토로하고 있다. 가정에서도 마찬가지다. 아직도 권위주의적 가치관을 가지고 살아가는 남성들이 얼마나 많은가. 그들은 가장이라는 이름으로 아내와 딸들에게 또 얼마나 많은 행패를 부리고 있는지 모른다. 남성라고 말할 수도 없는 남성들이 자신이 남성라는 이유 하나만으로 여성을 향해 온갖 추태와 행패를 부리고 있는 실정이다.

그래서 여성들은 세상의 모든 구조를 남성과 여성의 대립으로 보게 되었고, 그 대립에서 이기는 길은 오직 '여성 해방 운동' 밖에 없다고 믿게 되었다. 그 선상에서 나온 것이 '남녀평등'이다. 이 주장은 거세게 교회 안으로 들어와 많은 여성들의 마음을 사로잡기에 이르렀다. 그간 교회 안에서나 가정 안에서 왠지 모르게 제 목소리를 내며 살아가지 못한 자신을 바라보니 이제부터라도 평등을 주장하며 당당하게 살아가고 싶은 마음이 들었던 것이다. 역할의 평등, 구조의 평등 아래 여성들이 똑같이 당당하게 살 수 있는 교회와 가정을 꿈꾸는 것은 어찌 보면 당연한 일일 수도 있다.

그러나 '평등 부부'를 주장하는 가정일수록 깨어지는 가정이 더 많았다. '평등 부부'를 주장하는 부부일수록 헤어지는 부부가 훨씬 많았다. 이것은 무엇을 말해주는가? 역할의 평등, 구조의 평등을 외치는 이 평등의 개념은 결코 온전한 평등의 개념을 설명해 주지 못했다는 것이다. 진정한 평등을 설명하려면 오직 성경 안으로 들어가야 한다. 성경 안에서 말하는 남성와 여성를 이해해야만 평등의 정당한 의미를 설명할 수 있고, 남성와 여성의 진정한 화합을 도모할 수 있다.

성경에서 말씀하는 평등은 언제나 '서로 다르다'는 사실을 인정하는 것에서 출발했음을 잊지 말아야 한다. 이를테면 '다섯 달란트 비유'와 같은 것이다. 한 달란트를 남긴 사람에게는 한 달란트를, 다섯 달란트를 남긴 사람에게는 다섯 달란트를 주는 것이 옳다는 말이다. 즉 모두에게 획일적으로 한 달란트씩 남겨주는 것이 평등이 아니라는 뜻이다. 부자는 부자대로, 과부는 과부대로, 목사는 목사대로, 장로는 장로대로 모두가 서로 다른 역할과 사명이 있고 그 서로 다른 사명과 역할을 잘 감당하는 것이 이 땅에 허락하신 하나님의 뜻이었다. 모두가 똑같다는 개념으로 평등을 이해하지 말아야 한다는 것이다. 이런 개념으로 평등을 이해하면 부정적인 결과를 초래할 수밖에 없다.

남성와 여성는 서로 다른 존재로 창조되었다. 역할과 개념이 다를 수밖에 없다. 그래서 비뚤어진 남녀 관계를 바로잡으려면 성경 안으로 들어가서 독특하게 창조된 남성와 여성의 개념부터 이해하고 그 출발선상에서 남녀가 함께 다시 일어서야 한다. 그러나 상처 입은 여성들은 페미니즘의 유혹 아래 평등 부부 개념만을 들고 일어서고 있다.

"나 이만큼 했어. 그런데 당신은 왜 이만큼 안 해?"

"나 설거지했으니 당신은 방 청소 해!"

집안일이나 바깥일 모두를 50대 50의 개념으로 바라보며 요구하고 불평하기에 이르렀다. 이렇게 되면 여성들은 교회 안에서도 불평이 쌓일 수밖에 없다.

"한 달 동안 권사들이 식당 봉사했으니 다음 달은 장로들이 밥하고 설거지하라고 하자."

심지어 이렇게도 갈 수 있는 일이다. 그러나 이것은 계약이지 사랑의 관계가 아님을 우리는 알아야 한다.

부부 관계는 어디까지나 사랑으로 맺어진 관계이지 계약의 관계가 아니다. 때문에 50대 50의 개념으로 가정생활을 이어가는것이 아니라 20대 80, 때로는 80대 20의 관계로 가정생활을 이어갈 수 있어야 한다. 남편에게 일곱 개를 주고 내게 세 개밖에 안 돌아와도 불만족이 없는 관계가 부부 관계이며 사랑의 관계인 것이다. 이 말은 여성에게만 해당되는 사항이 아니다. 남성들에게도 똑같이 해당되는 사항이다. 때로는 아내를 위해 내가 아홉을 희생할 수도 있다. 그래도 내가 사랑해서, 좋아서 하는 일이기에 불평이 있을 수 없는 것이다. 우리는 유명한 낸시 여사의 말을 기억하고 있다.

나이 든 레이건이 퇴임 후 알츠하이머(치매의 일종) 병으로 고통받고 있을 때 낸시 여사를 향해 친구들이 그들의 부부 관계를 물었을 때 그는 이런 답변을 했다고 한다.

"우리의 부부 관계는 지금 70대 30이다. 내가 70을 주고 레이건이 내게 30을 주는 관계다."

그런 관계에 대해 불만이 없냐고 묻자 낸시는 이렇게 대답했다.

"천만에! 옛날에는 내가 레이건에게 70을 받고 30밖에 주지 못했다. 그런데 지금은 그 반대가 되었으니 전혀 문제될 것이 없다."

낸시 여사의 이 말을 통해 우리는 '평등 부부'를 추구할 것이 아니라 '일치 부부'를 추구해야 함을 본다. 사랑의 일치가 있으면 무엇이든 문제가 없기 때문이다. 사랑은 숫자로 분배할 수 있는 것이 아니다. 부부는 하나님의 사랑을 학습하고 실천하도록 이 땅에 허락하신 특별한 동반자이다. 부부 관계를 통해 진정한 사랑의 관계가 무엇인지를 배우고 실천하기를 하나님께서는 원하고 계신 것이다.

나는 여성 사역을 말하기에 앞서 먼저 이런 인식의 변화가 이 땅의 여성들에게 있어야 한다고 생각한다. 여성에 대한 진정한 정체성을 성경 안에서 찾는 것, 그것이 진정한 여성 사역의 출발점인 것이다.

내가 자주 쓰는 표현 중에 얼음에 관한 표현이 있다. 얼음은 영하 0℃이하에서만 행복하다. 그런데 얼음에게 다가가 "얼마나 춥겠니? 라며 햇빛을 쬐어주면 얼음이란 존재는 녹아 없어질 수밖에 없다. 물고기도 마찬가지다. 물고기는 물 속에 있을 때가 가장 행복하다. 그런 물고기를 천적의 위협에서 보호해 준다고 공기 좋은 숲 속에 가져다 놓으면 과연 물고기가 행복을 만끽하겠는가!

그런 측면에서 진정한 여성 해방 운동이란 여성의 정체성을 성경 안에서 바로 찾는 일이며, 그 정체성을 회복하는 데에 마음을 쏟는 것이야말로 가장 아름다운 모습이라 확신한다. 교회는 이제 세상의 유행에 끌려가는 여성 사역이 아닌, 성경적인 여성 사역의 장을 만들어 주는 일에 앞장서야 할 것이다.

성경적인 여성은 자신의 가치를 높이는 여성

그렇다면 성경에서 말하는 여성이란 무엇인가. 여성을 말할 때 동원되는 대표적인 성경적 표현은 단연 '돕는 배필'이란 표현이다. '돕는 배필'이 얼마나 멋진 단어인가!

그런데 이상하게도 이 표현은 많은 시비 거리가 되어 왔다. 그 중 이런 표현은 여성들의 열등감을 자극하기도 했다.

"왜 우리는 주연의 자리에 서지 못하고 조연과 같이 어시스트만 하고 돕는 자로 끝나야 되는가?"

이런 주장을 하는 사람들은 기독교를 '여성의 가치를 폄하하는 종교'로 평하기도 했다. 그러나 이런 일련의 주장에 대해 달렌 윌킨슨은 다음처럼 명쾌한 해석을 내놓아 여성들을 열등감으로부터 회복시켰다. 그의 해석이 무엇인가?

'돕는 배필'이란 단어에서 '돕는'이란 형용사는 "여호와는 나를 돕는 자"란 표현을 쓸 때의 '돕는'과 같은 단어란 것이다. 즉 '전능자' 하나님, '돕는' 하나님을 뜻하는 '에젤(eger)'이란 단어가 배필이라는 여성 명사 앞에 붙인 것은 여성의 정체성을 단적으로 설명해 주는 표현이라는 것이다. 실제로 이 '에젤'이라는 형용사는 신약에서 '보혜사'라는 단어에 동원되어 사용되었다. 이것은 아내 된 여성이 남편된 남성을 보혜사처럼 도울 수 있다는 뜻이기도 하다. 남편을 일으켜 세울 수 있는 유일한 사람이 아내라는 것이다.

비단 이런 해석을 동원하지 않더라도 여성이 얼마나 강한 존재인지를 우리는 상식적으로 생각할 수 있다. 강한 자가 약한 자를 도울 수 있다. 가진 자가 없는 자를 돕고, 아는 자가 모르는 자를 돕는다. 그런 면에서 하나님께서 여성을 '돕는 배필'로 지으신 것이야말로 여성에게 부여하신 하나님의 특권임을 여성들은 놓치지 말아야 한다. 이 일이야말로 하나님께서 당신의 성품으로 여성들을 초청하신 일이라는 것이다.

따라서 돕는 자로 창조된 여성들은 그에 대해 자부심과 기쁨을 지녀야 한다. 절대로 여성으로 태어났다는 사실에 대해 열등감을 느낄 필요가 없다. 감독은 운동장에서 뛰는 선수들 못지않게 승리의 기쁨을 누리는 사람이다. 선수들을 조정하고 훈련시키는 사람이기 때문이다. 여성도 이와 마찬가지이다. 남편을 돕는 일 자체를 즐기고 기뻐해야 한다. 여성으로 태어났음을 감사하며 스스로 여성의 존귀함을 잃지 말아야 한다.

그런 면에서 이제는 여성들 스스로 밥그릇을 챙기는 일에 주력하라고 나는 말하고 싶다. 그것이 어쩌면 여성 사역의 핵심일 수도 있다. 아직 사회 구조적으로 여성을 비하시키는 시각이 있을지언정 여성들 스스로 자신을 폄하시키지는 말라는 것이다. 스스로를 폄하하면서 남이 나를 높여주기를 바라는 것만큼 어리석은 일은 없다. 내가 나를 높여주고 가꿔주고 대우해 주는 노력부터 해야 한다. 그래야 남도 잘 도울 수 있다. 열등감을 극복한 사람만이 교만도 극복할 수 있기 때문이다. 여성들 스스로 역할을 찾는 것이 자존감을 높이는 첫 출발일 수 있다.

"그는 자기를 위하여 아름다운 방석을 지으며 세마포와 자색옷을 입으며"(잠 31:22).

잠언 31장에서는 현숙한 여인은 자신을 위하여 아름다운 방석을 짓고 세마포와 자색옷을 입는 여인이라고 표현하고 있다. 자신을 위해 가꾸고 투자하고 자신을 대접할 줄 아는 여인이 현숙한 여인이라는 것이다.

그러나 우리는 어떠한가? 남편과 자식을 위한 일에는 온갖 정성을 다하면서도 정작 나 자신을 위한 일에는 관심을 두지 않는다. 혼자 밥 먹을 때는 밥상도 차리지 않고 심지어 싱크대에 서서 대충 먹고 만다. 개에게도 밥그릇을 챙겨주면서 내 밥그릇은 안 챙기는 것이다. 라면 하나를 끓여도 정갈한 그릇에 담아내고 김치 하나를 내놓더라도 예쁘게 담아서 자신에게 스스로 대접하는 자세가 없다. 집안 살림의 규모를 생각하다보니 나를 위해서는 옷 한 벌 사 입지 않는다. 현숙한 여인은 자기를 위하여 아름다운 방석을 짓는다 했는데 우리는 스스로를 위해 밥 한 그릇 제대로 짓지 않고 산다. 자기를 가꾼다는 것은 몸짱, 얼굴짱을 만들라는 뜻이 아니다. 내면세계를 가꾸라는 것이다. 자존감을 키우고 내면세계를 알차게 가꿔가라는 뜻이다. 이미 주어진 것은 어쩔 수 없지만 우리의 내면세계를 바꾸다 보면 결국 예쁜 얼굴은 아니더라도 아름다운 얼굴은 만들어 갈 수 있다는 말이다. 남편 와이셔츠만 다려주지 말고 내 옷도 깨끗하고 말끔하게 다려야 한다. 값비싼 옷은 아니더라도 내 분위기에 맞게 옷을 입을 수 있는 내적 감각도 키워주는 것이 좋다.

그렇게 자신을 위해서도 안팎으로 알차게 살아가는 여인이 진정 지혜로운 여인이 아니겠는가. 물론 가족들을 위해 섬기고 희생하는 모습이야말로 가장 아름다운 모습일 것이다. 그러나 그 섬김이라는 이름 앞에 왜 유독 자기 자신만은 제외시켜 버리는지…. 모든 사람을 대할 때 주께 하듯 하면서 자기 자신을 대할 때는 거지 취급하듯 하지 말아야 한다. 나 역시 하나님 앞에 존귀한 한 사람의 자녀임을 잊지 않는 것, 그것이 여성 사역의 출발임을 우리는 잊어서는 안 될 것이다.

보배로운 생각의 소유자, 여성

예부터 "눈이 보배다"라는 말을 많이 쓰지만, 진정한 보배는 사실 '생각'인 것 같다. 어떤 생각을 하느냐에 따라 그 사람의 삶의 가치와 방향이 달라지기 때문이다. 똑같은 사건 앞에서도 사람들은 서로 다른 생각을 한다. 한 사람은 죽을 생각을 하고 한 사람은 살 생각을 한다. 똑같이 절망적 상황인데도 어떤 사람은 그 곳에 생명의 씨앗을 뿌리고 어떤 사람은 죽음의 한숨을 내쉰다. 생각이 사람을 살리기도 하고 죽이기도 한다는 것이다.

그런 면에서 가장 아름다운 여성은 생각을 보배롭게 하는 여성이다. 따라서 여성 사역은 패배주의적인 생각의 전환, 인식의 전환을 위한 프로그램에서부터 출발해야 한다. 인식의 전환을 위한 프로그램이란 곧 책을 가까이 하는 프로그램을 뜻한다. 남성들도 책을 가까이 해야 하지만 그나마 남성들은 직장에서 직무 훈련을 위한 세미나다 교육이다 하면서 지적 세계를 어느 정도 키워간다. 하지만 여성들은 가정에 매여 점점 책을 멀리 하게 되는 것 같다. 그러다보니 중년을 넘어서면 부부 사이에 나눌 수 있는 대화에 한계를 느끼고 만다. 아이들 이야기가 아니면 서로 나눌 수 있는 정보가 없는 것이다.

교회 내의 북 리뷰를 위한 소그룹 사역은 이런 여러 가지 차원에서 여성들에게 매우 필요한 사역이다. 자녀 양육의 지혜, 남편 섬김의 방법, 세상살이의 정보 등을 책을 통해 얻고 나눔으로써 여성들은 더욱 아름답게 나이를 먹어갈 수 있다. 아마도 한 달에 한 권씩만 책을 읽어도 그 여성의 입에서 나오는 말이 달라지고 생각의 차원이 달라질 것이다. 따라서 자신을 위한 투자적인 면에서 보았을 때도 화장품 하나 덜 사고 책을 몇 권 사는 것이 훨씬 자신을 유익하게 하는 길임을 잊지 말아야 한다.

나는 북 리뷰 소그룹을 지도할 때 무엇보다 '생각의 전환', '발상의 전환'을 자연스럽게 유도한다. 우리가 책을 읽는 궁극적인 이유도 따지고 보면 이런 창의적인 발상의 전환을 위한 것이 아닌가. 예를 들어 생리가 멈추었을 때 대부분의 여성들이 '폐경기'가 찾아왔다며 상심해 한다. 그러나 늘 책을 읽는 여성이라면 이럴 때 발상의 전환을 할 줄 안다. '폐경기'가 아니라 '완경기'가 찾아온 것이다. '완경기' 즉 초경이 이제 비로소 완성된 것으로 받아들이면 된다. 따라서 호르몬 분비 하나에 우리 목숨을 내걸 일이 아니다. 인생 끝났다며 우울해 할 일이 아니라 이제부터 참된 리더십을 발휘하며 살아갈 때이다. 좀 늦게 태어난 아이에게 자꾸 '늦둥이'라 부를 이유가 무엇인가. 그 애가 진짜 늦된 것도 아닌데 그런 식으로 표현해서야 되겠는가. '희망둥이'라 불러야 한다. 단어 하나의 표현만 바꿀 줄 알아도 삶 자체가 달라진다. 생각이 보배다. 이런 보배로운 생각을 소유하면 그 가정은 보배롭게 변화될 수 있다. 그래서 나는 여성을 위한 사역에서 북리뷰를 통한 인식 전환 프로그램을 적극 권하고 싶다.

여성 사역의 핵심은 '남편사랑교실'

나는 남성 사역의 핵심이 '아버지교실'이라면, 여성 사역의 핵심을 '남편사랑교실'이라고 믿는다. 이렇게 사역의 방향을 다르게 두는 이유는 남성들은 아버지 되는 일에 훈련이 안 되어 있는 반면 여성들은 남편을 사랑하는 일에 상대적으로 훈련이 안 되어 있기 때문이다. 여성들은 어머니 되는 일에는 언제나 열정과 관심으로 다가가지만 남편을 사랑하는 일에는 학습과 훈련을 기피하는 편이다. 자녀 양육을 위해서는 각종 세미나에도 참석하지만 남편을 사랑하기 위해 세미나에 참석하는 일은 드물다.

하지만 이것만큼 큰 모순은 없다. 자식을 사랑하는 일은 본능적이지만 남편을 사랑하는 일은 그렇지가 않다. 세월이 지나면서 한 남성를 사랑하는 일이 얼마나 어려운지를 여성들이라면 실감할 것이다. 사랑하는 것은 단순히 감정적인 차원이 아니라는 것도 이해할 것이다. 그래서 사랑에는 기술이 필요하다. 방법이 필요하다. 수많은 사람들이 사랑이라는 감정으로 결혼 생활을 시작했지만 미움이라는 감정으로 결말이 나는 것도 따지고 보면 이 섬김의 기술이 부족하기 때문일 수 있다.

또한 앞서 말한 대로 아내가 남편의 '돕는 배필'로 창조되었다면 어떻게 돕는 것이 하나님께서 의도하신 방법인지를 아내 된 여성들은 배워야 한다. 남편들은 절대적으로 아내의 사랑을 먹고 크는 사람들이기 때문이다. 아내의 내조 없이, 아내의 사랑 없이 남편이 세워질 수 없다. 아내들은 남편을 살리기도 죽이기도 하는 매우 절대적인 존재들이라는 것이다. 즉 아내로 인해 한 가정이 살아날 수도, 깨어질 수도 있다는 말이다.

'남편사랑교실'은 그런 면에서 교회가 가정을 살리기 위해 꼭 해야 할 프로그램이다. '남편사랑교실'의 운영법은 여러 가지다. 남편 사랑에 관한 책을 읽고 나누는 가장 기본적인 방법에서부터 남편을 살리는 대화법, 남편의 습관을 고치기 위한 칭찬 한 마디 등 여러 각도에서 다룰 수 있다. 가족간의 갈등을 풀기 위한 용서의 시간도 '남편사랑교실'에서 꼭 다뤄야 하는 시간이다.

우리는 다음의 이야기를 주목해 볼 필요가 있다. 한 여성이 남편을 변화시키기 위해 그렇게 몸부림쳤는데도 남편은 변화되지 않았다고 한다. 그래서 하나님께 매달려 이렇게 기도를 드렸다.

"하나님, 살아계세요? 살아계시다면 제 남편 좀 변화시켜봐요. 제 남편 좀 사랑해 주세요. 다른 남편의 십분의 일, 백분의 일, 천분의 일, 만분의 일이라도 제 남편을 좀 사랑해 주시면 제가 남편을 변화시킬 수 있을 텐데요."

그러자 하나님에게서 금방 응답을 주셨다.

"딸아, 네가 뭔가 단단히 오해를 하고 있구나. 네 남편은 네가 사랑해라. 변화시키는 건 내가 해보마."

이 우스갯소리는 단순히 웃고 지나갈 수 있는 이야기가 아니다. 우리에게 무엇보다 필요한 것은 사랑의 기술임을 다시 한번 상기시켜 준다. 특히 남성들은 칭찬에 약한 존재들이다. 그런데 주변에 남성들을 보면 모두가 칭찬에 굶주려 있는 사람처럼 보일 때가 있다. 가정 안에서 칭찬을 듬뿍 먹고 사는 사람들이 그만큼 적어 보인다는 뜻이다. '남편사랑교실'은 말하자면 이런 칭찬의 기법, 정신과 영혼의 건강을 위해 칭찬이라는 진수성찬을 차려내는 방법을 나누는 교실이기도 하다.

개 교회에서 '남편사랑교실'을 운영하기 위해 다음과 같은 여러 참고 자료들을 정리해 보았다. 먼저는 EBS방송에서 '송길원 스페셜'로 방영된 내용의 일부이다. 이어 본 연구소에서 '남편사랑교실'을 진행할 때 나누는 십계명 등을 수록했고, 본 연구소 프로그램에 참여했던 사람들의 간증도 실어보았다. 아무쪼록 이런 자료들을 바탕으로 개 교회마다 아름다운 '남편사랑교실'이 활발하게 이루어지길 소원해 본다.

자료 1. EBS방송 '칭찬합시다'에서

테마 1. 칭찬으로 못 고칠 악습은 없다(남편을 살리는 아내의 칭찬)

여러분 중 혹시 남편들의 버릇 때문에 골치 아파본 적 없었습니까? 있지요? 분명히 있을 것입니다. 특별히 여성들이 가장 힘들어하는 것 가운데 하나가 남편이 양말이나 속옷을 아무데나 벗어놓는 부분입니다.

어떤 부인이 그런 말을 합니다. 자기 남편은 속옷만 벗었다 하면 뒤집어 놓는답니다. 양말 역시 한 번도 제대로 벗어본 일이 없이 항상 뒤집혀져 있으며, 애비가 그러니까 자식도 똑같이 그렇게 한답니다.

부인은 그 버릇 하나 때문에 너무너무 속상해 합니다. 특별히 그분은 비위가 약해서 남편이 출근하고 아이들이 등교하고 난 후 그 흐트러진 옷가지를 집어들 때마다 그렇게 속이 뒤틀린답니다. 제발 세탁실에만 넣어달라고 그렇게 부탁을 했는데도 남편과 아이들은 잘 듣지를 않는다는 것입니다.

그래서 이 부인이 환경 개선이랍시고 시도한 것이 뭐냐 하면 빨래 바구니를 여러 개 두어 방 구석구석마다 놓는 것이었습니다. 제발 거기에다만 집어넣어 달라는 뜻입니다. 그런데 그 역시 별 효과가 없었습니다. 남편과 아이들은 아무 데나 옷을 집어던지는데 어떤 것은 들어가 있고 어떤 것은 걸쳐 있고 어떤 것은 떨어져 있으니 아침마다 허물 벗듯이 벗어놓은 옷가지들을 챙겨야 하는 것은 여전했습니다. 이 부인은 너무 속이 상해서 낙심이 됐습니다. 식탁에 멍한 얼굴로 앉아서는 '저 버릇 언제 고치나?' 하는 마음으로 허탈해 하고 있었습니다. 그 순간, 이런 부인의 마음은 아랑곳하지 않고 남편은 평소 습관대로 양말을 벗더니 그 양말을 휙 집어던졌습니다.

아무데나 집어던진다는 것이 그만 빨래 바구니 속으로 쏘옥 들어갔습니다. 그것을 본 부인은 이 기회를 놓칠 새라 얼른 한마디 합니다. "아니, 당신은 그걸 어떻게 거기에 쏘옥 집어넣어요? 당신 실력 대단하다."

그 한마디에 남편의 습관이 달라졌다면 여러분 믿으시겠습니까? 양말이나 속옷을 집어던지는 것은 여전했지만, 집어던져서 안 들어가면 들어갈 때까지 던지는 것입니다. 이런 말이 있다는 것을 알아두십시오. "칭찬으로 바꿀 수 없는 버릇은 어떤 것으로도 고칠 수가 없다." 칭찬이야말로 어쩌면 사랑의 기술 가운데 최고의 기술이라고 이야기하는 사람도 있습니다. 어떤 사람은 죽어가면서 이런 말을 한마디 남기고 죽었다고 합니다.

"내가 두 가지 아쉬운 것이 있었다. 하나는 내가 옳았을 때 아무도 기억해주지 않은 것과 옳지 않았을 때 아무도 잊어주지 않았던 것이다."

너무 인상적인 이야기죠? 대부분의 사람들은 옳은 일에 대해서는 별로 기억을 안 해줍니다. 칭찬해주고, 격려해주질 않습니다. 그러다가 정작 잘못한 일에 대해서는 오래 기억을 합니다.

데릭 빙햄이 이렇게 말했습니다.

"그가 칭찬을 받을 만 하거든 바로 지금이 그를 칭찬할 시간이다. 죽은 후에 그는 자기 묘비를 읽을 수 없기 때문이다. 한 친구에 대한 친절하고 쾌활한 칭찬과 인정은 명예나 돈 보다 소중하다. 그것은 우리의 삶에 흥미를 부여한다. 또한 그것은 당신을 건강하고 용감하게 만들며 삶에 대한 열의와 활기에 차게 한다. 그가 칭찬을 받을 만하거든 그를 칭찬하라. 만약 당신이 그를 좋아하거든 그가 그 사실을 알게 하라. 참된 격려의 말을 소리내어 말하라. 그가 생을 마감하고 클로버잎 아래에 누울 때까지 기다리지 말라. 죽은 후에 그는 자기 묘비를 읽지 못할 것이기에."

우리 인생에서 행복과 풍요로움과 멋이 있으려면 다른 무엇보다 그 인생의 좋은 점들을 기억해서 언제든지 그를 칭찬해주는 것입니다.

제가 얼마 전 아내로부터 편지 하나를 받았습니다.

"당신과 만나 한 가정을 이룬지가 엊그제 같은데 벌써 이만한 세월이 흘렀군요. 그 기억을 더듬어보면 오직 한 여성만을 한결같이 사랑했던 한 사람이 나의 가슴을 적십니다. 그 사랑에 자신 없어 하며 확인하며 또 확인 받고 싶어했던 미성숙한 시절, 당신을 참 많이도 힘들게 했지요. 그럼에도 한결같은 사랑과 정성으로 아내를 곱게 가꾸어온 당신이 있었기에 그 사랑 흔들림 없이 마음속 깊은 곳에 든든히 자리잡고 있습니다. 여전히 잦은 실수에도 한결같은 여유로움으로 대하는 당신을 바라보며 다시금 나 자신을 추스릅니다. 내 삶의 모델이 당신이기에 그 몸짓 그 말 한마디 그 생각들을 닮아보려 애씁니다."

이 대목에 가면 더 이상 편지 읽기가 진행이 안 됩니다. 저는 그 대목을 또 읽고 또 읽습니다. "내 삶의 모델이 당신이기에 그 몸짓 그 말 한마디 그 생각들을 닮아보려 애씁니다."

제가 조금만 더 읽어드리겠습니다.

"잦은 헤어짐과 만남의 연속이지만 당신과 함께 한 시간들이 참으로 아름다웠기에 그 추억들 떠올리며 힘있게 살아가려 합니다. 곧 돌아올 거라 위안하지만 그럼에도 당신이 떠나고 나면 그 텅 빈 마음 어쩔 줄 몰라 한 며칠은 우울증을 앓곤 하지요. 자다가 엉겁결에 더듬으면 잡히는 건 텅 빈 공간뿐 어디에도 당신은 없습니다. 이른 시간에 언제나 지하 책상 앞에 단정히 앉아 컴퓨터를 두들기던 당신이 그 자리에 그대로 있을 줄 알고 내려갔다 그냥 멍하니 빈 책상에 앉아봅니다. 벗어두고 간 옷가지 속에서 당신 체취를 맡으려고 며칠이고 두면서 또 어디에 당신 흔적 남아 있나 여기저기 기웃거리기도 하지요.

흙 묻은 신발조차 소중해 정성스레 씻으며 당신과 거닐었던 푸른 잔디를 떠올려 봅니다. 당신 오면 맛있게 먹는 것 보고 싶어 담그어 두었던 김치며 장국이며 생선들이 아직 냉장고 속에 남아있는 것을 보며 좀더 챙겨줄 걸 괜한 후회감에 가슴 저리기도 합니다. 주고 또 주어도 모자랄 사랑을 잠시라도 접어두었던 순간들이 있나 더듬어 보기도 하지요."

그리고 마지막에 이렇게 적었습니다.

"언젠가 목숨 걸고 눈길을 달려와 아내를 껴안으며 안도하던 당신을 떠올립니다. 당신은 한 여성만을 사랑한 남편이자 진정한 가정 사역자였습니다."

테마 2. 칭찬의 놀라움(상대방의 귀함을 발견할 줄 아는 사람)

참 놀라운 것은 칭찬은 칭찬한 대로 그 사람을 만들어버린다는 사실입니다. 이것이 바로 칭찬의 힘이라는 것입니다. 앞에서 말드린 대로, 우리가 살아가면서 사용해야 할 가장 놀라운 사랑의 기술은 바로 상대방을 열심히 칭찬해주는 것입니다.

그런데 칭찬에도 두 가지 종류가 있다는 것 아십니까?

하나는 자기 존재 확인의 칭찬입니다. 또 하나는 자기 존재 확대의 칭찬입니다.

그러니까 내가 나를 소중한 존재로 여기지 않으면 다른 사람도 나를 그렇게 여겨주지 않는다는 것을 알아야 합니다. 즉 다른 사람이 하는 나에 대한 평가는 내가 내 자신을 어떻게 평가했느냐에 달려 있다는 말입니다.

칭찬은 항상 자신에게 먼저 해야 합니다. 그 다음에 중요한 것이 바로 다른 사람을 칭찬하는 것입니다. 칭찬이라는 것은 놀라워서 자신을 칭찬할 수 있는 사람이 다른 사람을 칭찬할 수 있는 힘이 있습니다.

괴테가 이런 이야기를 했습니다.

"내가 누군가를 칭찬한다는 것은 그 일로 인해 내가 그 자리에 오르는 것을 의미한다."

우리 이런 이야기를 가끔 하지 않습니까? "돈은 그 사람을 잠깐 기쁘게 합니다. 그러나 칭찬은 그 사람을 평생 기쁘게 합니다."

칭찬 한 마디에 인생이 달라진다는 것입니다. 서양 속담 중에 이런 말이 있습니다.

"꿀 한 방울이 수많은 벌을 불러 모으지만 수만 톤의 가시가 벌을 끌어오지는 못한다."

운동 선수들은 어떻게 해서 자신의 평소 실력보다 더 많은 에너지를 시합 중에 발휘할 수 있게 될까요? 어디서 그 힘을 공급받을까요? 바로 응원 소리가 그 공급원입니다. 비단 운동 선수뿐만이 아니라 어떤 사람도 칭찬의 소리에 그 인생이 밝게 빛나게 마련입니다. 누구든 칭찬의 소리를 들으면 금방 신바람이 나고 맙니다.

그렇다고 해서 칭찬하는 데 무슨 특별한 비용이 드는 것도 아닙니다. 이 얼마나 큰 장점입니까? 칭찬이란 우리의 생을 건강하게 빛나게 하는 비타민과 같은 역할을 합니다. 의사들이 하루에 권하는 비타민의 양이 얼마나 됩니까? 하루 600mg은 섭취해야 한다고 권합니다. 우리가 만약 우리의 생명 비타민인 칭찬을 하루에 한 번씩만 가족에게 먹일 수 있다면 우리 가족들은 금세 건강하고 활기찬 가족들이 될 수 있습니다. 칭찬은 곧 귀로 먹는 보약과 같기 때문입니다. 너무나 아무렇지도 않게 남을 비난하듯 칭찬하며 살아본다면 우리의 삶이, 우리 가족의 삶의 질이 달라질 것입니다.

테마 3. 칭찬의 으뜸은 격려! (칭찬대로 움직이는 남성들)

제가 강연을 자주 다니다보면 어떤 때는 기대 이상의 반응이 나올 때도 있지만, 때로는 기대 이하의 반응이 나올 때도 있습니다. 그런데 그런 청중들의 반응을 확인해보기도 전에 제가 강의를 하다보면 저 스스로도 메시지가 얼마나 그 강의에 먹혀 들어갔는지를 평가할 수 있습니다. 이상하게도 어떤 날은 그럴 의도가 전혀 아니었는데도 죽을 쑤게 되는 강연을 하게 되기도 하는데, 그러고 나면 얼마나 괴롭고 힘이 드는지 모릅니다.

강의를 마치면서 스스로 힘이 쭉 빠집니다. 어떤 모임에서였는지는 잘 모르겠습니다만, 한 번은 강의에서 실수를 참 많이 한 적이 있었습니다. 저 스스로 평가할 때 아주 엉망이 되어버렸습니다. 그런데 한 사람이 친근하게 다가와서는 이렇게 말하는 것입니다.

"소장님, 오늘 죽 쒔지요?"

그렇게 확인 사살할 것이 뭐 있습니까? 제 심정이 얼마나 참담한데 그 아픈 데를 콕 찌르고 건드리냐는 말입니다. 당시 제 마음이 어떻겠습니까? 쥐구멍에라도 숨고 싶은 심정이었습니다.

그럴 때 남성에게는 그런 사람들의 비난 섞인 얘기를 듣는 것보다 더 괴로운 자리가 있습니다. 차를 타고 집으로 돌아오는 그 길, 차 안에서의 심각한 침묵 상태야말로 정말 괴롭습니다. 저는 저대로 제 자신에게 너무나 실망해 가지고 차창만 응시하고 있고, 아내는 아내대로 더 이상 남편 심기 건드리고 싶지 않아서 얼굴 돌리고 있으며, 애들은 애들대로 그 무거운 침묵을 견디다 못해 고개를 떨어뜨리고 있는 상황, 그런 상황은 당해보지 않은 사람은 잘 모를 것입니다.

그럴 때 한참 운전해가다가 그 침묵을 깨야 할 사람이 바로 나 자신이라는 것을 너무나 잘 압니다. 그래서 운전하다 말고 제가 한숨을 푹 내쉬면서 하는 소리가 이렇습니다.

"그래, 그렇게 됐다. 오늘 죽 쒔네."

그런데 그 얘기 끝에 아내가 즉시 하는 소리가 이렇습니다.

"여보, 왜 그래요? 죽도 죽 나름이지, 깨죽은 괜찮아요."

아내의 그 한 마디가 흔들리는 제 마음을 붙잡아줍니다. 그리고 다시 용기를 가지게 합니다. 이처럼 칭찬 중의 칭찬인 격려의 말 한마디가 우리의 인생을 얼마나 풍요롭게 하는지 모릅니다.

제가 여러 부부들 모임에서 남편을 칭찬해보고 아내를 칭찬해보라고 했습니다. 그런데 남편들이 아내를 "시골 구들장 같은 아내, 언제든지 누우면 따뜻함을 주니까" 또는 "신선한 가을하늘 같은 아내, 늘 푸르름이 있으니까", "솜사탕 같은 아내, 달콤하고 스위트 하니까" 이렇게 표현을 했습니다.

그런데 유독 한 남편이 부인에게 "산소 같은 아내"라고 표현했습니다. 그러자 부인의 마음이 상했습니다. 왜 그런가 하면 이 양반이 글은 '산소 같은 아내'라고 써 놓고 읽기는 '산 소 같은 아내'라고 했기 때문입니다.

어쨌든, 우리는 가정생활을 꾸려가면서 배우자에게 틈나는 대로 "당신밖에 없어요. 나는 다시 태어나도 당신밖에 없어" 하고 던져주는 이런 말 한마디가 얼마나 사람을 신바람나게 하는지 늘 기억해야 합니다.

요즘처럼 힘들고 고달픈 시대를 지날수록 격려에 칭찬을 보태주면 이런 시기를 지나는 것도 훨씬 덜 힘들지 않겠습니까? 우리는 이것을 칭찬 요법이라 부릅니다.

책을 통해서 치료하는 독서 요법, 운동을 통해서 치료를 시도하는 'Work Therapy', 이 외에도 'Music Therapy' 심지어 향 요법이란 말까지 생겨났습니다. 그 중 돈 한 푼 들이지 않으면서도 가장 효과가 있는 치료법이 무엇입니까? 바로 그게 칭찬 요법입니다. 어떤 모임에서 그 칭찬 요법을 한 번 사용해 보았습니다. 집에 돌아가면 꼭 남편들을 칭찬하라고 했습니다.

그러자 그 중 한 부인이 집에 돌아간 후 숙제를 해가긴 해야 하겠고 칭찬할 것은 아무리 찾아도 없어서 어떻게 한 줄 아십니까? 이 부인의 남편은 학교 다닐 때 정구를 했다고 합니다.

그래서 하는 얘기가 "여보, 당신 다리는 미끈하게 잘 빠졌어" 하고 말했다는 것입니다. 그러자 당장 남편한테 변화가 찾아왔답니다. 집에 있거나 밖에 있거나 자꾸 반바지 차림으로만 돌아다니더라는 것입니다. 이게 바로 남성들입니다. 남성들이 여성에게 듣고 싶어하는 첫 번째 말, 또는 남성이 여성에게 기대하는 기대 심리는 바로 칭찬입니다. 젊은 사람이나 나이 든 사람이나 남성들은 이 칭찬 한마디에 힘을 얻습니다.

어떤 할머니가 할아버지에게 그랬습니다. "영감, 당신 팔뚝에 아직도 근육이 살아 있네요." 그러자 다음 날 할아버지가 사라져버렸습니다. 할머니는 밥상을 차려놓고 할아버지를 애타게 부르며 찾아 다녔습니다. 그런데 할아버지가 안 보이는 겁니다. 할머니는 찾다찾다 포기하고 물건을 찾느라고 지하실에 내려갔는데 그 곳에서 할아버지를 발견했습니다. 할아버지는 벌써 지하실에 아령을 사다놓고 땀을 뻘뻘 흘리며 운동을 하고 있더랍니다. 그리고 실제로 얼마 후 그 할아버지의 팔뚝에 근육이 살아났다는 것입니다.

이처럼 칭찬은 젊은 사람들과 자녀들에게만이 아니라 나이든 사람의 삶까지도 신바람나게 만들어줍니다. 이런 점에서 우리는 자주 집안의 어르신들을 공경하는 차원에서 그들의 삶을 칭찬으로 높여주는 것이 필요합니다. 좋은 며느리 되는 비결도 이런 데 있습니다. 손자들이 좋은 성적을 받아올 때 며느리는 "제가 그만큼 신경썼어요" 하고 말하는 것보다는 "애들이 애비를 닮아서 저렇게 공부를 잘하나봐요" 하고 말하며 그 공을 시가 쪽으로 돌리면 할머니 기분이 얼마나 좋겠습니까? 그것이 바로 간접 칭찬이라는 것입니다.

　행복한 가정을 가꾸시기를 원하시는 여러분, 행복으로 가는 다른 기술들은 다 잊어버린다 해도 이 중요한 무기인 칭찬이라는 기술만큼은 잊지 말고 사시기를 바랍니다. 사람을 변화시키는 가장 강력한 무기인 칭찬이야말로 인생의 가장 훌륭한 훈장이라고 하는데, 오늘부터 우리 가족들에게 그 훈장을 주렁주렁 달아드리시기 바랍니다.

자료 2. '남편사랑교실'을 위한 비결 모음

■ 남편을 병들게 하는 열 가지 비결

1. 술을 마음껏 마시게 하라.
2. 늘 편안히 놀게 하고 걷지 못하게 하라.
3. 매일 아침 계란 프라이를 두서너 개씩 먹여라.
4. 기름기 많은 고기 요리에 설탕과 버터가 듬뿍 든 디저트를 매일 먹여라
5. 요리는 가급적 짜게 만들어 먹여라.
6. 커피나 홍차에 설탕을 많이 넣어 먹여라.
7. 담배를 마음대로 피우게 하라.
8. 매일 밤 늦게 자게 함으로써 수면 부족이 되게 하라.
9. 휴가나 여행을 못 가게 해 스트레스를 쌓이게 하라.
10. 돈 문제나 자녀 교육 문제로 아침저녁으로 바가지를 긁어대 스트레스가 쌓이도록 하라.

■ 부부 관계를 파괴하는 열 가지 비결
1. 서로 피하는 화제를 갑자기 끌어내라(당신 월급은 언제나 오르죠? 당신은 잠자리에서 별로인 거 알아?).
2. 다른 사람과 비교하라(옆집 남편은 이번에 승진했다는데, 옆집 여성는 아무렇게나 입어도 멋있는데).
3. 상대방의 자신 없는 용모를 이야기하라.
4. 내가 잘났다고 주장하라(우리 집안은 양반이야, 당신 학교 어디 나왔어?).
5. 잘 잊어버리고 오리발을 내밀어라(장인 어른 생신이라고? 난 몰랐어, 뭘 사 놓으라고 했다고요? 잊었어요).
6. 상대방의 집안 식구들 흉을 보라(당신네 식구들은 왜 그런 식이야? 당신 어머니는 왜 화만 내세요?).
7. 자존심을 건드려라.
8. 좋지 않은 별명을 불러라.
9. 상대방을 무시하라(당신이 뭘 안다고 그래, 내 그럴 줄 알았어).
10. 고마워, 미안해요, 사랑해요 등의 말은 절대로 하지 말라.

■ 부부 의사 소통 십계
1. 부부가 서로 헤어져 있다 만날 때는 미소로 맞으십시오.
2. 상대방이 지나치게 피곤해 있거나 감정적으로 흥분해 있을 때는 심각한 주제는 토론하지 마십시오.
3. 가능한 한 매일 일정한 시간을 정해 논쟁의 여지가 있는 문제들을 토의하십시오.
4. 당신은 상대방이 진정으로 하고 싶은 말을 할 때까지 인내하는 마음으로 기다리십시오.

5. 상대방의 이야기 중간중간에 "알아요, 이해해요, 네."와 같은 말로 동의를 표현해 주십시오.
6. 말과 표정이나 몸짓으로 전달하는 메시지가 서로 일치하도록 노력하십시오.
7. 상대가 당신이 좋아하는 일을 했을 때 그를 칭찬해 주거나 당신의 마음을 말로 표현하십시오.
8. 아무리 사소한 일이라도 애매한 말로 표현하지 말고 구체적이고 실질적인 언어로 표현하십시오.
9. 당신이 상대방에게 대답할 차례가 되었을 때는 항상 충분히 대답해 주되 지나치지 않게 대답하십시오.
10. 당신이 상대방의 말을 잘 이해하지 못했거나 의도를 깨닫지 못할 때는 다시 한 번 말해주길 요청하십시오.

■ 행복한 부부들의 열 가지 공통점

1. 열등의식이 없다.
2. 열린 대화가 있다.
3. 꾸준히 성숙을 위하여 노력하고 있다.
4. 서로를 잘 이해하고 있다.
5. 삶을 즐길 줄 안다.
6. 서로를 향해 정직하다.
7. 예절이 있다.
8. 삶의 의미를 느끼고 있다.
9. 남편의 목표를 아내가 돕고 있다.
10. 신앙관이 일치한다.

자료 3. '남편사랑교실' 간증

다음은 사이판에서 열렸던 '남편사랑교실'에서 나눈 감격의 간증문입니다. 이름은 가명으로 처리했습니다.

"저는 어머니학교 제1기 수료생 이화영(가명)입니다. 턱없이 부족한 제가 감히 이 엄청난 자리에 섰습니다. 이 시간 제가 받은 은혜를 잘 간증케 해달라고 먼저 하나님의 도움을 간구합니다.

지금 여러분들께서는 "왜 하필 쟤가 나왔나?" 하고 의아해 하실 겁니다. 저 또한 '목사님이 왜 나를 택하셨나?' 그 이유를 몰라서 어리둥절했습니다. 혹시 제가 우리 교회 공식 지정 악처라고 판단하시고, 분명히 느낀 바가 많을 거라고 생각하신 것이 아닐까 하는 생각이 들더군요.

어쨌든 처음으로 담임목사님께서 부탁을 하신 건데 차마 거절할 수가 없어서 "남 앞에 절대 나서지 말라"는 남편의 뜻을 거스르고 나왔습니다. 이렇게 남편 말을 순종치 않으니 정말 악처 맞죠?

제 결혼도 이렇게 시작됐습니다. 목사님 부탁을 거절 못 했듯이 처음으로 하는 남편의 청혼도 거절하지 못했거든요. 첫눈에 반했다는 신랑과 딱 여섯 번 만난 후 초스피드 결혼을 치렀고 철없는 결혼 생활을 시작했습니다.

내 맘과 같을 것이라는 예상과는 달리 6년이라는 나이 터울부터 시작해서 식성, 취미, 가치관, 자녀관 등 남편과 저는 모든 것이 다 달랐어요. 한 이불 덮고 살면서 다른 생각을 품고 있다는 것이 용납이 안 됐지만, 먹고 사느라 급급해서 1970년대 히트곡 "잘 살아보세"만을 외치며 서로의 감정은 등한시 한 채 앞만 향해 달렸습니다. 그러다 슬슬 일보다도 자기만의 유익을 좇아 헤매는 신랑이 얄미워졌고, '이거, 나 혼자만 열심히 살려고 버둥거리면 뭔 소용이 있나?' 하는 한탄이 나왔습니다. 한탄이 원망이 되었고 원망이 절망이 되었습니다. 이틀이 멀다 하고 술에 취해

늦게 귀가하는 남편과 싸워도 봤고, "제발 목숨 내놓는 음주 운전만 하지 말라"고 애원도 해봤고, "숨겨놓은 내 날개옷만 찾으면 확 날아가 버릴 거다"라고 협박도 해봤습니다. 심지어는 "차라리 그가 바람이라도 피워서 이혼 할 수 있게끔 분명한 이혼 사유를 주십사" 하고 하나님께 간절히 기도드리기도 했습니다.

그의 그림자조차도 외면하고 싶은 마음은 저를 화병에 시달리게 했습니다. 아마 우리 딸이 없었더라면 오늘 저는 이 자리에 없었을 것입니다. 결국 '나 하나만 체념하고 살면 문제없겠다. 그래, 너는 너대로, 나는 나대로 살자!' 하고 포기한 채 살았습니다.

그러던 중 작년 부흥회 때 송길원 목사님의 말을 듣고 나서, '나도 다시 행복하게 살고 싶다'는 욕구가 생겼습니다. 하지만 막연한 욕심일 뿐 어디서부터 어떻게 해야 할지 모르겠고 가슴에 남은 앙금 때문에 시도하는 일마다 잘 되지도 않았습니다. 하지만 하나님께서는 실패자는 쓰셔도 포기하는 자는 쓰지 않는다는 말처럼, 성공하지 못했지만 포기하지 않는 저에게 다시 한 번의 기회를 주셨습니다. 바로 어머니 학교인 '남편사랑교실' 이었습니다.

처음엔 닭살 돋는 타이틀이 거슬려서 그만두려고도 했는데 여러 권사님들을 비롯해서 저보다 연세 많으신 분들이 훨씬 많으셔서 그냥 주저앉을 수밖에 없었습니다. 그 때 주저앉기를 정말 잘했죠? 안 그랬으면 주님께서 예비하신 놀라운 은혜를 받을 수 없었을 테니까요.

우선 많은 것을 배웠습니다. 남성의 특성을 배움으로써 남편을 더 이해할 수 있었고, 우리 여성과의 차이를 인정할 수 있었습니다. 또한 아내는 남편을 위한 돕는 배필이며 온전한 돕는 배필로서 무엇을 해야 하는지 그 존재 가치도 배웠습니다.

문제 분석 및 해결책도 연구했습니다. 남편에 대한 고정관념을 분석해보고 그 쓴 뿌리를 해결하기 위한 방법 모색을 통해 참 용서만이 진정한 해결책임을 깨달았습니다.

구체적인 실천도 할 수 있었습니다. 남편의 장점들을 그림 언어로 표현해서 남편에게 보냈고 시선 끌기와 서비스 베풀기, 또 사랑의 편지도 썼습니다. 그리고 책으로 엮기도 했습니다. 지금 열거한 것들이 모두 숙제였는데, 저는 그 숙제를 상당히 감당하기가 힘들더라고요. 그래도 밤에 잠을 쪼개가며 열심히 했는데 남편은 일언반구도 없었습니다.

원래 우리 신랑은 모든 것을 두 가지 단어만으로 함축해서 표현할 수 있는 능력의 소유자입니다. 바로 "괜찮다!"와 "별로다!" 딱 두 단어입니다. 게다가 쑥스러운 말은 잘 못 한다는 것을 잘 아니까 전 별 기대를 하지 않았습니다. 하지만 그런 우리 남편에게도 변화가 있었습니다. 눈빛이 따뜻해 졌더라고요. 비록 말은 없었지만, 사랑은 상처받기로 결단하는 거잖아요.

아무튼 '남편사랑교실' 프로그램은 막연히 '사랑해야지!' 하는 공허함을 구체적인 행동과 실천으로 채워 주었습니다. 그리고 감추고 싶은 자신의 치부와 상처를 조원들에게 내어놓고 함께 손을 얹고 기도함으로써 서로의 아픔을 위로하고 또 주님께 맡김으로써 치료받는 역사를 체험할 수 있어서 정말 좋았습니다. 또 뜨거운 회개의 눈물을 마음껏 흘릴 수 있었습니다.

사실 어머니 학교 시작 전에는, "우리는 남편만 변하면 돼. 나는 결백하고 아무 문제도 없다"고 교만을 부렸습니다. 하지만 그게 아니었어요. 문제는 제게 있었고, 제가 그에게 저지른 추악한 악행들이 마구 떠올랐습니다. 항상 그의 기분이나 감정보다는 내 것을 더 중히 여기고, 먼저 그의 맘을 헤아리지 못했습니다. 그를 왕 대접하기보다는 그가 나를 왕후 대접해 주길 원했고, 그가 힘들 때 그의 편이 되어 힘이 되어주지 못했습니다. 위로나 격려보다는 질책과 비난을 일삼았습니다. 한식당 메뉴는 된장찌개, 맥도날드에서는 Big Mac밖에 모르는 단순함을 비웃었습니다. 시대 유행에 뒤떨어진다고 무시하기도 했습니다. 그의 필터가 되어주기 보다는 딸과 연합하여 나쁜 아빠로 내몰았습니다. 그를 먼저 용서하기보다는 알량한 내 자존심을 내세웠습니다. 정말 수없이 많은 고백들이 제 입에서 터져 나왔고, 눈물로 주님께 용서를 구했습니다.

하지만 정말 큰 은혜는, 가정은 하나님께서 세우신 교회이자 신앙을 다지는 훈련장이라는 진리를 깨닫게 되었다는 사실입니다. 제가 사이판에 잘못 놀러 와서 남편을 만나는 바람에 학원 강사로서의 성공도 날아가고 지금껏 인생을 착취당하며 산 것이 아니라, 이는 저로 하여금 하나님께 더 가까이 나아오게 하시려는 하나님의 계획이셨다는 사실을 발견한 것입니다. 이런 과정을 통해 저를 더 단련하고 더 성숙케 하셔서 서로 다른 둘이 모여 함께 선을 이루게 하시려는 하나님의 뜻임을 이제야 깨달았습니다. 하나님께서 원하시는 가정 하나 똑바로 일구지 못하면서 어찌 하나님 나라 확장에 힘쓰겠다고 맹세를 하며, 제일 가까운 남편조차 사랑하지 못하면서 어찌 아이들에게 예수님의 사랑을 실천하고 살라고 하겠습니까?

제가 잠언 31장에 나오는 현숙한 여인만큼은 못 되더라도 우리 남편이 성공하게끔 열심히 돕는 아내가 되겠다고 다짐했는데, 그 다짐을 하게끔 한 사람은 바로 우리 남편입니다. 여러 핑계거리가 있었는데도 한 번도 빠지지 않고 '아버지학교'에 출석하는 모습에서 정말 깊은 감명과 도전을 받았습니다. 또 남편(아버지)의 축복 기도를 통해 받은 은혜는 말로 표현할 수가 없습니다.

저와 딸은 남편(아버지) 앞에 무릎을 꿇고 남편은 우리에게 손을 얹은 채 자녀를 위해, 가정을 위해 축복을 해주었는데, 처음 받아보는 남편의 축복 기도 속에서 저는 꿈에 그리던 하나님의 음성을 들을 수 있었습니다. 내 안의 모든 아픔들이 치유되는 작은 천국을 경험했습니다. 정말이지 이건 은혜 충만이 아닙니다. 이건, 은혜 폭발이었고 성령의 소나기였습니다. 우리 세 가족이 하나되어 서로를 축복했던 2004년 1월 23일 저녁은 우리 가족사에 평생 잊지 못할 소중한 순간으로 기록될 것입니다.

성경 말씀은 먼저 믿어야 이해할 수 있는 것처럼, 남편을 이해하려고 애쓰기보다는 먼저 사랑하겠습니다. 하나님이 택해주신 남편과 하나님이 세워주신 가정을 주님 안에서 평생 사랑하겠습니다.

마지막으로 우리 부부에게 큰 감동을 주신 송길원 목사님과 김향숙 사모님께 깊은 감사를 드리고, 이 간증을 할 수 있도록 허락해 주신 나만의 하나님과 남편에게도 감사를 드리며, 모든 영광을 만유의 하나님께 바칩니다."

6장 생명을 낳는 노인 사역

그랜드 패런팅으로 시작하는 노인 사역

"노인 한 분이 쓰러지면 도서관 하나가 불타 없어지는 것과 같다."

노인 사역을 말하기에 앞서 먼저 이 말부터 소개하는 것은 우리가 그만큼 노인에 대한 존엄성과 가치를 잃어가고 있기 때문이다. 성경에도 나와 있지만 노인들이 살아왔던 삶의 발자취라는 것은 어마어마한 이 시대의 유산이 아닐 수 없다. 그런데도 우리는 그 사실을 애써 간과하며 노인들을 업신여긴 것만 같아 송구스런 마음이 든다.

"백발의 지혜"

우리는 그들의 삶에 녹녹히 녹아든 지식과 지혜의 경험 세계를 우리 삶의 현장에 끌어올릴 줄 알아야 한다. 그러기 위해서는 기존 교회의 노인 사역에 대한 반성이랄까, 우리의 노인 섬김에 대한 모습들을 돌아보고 새로운 노인 사역의 패러다임을 외칠 수 있어야 한다.

그간 세상에서나 교회에서 노인에 대한 배려나 섬김이 너무도 부족했던 것이 사실이다. 교회에서조차 노인들을 위한 어떤 프로그램도 준비하지 않는, 이미 영적인 고려장을 시켜왔다고 해도 과언이 아니다. 그런 의미에서 노인 사역은 크게 두 가지 방향에서 진행되어야 할 것이다.

하나는 기존의 노인 사역 패러다임을 완전히 바꾸는 일이고, 또 다른 하나는 '천국준비교실', 즉 장례식 문화를 교회 차원에서 준비함으로써 노년의 의미, 인생의 의미를 재발견하고 이를 통해 교회를 은혜의 도가니가 되도록 만드는 일이다.

사실, 장례 문화를 잘만 정착시키면 교회적으로나 가정적으로 얼마나 큰 하나님의 은혜가 임하는지 모른다. 이에 대해서는 뒷부분에서 언급하기로 하고 먼저 노인 사역의 패러다임 전환에 대한 이야기부터 나누었으면 한다.

대부분의 사람들이 노인을 바라보는 시각은 두 가지 중 하나였다. 교회에 와서 밥이나 먹고 가는 소비 계층으로 생각한다든지, 노인 대학을 통해 경로 잔치나 베풀어 주면 되는 복지의 대상 정도로 생각하는 것이 그것이다.

이 두 모습 모두 노인에 대한 바른 공경의 태도가 아님을 우리는 잊고 살았다. 노인을 소비 계층으로만 생각하는 것은 직접적인 무시요, 복지 계층으로만 생각하는 것은 간접적인 무시인 것이다. 물론 교회에서 노인들을 잘 섬기는 일은 매우 중요하고 아름다운 일이다. 봄이면 벚꽃 구경을 시켜 드리고, 가을이면 단풍 구경, 겨울이면 온천욕을 해 드리거나 아픈 분들을 위해 침을 놔드리는 일은 매우 귀한 일이다.

그러나 이런 식의 접근만으로 노인 사역의 전부를 치장해 버리면 그것은 노인들의 손과 발을 자유롭게 풀어드리지 못하는 것과 다름 아니다. 무슨 뜻인가? 노인들에게 있는 엄청난 지식과 지혜의 보고를 더 이상 묵혀두어서는 안 된다는 뜻이다. 노인 사역의 핵심은 바로 이런 지식과 지혜의 보고를 열어드리는 데 있다는 것이다.

'모세스쿨'을 통해 양육자의 자리에 모셔라

그렇다면 어떻게 그들의 보고를 열도록 도울 수 있을까? '그랜드 페런팅' 즉 '조부모 교육' 같은 프로그램을 통해 그 힌트를 얻을 수 있다.

어차피 지금은 맞벌이 시대라 자녀 양육 문제는 모든 가정마다 거쳐야 할 문제들이다. 아주 어린 나이에 보육 기관에 맡겨지는 아이들은 그 아이를 맡아 줄 할아버지, 할머니 사정이 여의치 않기 때문인데, 교회가 이런 사역을 맡아 하면 지역 사회 봉사도 될 뿐 아니라 할아버지, 할머니들을 인적 자원으로 활용해 노인들에게는 삶의 새로운 의미와 활력을 찾을 수 있는 기회를 줄 수 있다. 값비싼 보육 기관에 맡기지 못하는 맞벌이 부부의 경제 활동도 지원하고 소일거리를 찾는 노인들에게는 봉사의 기회를 제공하는 셈이다. 물론 아이를 돌보는 일은 쉬운 일이 아니다. 그러나 많은 노인들이 동사무소나 구청 같은 곳에서 약간의 일당을 받고 청소도 한다. 그렇다면 손자나 손녀를 돌보는 마음으로 하루 한두 시간 유아들을 돌본다면 얼마나 큰 의미와 보람이 있겠는가. 더군다나 그들에게는 육아에 대한 경험세계가 있다. 거기에다 현대적인 지식들, 이를테면 아이들의 심리라든가 응급 상황 대처법 같은 것을 '모세스쿨'을 통해 훈련시켜주면 그들만큼 적절한 유아 양육 교사는 없을 것이다. 모세를 갈대상자에 넣어서 띄웠을 때 바로 공주가 모세를 키우고 양육했던 것처럼 '모세스쿨'이라는 이름으로 탁아방을 운영하는 것도 좋은 노인 사역의 일환이라 생각한다. 이것은 비단 노인 사역 차원에서만 그치는 일이 아니다. 지역 사회를 위한 봉사이자 노인들에게는 교회를 위해 무엇인가 하고 있다는 자부심을 심어주는 일이기 때문에 노인들을 자꾸 무력화시키는 기존의 패러다임을 완전히 뒤바꾸어 놓는 일이 될 것이다. 어떤 이들은 이를 두고 노인 노동력 착취라고 비하시켜 주장하지만, 노인들 입장에서 보면 결코 그렇지가 않다.

우리는 효성스런 아들에 대한 동화를 기억한다. 어느 마을에 효자로 소문난 사람이 있어 원에서는 그 사람의 뒤를 밟도록 했다. 그가 과연 어떻게 부모 마음을 헤아리는지 알아보기 위해서다. 그런데 나무를 캐러 갔다가 집으로 돌아가는 효자의 뒤를 밟던 원의 사람은 그의 눈을 의심해야 했다. 집으로 돌아온 그 효자는 집에 오자마자 난간에 앉아 어머니가 떠온 세숫대야에 발을 담그고 있는 것이 아닌가. 게다가 어머니는 땀을 뻘뻘 흘리며 아들의 발을 씻기고 있었다. 원에서 나온 사람은 화를 내며 효자에게 달려나갔다.

"이 파렴치한 같으니라고. 세상에 둘도 없는 효자라고 소문이 나서 찾아와 봤더니, 천하에 불효막심한 인간이었구먼. 늙은 어머니에게 발을 씻기는 일을 시켜?"

그러자 이 효자는 웃으며 이렇게 말했다.

"이 보십시오. 효도는 다른 것이 아닙니다. 부모님이 하고 싶어하는 일을 하도록 해 드리는 것이 효도입니다. 저희 어머님은 일하러 갔다 온 아들의 발을 씻어주는 것을 세상에서 제일 큰 낙으로 알고 사시는 분이십니다."

이 이야기야말로 효도란 무엇인지, 노인들을 잘 섬기는 것이 무엇인지 일깨워주는 이야기이다. 우리는 효도의 개념을 봉양의 차원으로만 생각한다. 그러나 봉양의 차원으로만 노인들을 바라보는 것이 그들을 무기력하게 만드는 지름길임을 모르는 것 같다. 그들을 통해 교회가 든든히 세워지고 어린 생명이 자라날 수 있음을 그들 스스로 느끼도록 해 주는 것, 그것이 진정한 효도인 것이다. "아직도 우리에겐 부모님이 필요합니다"라는 사실을 그들에게 알려주어야 한다. 다만, 그것이 버거운 노동의 차원까지 가지 않도록 일의 양을 조절해 주는 세심함이 있어야 한다.

무엇보다 노인들은 신앙의 전수자요, 역사의 계승자이기에 '모세스쿨'을 통해 계승자의 역할을 한껏 발휘하도록 하면 더욱 좋다. 유치부, 유초등부 아이들에게 신앙 이야기, 역사 이야기, 성경 이야기 등을 들려주는 이야기 교사로 노인들을 적극 활용하는 것이다. 우리 세대는 할아버지, 할머니 무릎에서 이야기를 듣고 자란 세대여서 이런 교육이 얼마나 인간의 마음을 따뜻하게 하는지 잘 알고 있다. 그런데 점점 이런 따뜻한 교육 현장이 사라지고 있어 안타깝기 그지없다. 마당 한가운데서 봄볕을 쬐며 할머니 무릎에 앉아 듣던 옛날이야기는 상상의 날개를 펼치기에 충분한 재미와 감동을 주었다. 자라나는 이 땅의 아이들에게 이런 교육 현장을 제공해 주는 것은 어떤 선물보다 큰 선물을 안겨주는 것이다. 실제로 내가 아는 어떤 작가는 어린 시절 할머니에게서 들은 사투리 섞인 역사 이야기, 살아온 이야기가 그의 작품 세계를 구성하는 상상력의 근원이었다고 고백하곤 했다. 그렇다. 우리는 너무 세련된 이야기만을 선호하지만, 사실 아이들은 경험과 체험이 녹아든 할아버지, 할머니의 구성진 이야기를 더 좋아한다. 이야기 구성이 어설프더라도 할머니가 들려주는 이야기 속에는 세월의 힘이 녹아들어 있기 때문이다.

이런 맥락에서 교회 유치부나 유초등부 교육 현장에도 할아버지와 할머니의 인력을 적극 활용하는 것이 필요하다고 본다. 노인 세대의 이런 역할은 어떤 전문가의 역할보다도 더 풍성한 사랑과 지혜로 아이들 가슴을 따뜻하게 지펴줄 것이다.

사랑의교회 포에버 모임

현재 노인 사역이 바람직하게 진행되고 있는 모임 중에서 사랑의교회 '포에버'라는 모임을 예로 들 수 있다. 영어 회화반, 닥종이 인형 만들기반, 종이접기반, 일본어 회화반 등 여러 반이 노인들을 위해 운영되고 있다.

이처럼 자기 계발의 기회를 주는 것은 노인들이 건강한 노년을 보낼 수 있게 하는 최선의 방법이다. 70세가 넘은 할아버지가 한글을 배워 가나다를 익히고, 80세가 넘은 할머니가 "Good morning!"을 외우며 대화하는 모습을 보면 감탄을 금할 수 없다. 얼마나 열정적인지, 그 태도 하나하나에 감탄사가 터져 나온다. 이것은 곧 노인들의 치매 예방에도 효과가 있다. 숙제도 열심히 해오고, 복습도 열심히 한다. 공부하는 노인들의 얼굴은 한결같이 밝고 학구적이다. 그 얼굴 너머에서 후광이 비쳐오는 것만 같다.

이런 사역은 비단 큰 교회에서만 할 수 있는 일이 아니다. 사역 범위를 확장하지 않고 작은 일 한두 가지만 알차게 실행해도 얼마든지 중소형 교회에서 펼칠 수 있는 일이다. 나는 얼마 전 어떤 집사님으로부터 이런 이야기를 들은 적이 있다.

"시골에 계신 저희 엄마를 생각하면 마음이 아파요. 이제 막 믿음 생활을 시작하긴 하셨는데 아직 교회에 잘 적응하지 못하는 것 같아요. 아직도 교회에 가는 것이 어렵대요. 대신 요즘은 동사무소를 다니며 컴퓨터를 배운다고 열심이세요. 얼마 전에는 그렇게 배운 실력으로 제게 이메일도 보내 오셨더라구요. 그 이메일을 받아보고서 '우리 엄마가 동사무소가 아닌 교회에서 이런 걸 배웠다면 얼마나 좋았을까? 교회가 엄마의 삶의 낙원이 되고, 교회가 엄마의 봉사하는 터전이 되면 얼마나 좋았을까?' 하는 생각을 했어요. 노인당엘 가봐야 화투나 치고, 정말 건전하게 모여 배우고 나눌 수 있는 노인 공동체가 엄마를 위해 마련되었으면 좋겠네요."

그의 말은 모든 교회를 향해 던지는 화두이기도 하다. 동사무소가 아닌 교회에서 인터넷을 가르쳐 주고, 사회 봉사 단체가 아닌 교회를 통해 섬김의 기회를 마련해 준다면 이 땅의 노인들이 황혼의 아름다운 삶을 교회 안에서 마음껏 펼쳐갈 수 있지 않겠는가.

인천의 모 교회에서는 이런 점을 착안, "5월은 우리 동네가 깨끗해지니다"라는 현수막을 내걸고 교회 어르신들을 총동원, 마을 대청소의 달로 정해 지역 사회를 섬기는 일을 하고 있다고 한다. 이 얼마나 멋진 일인가! 지적 활동과 봉사 활동, 그 어떤 것에도 구분을 두지 않고 노인들을 활동의 주체가 되도록 하는 일, 그것이 이제 교회가 해야 할 일이다.

이렇게 노인 사역이 제대로 이루어지기 위해서는 무엇보다 노인 전담 교역자나 교사를 두는 일이 시급하다. 이상하게도 교회 안에는 청장년을 위한 사역자, 어린이들을 위한 사역자는 있는데 노인들을 위한 인력 배치는 전혀 안 되어 있다.

그러나 결혼을 위해 '결혼준비학교'가 필요하듯 노인이 되는 데는 많은 준비가 필요하다는 점에서 노인 전담 사역자는 꼭 필요하다. 노인이 되는 과정에서 노인의 심리 이해와 노년기를 어떻게 보내야 하는지에 대한 교육이 필요하기 때문이다.

사실 노인들에게는 여전히 성욕도 있고 이성에 대한 갈망도 있다. 그럴 때 노인 이해가 전혀 없는 분들은 그런 자기 자신을 스스로 수치스럽게 생각하거나 감추려 하다보니 병을 안고 살아가는 것이다. 우리는 노인 교육을 통해 노인의 성에 관한 문제라든지, 죽음에 관한 문제들을 잘 받아들이고 극복할 수 있도록 도와야 한다. 노인에 관한 유익한 정보들을 나누는 것이다. 그런 면에서 교사라는 측면보다는 도우미라는 용어를 써도 좋다. 교회 내 사회복지를 전공한 사람들을 이용해 노인 사역에 인력 배치를 한다면 노인들을 실질적으로 돕는 데 크게 도움이 될 것이다.

노인들은 죽음을 준비하고 싶어 한다

노인 사역을 말하면서 '죽음'의 문제를 말하지 않는 것은 어불성설이다. 노인이 되면 누구나 죽음의 문제와 직면하게 되어 있고, 따라서 노인들은 죽음을 이야기해 주길 간절히 바라기 때문이다. 실제로 노인들은 이 죽음의 문제를 얼마만큼 잘 준비했느냐에 따라 그 마음이 평안하기도 하고 불안하기도 하다. 믿음 좋은 권사님들도 가장 흔하게 하는 말은 이런 말이다.

"우리야 이제 죽는 일만 남았지 뭐."

그것은 믿음 없는 말이 아니다. 그리스도인에게 있어 죽는다는 것, 죽음을 준비한다는 것은 영생에 대한 소망의 표현이기 때문이다.

하지만 유교 문화의 영향권 아래 젖어 있는 우리는 아직도 죽음을 말한다는 사실을 불손한 일로 생각한다. "괜한 말을 해서 왜 어르신들 마음을 우울하게 해 드리는가" 하고 반문하는 사람도 있다. 그러나 나는 "그런 태도야말로 가장 믿음 없는 태도가 아닌가?" 되묻고 싶다.

청소년의 시기에 성에 관해 호기심을 가지는 것처럼 노인의 시기가 오면 자연스레 죽음에 관한 호기심을 가지게 되어 있다. 청소년들에게 성을 가르치고 이해시키고 준비시켜야 하는 것처럼, 노인들에게도 죽음을 가르치고 이해시키고 준비시켜 드려야 한다. 노인이 되면 중장년의 시기와는 비할 수 없이 죽음에 관한 문제가 눈앞에 닥친 일로 받아들여지기 때문이다. 노인의 시기가 지나면 죽음이 닥친다는 사실은 마치 청년의 시기가 지나면 중년이 오는 것과 같은 사실로 자연스럽게 받아들여질 수 있어야 한다. 죽음이란 완강히 부딪쳐 싸우거나 거부할 일이 아니라 받아들여야 하는 일이기 때문이다.

따라서 나는 '결혼예비학교' 못지않게 '천국준비교실' 또한 가정 사역의 필수 코스라고 믿는 사람이다. 죽음의 단계를 미리 이해하여 장례 절차까지도 미리 준비하도록 하는 준비된 장례식이야말로 얼마나 복음적이며 아름다운 일인가! 노년에 이르기까지 최선을 다하여 달려왔고 이제 남은 것은 죽음을 잘 준비하여 천국까지 가는 길인데, 그 죽음마저도 잘 준비될 수 있다면 이보다 복된 일은 없을 것이다. 따라서 우리는 구원을 믿는 사람답게 죽음을 미리 준비하고 평안하게 죽음의 그 날까지 달려갈 수 있어야 한다.

그런 차원에서 교회는 노인들의 마지막 인터뷰를 녹화해 둘 필요가 있다. 장로, 권사, 집사가 한평생 살아오면서 가장 추억에 남는 일이라든지, 자식들에게 바라는 소원 등을 미리 녹화해 두는 것이다. 만약 자녀들이 갑자기 카메라를 들이대면서 이런 질문을 던진다면 당황스럽겠지만, '천국교실'에서 마련한 교육 과정의 일환으로 인터뷰가 진행된다면 전혀 거부감 없이 준비된 말을 잘할 수 있을 것이다. 교육 과정 중에는 물론 영정 사진까지도 촬영해야 한다. 대부분은 갑자기 돌아가시기 때문에 사진이 준비되지 않아 당황하는 일이 많다. 그래서 이상하게 나온 사진을 영정 사진이

랍시고 걸어놓는 일도 적지 않다.

사실 우리가 장례식장에서 보여주어야 할 것은 고인의 생애가 요약된 그 무엇이어야 한다. 돼지머리 눌러놓은 것도 아니고 술 한 잔도 아니다. 장례식장에서는 자녀들이 고인의 메시지를 붙잡아야 하고, 참석한 조문객들이 그 메시지에 감동을 받고 돌아가야 한다. 그것이 장례식의 의미가 아닌가. 그런 면에서 미리 고인의 인터뷰를 따놓는 것은 매우 중요한 사역이다.

실제로 한 교회에서는 이런 감동적인 장례식으로 그 자녀들이 주님께 돌아온 사례가 있었다. 도회지로 다 나가버린 자녀들은 명절 때가 아니고서는 어머니와 접촉할 시간이 없었다. 그러면서도 어머니는 영원히 옆에 계실 줄 알았는데 어느 날 홀연히 하늘나라로 떠나버리셨다. 부랴부랴 장례식 준비를 하려고 보니 뜻밖에도 교회에서 이 날을 위해 어머니의 목소리와 얼굴이 담긴 비디오를 보여 주는 것이었다. 자녀들이 그 비디오 화면을 보며 얼마나 감동했겠는가! 어머니 임종을 못 지켜드린 터라 유언도 듣지 못했는데 비디오 화면을 통해 어머니의 생생한 목소리를 듣게 되었으니 말이다.

장례식이 끝난 후 자녀들은 목회자에게 그 자료를 달라고 부탁했다고 한다. 그런데 그 목회자는 끝내 비디오테이프를 주지 않았다. "이것은 줄 수 있는 자료가 아닙니다. 교회 재산이거든요." 그 목회자가 그렇게 말한 데는 이유가 있었다. 고인의 자녀들에게 아직 신앙이 없었기 때문이었다. 자식들은 목사님으로부터 비디오테이프를 얻기 위해 교회를 다니기 시작했고 결국 믿음을 회복했다는 사실을 확인한 후에 그 목회자는 비디오테이프를 건네주었다고 한다.

"당신들 신앙 때문에 그런 거지, 이것이 왜 교회 재산이겠습니까? 이건 자식들 것입니다."

비디오테이프 하나가 자녀들을 끝내 구원의 자리로 옮겨주었다는 감동적인 실화다.

부모들을 위한 자서전, 천국 바캉스

어느 날 어머니와 대화 중 죽음에 관한 이야기를 나누게 되었다. 그런데 너무 뜻밖이었다. 어머니는 내게 "고맙다"는 말씀을 하셨다. 나는 어머니에게 죽음에 대한 이야기를 꺼낸다는 것 자체가 불경스럽다고 여겼는데, 비로소 알게 된 깨달음 하나는, 중년에는 건강과 자녀 문제가, 노년에는 죽음의 문제가 가장 큰 주제라는 것이었다.

그러던 어느 날 어머니의 전화를 받고 또 한 번 충격을 받고 말았다. 어머니가 쓰시던 농을 동생네 집에 주면 어떻겠냐는 것이었다. 내가 물었다. "어머니 물건인데 어머니 뜻대로 하시지 왜 그런 것까지 묻습니까?" 그랬더니 어머니 하시는 말씀인즉슨, "장남이 알아야 형제들이 불화하지 않을 것 아니냐?" 그래서 내가 다시 말했다. "그러면 쓰시다 나중에 주시지 지금

줍니까?" 그랬더니 어머니가 말하시길, "아무리 부모 물건이라도 죽은 다음에 가져가려고 하면 께름직한 법이야, 죽기 전에 주어야 선물이지 나중에 죽고 난 다음 애물단지 되면 어떻게 하냐?"

아버지, 어머니는 모든 것을 비워가고 계셨던 것이다. 그제야 내가 마음에 준비하고 있던 일 하나를 행동에 옮겨 놓을 수 있었다. 그것은 어머니, 아버지를 위한 자서전을 꾸미는 일이었다. 불과 30여 쪽 밖에 안 되는 작은 책자지만 아버지 어머니 결혼하던 날 사진부터 시작해서 육남매의 사진에, 두 분을 향한 자식들의 사랑의 마음을 펼쳐 보였다. '결혼이 있으라 하매 행복이 열렸더라', '사람들이 있으라 하매 외롭지 않았더라', '밥상을 차리매 생명이 있었더라', '사랑이 있으라 하매 천국이 있었더라', '기도하매 기적이 있었더라', '쉼이 있으라 하매 안식이 있었더라' 등 총 6부작에 책의 제목을 '아버지 어머니 천국 소풍 가던 날' 이라는 소주제와 함께 『천국 바캉스』라 이름 붙였다. 바캉스(vacanoes)란 단어의 어원 'vac'는 텅빈 상태를 뜻한다. 즉 텅 비어있는, 얽매이지 않는 자유로움이다. 그래서 프랑스 소설가 레이몽 라디게는 죽음을 끝없는 바캉스라 불렀던 것이다.

그리고 책의 말미에 아버지 어머니의 생애를 이렇게 요약해 덧붙였다.

"나라를 빼앗기고 모두가 가난에 허덕이던 1932년, 아버지는 유년시절과 청소년 시절을 고스란히 일제치하에서 보내셨습니다. 광복 이후, 나라를 살리는 것은 교육에 달려있다고 생각하여 순천사범학교에 진학, 우수한 성적으로 졸업하셨습니다. 1954년, 한국 전쟁이 끝나고 온 나라가

폐허일 때 아버지는 사람을 세우고자 교직에 입문하셨습니다. 평생 후학을 키우는데 전력을 다 하신 아버지는 청빈을 벗 삼아 사셨습니다. 1997년 2월 교직에서 은퇴하실 때 아버지에게 남은 것은 수많은 제자와 우리 6남매였습니다. 43년 교직을 지킨 아버지에게 나라에서 모범공무원상(1984)과 국민훈장 동백장(1997)을 수여하였습니다. 우리 자녀들은 세상의 어떤 상과도 바꿀 수 없는 사랑을 가득 담아 아버지에게 바칩니다.

1934년에 태어나신 어머니는 일제 치하에서 소녀의 꿈을 고스란히 접어야 했습니다. 광복이 되고, 1954년에 아버지를 만나 비로소 새로운 인생을 시작하셨습니다. 어머니는 3남 3녀를 양육하고 아버지를 내조하는 일에 평생을 바치셨습니다. 하나님을 영접한 후, 그 은혜가 너무 감사하여 3년을 하루같이 새벽종을 치셨습니다. 은은한 새벽종으로 마을을 깨우고, 뜨거운 헌신으로 우리의 마음을 깨우셨습니다. 1983년 한결같은 봉사에 대해 노회에서 어머니에게 감사패를 수여하였습니다. 1991년 권사 취임을 하신 어머니는 평생 주님을 섬기는 일에 열중하고 계십니다.

UN이 정한 '세계 가정의 해' 10주년이 되는 2004년 가정의 달 5월에 두 분께서는 '장한 어버이 상'을 받게 되셨습니다. 지구촌 저 너머까지 울려퍼질 두 분의 삶에 대한 우리 사회의 자랑스런 박수소리입니다."

책을 받아든 아버지 어머니는 자신들의 생애가 이렇게 정리된데 대한 깊은 감사와 자식들의 사랑의 마음을 읽어내시곤 눈물지으셨다. 바로 우리가 세상에 전해야 할 값진 문화가 이런 것들이 아닐까?

기독교 장례 문화 개발을 위한 열 가지 제안

그렇다면 구체적으로 어떻게 천국을 준비하고 진행시켜야 할까? 어떻게 죽음을 소망으로 맞이하도록 준비시키고 알려야 할까? 이에 대한 해답을 얻기 위해 기독교 장례 문화 개발을 위한 열 가지 제안을 소개한다.

1. '천국준비교실'을 만들라

먼저 '결혼예비학교'처럼 '천국준비교실'의 사역을 시작해야 한다. 탄생도 결혼도 준비된다. 그런데 가장 준비 없이 맞이하게 되는 것이 죽음이다. 그러다보니 장례식장에서 유족들은 당황하게 되고 황당해 한다. 이를 방지하기 위해서는 교회 차원에서 '천국준비교실'을 만들어 체계적인 준비 과정을 거쳐야 한다.

임종 직전의 노인들을 대상으로 하는 것이 아니라 권사회나 장로회 등의 단위로 단체 사역을 진행하는 것이다. 성경은 죽음이 곧 삶의 완성임을 보여주고 있다. 바울은 이렇게 권면하고 있다. "사랑하는 형제들이여 그리스도인이 죽으면 어떻게 되는지를 늘 명심해 두십시오. 그래서 사람이 죽었을 때 슬픔에 못 이겨 아무 희망도 없는 사람들처럼 행동하는 일이 없도록 하십시오"(살전 4:13).

이 말에 근거하여 릴리 핀커스(Lily Pincus)는 죽음에 대한 교육을 삶에 대한 교육이라 했다. 죽음을 제대로 알고 그 사실을 그대로 받아들임으로

써 죽음의 그림자를 지울 수 있으며 우리의 인생이 오히려 죽음의 공포와 불안에서 해방될 수 있다는 것이다.

미국 사람들이 죽음에 대해 새로운 인식을 가지게 된 계기는 베트남 전쟁 때였다고 한다. 이 전쟁은 풍요로움과 번영의 상징이었던 미국의 이미지가 환상에 불과했음을 드러내주고 말았다. 평화로운 가정에 사랑하는 남편, 아들의 시체가 운구되어 돌아왔기 때문이다.

그 이후 미국에서는 의료 기술(장기 이식, 유전자 조작으로 생명 자체를 통제 가능하게 하는)의 발달이 눈부시게 진전되었고, 5, 6세 이하의 어린이들에게까지 죽음 교육을 행하게 되었다. 충격적인 베트남 전쟁 이후 이제는 죽음을 제대로 알고 받아들여야 함을 깨닫게 되었기 때문이다. 어린이들을 대상으로 하는 죽음에 관한 교육은 이런 것이다. 이를테면 교실에 식물의 씨앗, 낙엽 등을 가져다 놓고 자연의 사이클을 관찰하게 한다. 생명의 태어남, 성장, 죽음에 대해 설명해주고 가정에서 기르는 애완동물의 죽음에 대해서도 나누도록 한다. 때로는 묘지를 방문하여 비석의 의미, 성묘의 의미, 비석을 꽃으로 장식하는 의미 등에 대해서도 어린이들의 자유스런 대화를 유도한다. 이뿐만이 아니다. 그 외 소설, 동화 책 등을 읽게 한 후 내가 주인공이라면 어떻게 할지에 대해 이야기를 나누게 하고, 잡지나 앨범에 소개된 여러 시대의 사람들 사진을 보여주며 인간의 성장과 노화에 관한 이야기를 의도적으로 들려준다.

이는 무엇을 말해주는가. 죽음을 삶의 연장선상에서 받아들이게 함으로

써 바울이 말한 대로 "사람이 죽었을 때 슬픔에 못 이겨 아무 희망도 없는 사람들처럼 행동하는 일이 없도록"(살전 4:13) 하기 위함이다. 또한 이를 통해 인생의 존엄성을 깨닫기 때문에 자살을 방지할 수도 있다. 죽음을 준비하는 일은 이처럼 인생을 가장 멋지게 살게 하는 일이며 동시에 가장 뜻 깊은 장례식을 준비하는 일이다.

그런 면에서 '천국준비교실'에서 다룰 수 있는 내용은 한두 가지가 아니다. 죽음에 대한 태도에서부터 장례의 절차, 즉 사망 신고에서부터 시신 관리에 이르기까지 모든 것들을 배울 수 있다. 하다못해 불교에서도 시왕전이나 명부전이라고 해서 죽음에 대한 교육이 있다는 사실은 우리 그리스도인들에게 시사하는 바가 크다고 하겠다.

2. 죽음이 아닌 소망을 나누자

"그리스도인의 얼굴은 비그리스도인이 읽어낼 수 있는 유일한 성경"이라는 말이 있다. 우리는 죽음이 하나님의 완전한 치유라는 사실을 알고 있다. 슬프지 않을 수 없으나 죽음 속에서도 하나님의 살아계심과 소망을 나눌 수 있는 자가 바로 그리스도인이라는 뜻이다. 그런 면에서 장례식장만큼 하나님을 증거할 수 있는 선교의 장도 없다.

스데반은 죽음 앞에서도 담대히 외쳤다. "보라 하늘이 열리고 인자가 하나님 보좌 우편에 서신 것을 보는도다"(행 7:56). 그의 죽음은 비극이 아니었다. 고통도 아니었다. 오히려 그의 그런 죽음에서 도전을 받았던 바울이

신약 시대를 여는 중요한 인물이 된다. 죽음으로 꽃피워진 가장 큰 도전이 아닐 수 없다.

죽음이 준비되었던, 그래서 사망의 그림자로부터 벗어났던 초대 교회 그리스도인들은 죽음을 "하늘나라에서 다시 태어나는 날"이라며 '천상의 생일'이라고 불렀다. 이 때문에 어떤 교회에서는 장례식을 장례 예배라 부르지 않고 '천국환송예배'라고 부른다. 또 미국장로교회에서는 '부활증언예배(A Service of Witness to the Ressurection)'라 부르며, 미국연합감리교회에서는 '죽음과 부활의 예배(A Service of Death and Ressurection)'라고 부른다.

기독교의 장의 문화(葬儀文化)도 마찬가지다. 기존의 수의는 색깔부터 탁하고 옷감까지도 꺼칠꺼칠했다. 그러나 수의의 개념도 이제는 환하고 밝게 바꾸어 볼 필요가 있다. 미국에서는 평소에 고인이 즐겨 입던 옷이나 고운 흰색 옷을 입히는 경우가 많다. 이런 점에서 찬송가도 밝은 곡일수록 좋다는 생각이 든다. 김활란 박사는 장송곡 대신 승리의 행진곡을 틀어달라고 유언하지 않았던가.

한국 교회에서는 죽음과 관계된 예식을 장례식(葬禮式), 혹은 장례 예배라고 부른다. 풀어서 말하면 땅에 매장할 때 가지는 예식이나 예배라는 뜻이다. 이 말 속에는 그 관심이 땅에 묻는 매장에만 쏠려 있다. 그러기에 모든 장례식 분위기는 비극적인 이미지로 일관된다.

그러나 장례 문화는 죽은 자의 문제가 아니라 산 자의 문화라는 측면에서 부정적인 측면보다는 긍정적인 면을, 죽음보다는 생명을, 절망보다는 소망을 꽃 피워가는 노력이 있어야 할 것이다. 무엇보다 인간은 죽음을 통해 주님 앞에 다시 태어난다. 이것이 '천국준비교실'에서 죽음보다는 소망을 이야기해야 할 이유이다.

3. 반기독교적 장례 문화에 지혜롭게 대처하라

기독교의 장의 문화는 전통적 장의 문화와 마찰될 때가 있다. 전통적 장의 문화가 때로는 기독교 정신과 정면으로 맞서는 것이다. 때문에 기독교 문화에 대한 바른 이해와 함께 지혜로운 대처가 필요하다고 할 수 있다.

성경에 보면 요셉은 그의 아버지 야곱이 운명했을 때, 애굽의 장례법대로 행했으며(창 50:1~14), 아리마대 요셉과 니고데모가 예수님의 시체를 장사할 때도 "유대인의 장례법대로"(요 19:38~41) 장사했음이 기록되어 있다. 그러나 지금은 어떠한가? 그리스도인들조차 유교적 장의 문화를 따라 장례식을 행하는 경우가 많다.

사실 복음 전파는 궁극적으로 문화의 충돌이라 해도 과언이 아니다. 사도행전은 이 사실을 잘 말해 준다. 스데반은 유대인들에게 전도할 때 모세가 전하여 준 규례를 고친다고 오해받았으며, 바울도 빌립보에서 전도할 때 "로마 사람인 우리가 받지도 못하고 행치도 못할 풍속을 전한다"(행 16:20, 21)는 도전을 받았다.

문화는 한 사회를 변화시키는 힘을 지닌다. 한편 우리는 "보존해야 할 것과 개혁해야 할 것"을 구분해야 한다. 기독교는 문화의 파괴자가 아니라 건설자로서의 역할에 더 많은 관심을 기울여서 장의 문화를 성경적이며 건설적으로 세워나가야 한다.

4. 장례 예배를 전도의 기회로 활용하라

앞서 말한 대로 장례 예배는 다시없는 전도의 기회이다. 어쩌면 결혼 예식보다 더없이 좋은 복음 제시의 기회일 수 있다. 영생을 직접적으로 소개하는 자리이기 때문이다. 그런데도 이런 기회를 활용하는 장례 예식은 매우 드문 것 같다.

교회에 나오라고 하면 기를 쓰고 발뺌을 하는 사람들도 가족이나 친지의 결혼식 혹은 장례식에는 제 발로 걸어온다. 특히 장례식은 고인에 대한 마지막 인사라는 측면에서 결혼식보다 더욱 많은 믿지 않는 조문객들이 참석하는 법이다. 고인에 대한 애틋함, 인생에 대한 허무함 때문에 마음도 이미 녹록하게 젖어 있다. 따라서 이 때야말로 복음 전파의 가장 좋은 시간이라고 할 수 있다.

영국의 명설교가 스펄전은 이에 대해 "장례 예배에서 조차 전도하지 못한 설교자는 어떤 강대상에서도 설교할 자격이 없다"고 말하기도 했다.

그렇다면 어떻게 메시지를 전해야 믿지 않는 이들의 마음에 구원의 메시지를 올리게 할 수 있을까? 무엇보다 믿지 않는 이들도 쉽게 이해할 수 있는 언어를 사용해야 한다. 전문적인 기독교 용어 대신 누구나 이해할 수 있는 단어로 메시지를 선포해야 한다. 내용에 있어서도 부모에 대한 효도와 가족 사랑을 강조하는 메시지를 주로 들려주는 것이 좋다. 물론 천국과 부활에 대한 기독교의 기본 진리를 빼놓지 말아야 할 것이다.

무엇보다 이 때 주의해야 할 점은 구태의연한 언어보다 그림 언어를 쓰라는 것이다. 그림 언어란 대화의 도구로 내용이나 대상을 사용하여 상대방의 감정과 지성을 동시에 활동시키는 것이다. 그렇게 함으로써 상대방은 우리의 말을 단순히 들을 뿐 아니라 경험하게 된다.

예수님께서도 사람들의 '귀에다' 말씀하시지 않고, '눈에다' 말씀하셨다. 예를 들어 "하나님에게서 우리를 보호하신다"라고 말씀하시지 않고, "공중의 새를 보라 심지도 않고 거두지도 않고 창고에 모아들이지도 아니하되 너희 천부께서 기르시나니 너희는 이것들보다 귀하지 아니하냐…들의 백합화가 어떻게 자라는가 생각하여 보라…오늘 있다가 내일 아궁이에 던지우는 들풀도 하나님이 이렇게 입히시거든 하물며 너희일까 보냐"(마 6:26~30)라고 말하셨다.

따라서 "우리가 붙잡으려 했던 것은 실상 거미줄을 붙잡는 것과 같았으며…"(욥 8:4) "우리가 사망의 골짜기를 넘나들 때가 한두 번이 아니었으며…"(시23:4) 등의 용어 표현이 훨씬 더 사람의 마음을 움직일 수 있다는 것이다.

바로 이런 관점에서 한 기도문을 예로 들어보기로 한다. 다음 기도문은 대한항공기 피랍 사고 후 그들을 영결식장에서 드려진 기도문이다.

"자비로우신 하나님, 오늘 우리의 기도를 들어주소서. 우리의 흐느끼는 소리, 당신 앞에 이르게 하소서. 지금 우리는 지난 목요일 새벽 사할린 상공에서 비명에 간 268위의 영혼을 위해 주님께 간구합니다. 그들의 최후가 너무 충격적이고 그들의 죽음이 너무나 비극적이기에 우리는 무슨 말로 그들의 넋을 위로할 수 있을지 모릅니다.

이들이 무엇을 잘못했습니까? 우리가 무엇을 잘못했습니까? 왜 이들을 향해 쏘는 잔인한 그 손을 잡아 멈추지 않으셨습니까? 이들을 왜 그 무도한 원수들의 손에 맡기셨습니까? 오늘의 세계가 당신을 외면하는 죄의 응보이십니까? 입으로만 평화를 부르짖고 행실로는 온 세계를 멸망시킬 수 있는 무기 생산에 광분하는 거짓에 대한 응징이십니까? 그렇다면 그 당사자들을 문책하시지 않고 하필이면 이들을 택하셨습니까? 왜 어린 생명까지 앗아가는 것을 보고만 계셨습니까? 무고한 자의 피가 오늘의 세계의 양심을 일깨우고 세상의 죄를 사하는 데 더 호소력이 있어서입니까?

주여, 당신께 원망하고 넋두리를 펴는 우리를 용서하십시오. 졸지에 사랑하는 자식을 잃고 아내와 남편, 부모 형제를 잃은 유가족들의 비탄이 너무나 커서입니다. 우리의 마음 역시 슬프고 괴로워서입니다.

야훼 하나님, 당신은 의로우시고 당신은 사랑 지극하신 분이십니다. 당신이 이들을 벌하시고 이들을 비명에 몰아넣으실 리 없습니다. 당신이 뜻하시는 것은 죽음이 아니고 생명입니다. 당신이 바라는 것은 미움이 아니고 사랑이며 전쟁이 아니고 평화입니다. 그런데 우리는 언제나 당신의 뜻을 외면하고 거스르며 살고 있습니다. 하옵기에, 오늘의 이 비극, 세상의 모든 죄악이 다 우리의 죄 때문입니다. 인명을 경시하고 사람 귀함을 망각한 이 시대의 죄 때문입니다. 비명에 가신 분들은 오늘의 세계와 우리 모두가 치러야 할 죄값을 대신 치른 것입니다. 그들은 우리의 모든 죄를 지고 죽었습니다.

주여, 우리의 이 뉘우치는 마음을 보시고 우리의 기도를 들으시어 이 영혼들을 당신 품에 안으소서. 그들의 눈에서 눈물을 씻어주시고 그들을 인도하시어 다시는 죽음이 없고 슬픔도, 울부짖음도, 고통도 없는 당신 생명의 나라, 빛과 평화의 나라로 인도하소서. 또한 비통에 젖은 유가족을 위로하소서, 그들의 마음 속에 당신의 사랑을 가득히 부어주소서. 모두가 슬픔을 이기고 당신의 빛 속에 보다 굳세게 살게 하소서.

그리하여 이제부터는 온 세계가 당신의 뜻에 순응하여 공산주의 소련도 회개하고 우리 모두의 뜻을 따라 우리 모두 당신에게로 마음을 돌리게 하소서. 인간의 존귀함을 깨닫고 인명을 존중하고 서로 사랑함으로써 이 땅과 온 세상에 주님의 평화를 이룩하는 역군이 되게 하소서. 우리 주 그리스도의 이름으로 비나이다. 아멘.

5. 고인에 대한 각별한 애정을 보여주라

장례 예식이 며칠 동안 지속되다 보면 유족들도 지치고 목회자들도 지치게 마련이다. 하지만 가까운 가족을 잃은 유족들의 아픔은 아무리 오랫동안 위로해도 충분히 채워지지 않는 법이다.

따라서 장례 예배는 결혼 예배에 비해 그 시간이 두 배 쯤 긴것이 좋다. 장례 예식을 빨리 해치운다는 생각은 금물이다. 천주교에서는 임종을 앞둔 사람을 위해 밤을 꼬박 새워 시편을 읽어주며 그들의 아픔을 위로하기도 한다.

위로라는 것이 굳이 무슨 말을 많이 해 준다고 되는 것은 아니다. 헨리 나웬은 위로를 이렇게 정의했다. "위로라는 것은 외로운 사람과 함께 있음을 의미한다. 그러므로 위로는 마음을 쓰며 돌보는 일 가운데 중요한 것이다.

위로는 고통을 가져가 버리는 것을 의미하지 않는다. 그것은 함께 있으면서 '당신은 혼자가 아닙니다. 내가 당신과 함께 있습니다. 우리는 함께 고통을 감당할 수 있습니다. 두려워 마세요.' 라는 의미의 말 한 마디를 하는 것이다. 참으로 우리 모두는 위로를 주고받아야 할 나약한 존재들이다."

이와 함께 앞서 말한 대로 고인의 목소리가 담긴 비디오를 틀어주는 것은 큰 감동과 위로가 된다. 고인의 죽음의 의미를 고인이 남기고 간 메시지를 통해 확인할 수 있기 때문이다. 고인의 신앙을 간단하게 정리한 간증문이나 회고록을 나누는 것도 큰 은혜가 될 수 있다. 이처럼 유가족들도 미처 신경 쓰지 못한 일들을 교회가 관심 있게 도와줄 때 그것은 유가족들에게 가장 값진 위로의 선물이 되는 것이다.

그러나 무엇보다 소중한 것은 추모사인 것을 잊지 말아야 한다. 추모사 속에서 고인의 삶의 발자취를 잘 요약하고 그분이 남긴 인생의 교훈을 잘 정리해 줄 필요가 있다. 무엇보다 그 삶의 향기를 널리 비추는 기회가 되도록 해야 한다. 그리고 그런 추모사가 조문객들과 유족들에게 좋은 선물이 되게 할 수 있으면 이것만큼 큰 선물도 없을 것이다. 여기 그 예문을 하나 제시해 본다.

조사
고 김성린 목사님을 추모하며

   오늘 이 시간 신실한 남편이셨고, 자애로우신 아버지셨으며 존경받던 스승이셨으며 사랑 받던 목회자이셨던 김 박사님을 앞서 보내며 여기 가족과 친지, 동료, 그리고 후학과 제자들이 이 곳에 모였습니다. 앞서 가신 은사님이 남기신 사랑과 덕을 기리며 가슴속 깊이 북받치는 슬픔을 안고 이 시간 모였습니다. 태어난 이는 돌아가야 한다지만 스승을 보내는 우리의 마음에는 슬픔이 강물을 이루며 우리 가슴 적십니다. 모든 병마 다 이기고 이곳저곳 다니며 주의 역사 증거하길 두 손 모아 빌었는데 주님은 김 박사님을 우리보다 더 사랑하셨습니다.

   1997년 12월 3일 12시, 잠시 시간이 멈추고 하늘 문 열리니 선생님의 영혼 받으셨습니다. 간밤엔 세차게 불던 바람도 그치고 그 요란하던 파도소리 숨죽이더니 이제야 알았습니다. 그 날이 선생님의 선종의 날이었음을. 선생님은 주님 부름 마다 않고 70년 간 입고 계시던 겉옷을 벗어 두시고 주님 앞에 가셨습니다.

   선생님께서는 일찍이 신앙의 가정에서 양육 받으시고, 학문의 길에 정진하시어 영문학과 신학, 그리고 철학을 공부하시고 철학박사 학위를 받으셨습니다. 선생님은 이 황무지 같은 송도 언덕과 영도산 중턱을 오르내리시면서 고신의 들판을 가꾸며 씨를 뿌리고 김을 매고 31년을 하루같이 오직 한길로 달려오셨습니다. 선생님께서 뿌리신 그 씨앗들이 지금 열매 되어 이 강산의 어둠을 밝히고 있습니다.

   선생님께서는 고신동산 고비고비마다 그 숱한 어려움 두 어깨에 지시고 말없이 봉사의 길 가셨습니다. 궂은 일 마다 않고, 힘겨운 내색 않으시고, 높은 자리 탐한 일 없이 앞장 서 걸어가셨습니다. 얽히고설킨 인간사 그 모든 일 가슴에 안으시고,

괴롭고 아픈 일 역사에 묻어 둔 채 서로 이해하라 한마디 남겨 두시고 잠자는 듯 꿈꾸는 듯 그립던 주님 손잡으시고 홀로 떠나가셨습니다.

우리 곁에 계신 교수님은 우리에겐 축복이었습니다. 학비 못 내 애태우며 교정을 서성일 때 선생님은 우리 마음 미리 아셨지요. 선생님이 베푼 사랑 주님은 아십니다. 정한 날을 어기고 두 번이나 연기하고 그래도 가진 것 없이 최후 통보 받은 지도 일주일, 마지막 몇 사람 제적키로 하였으나 교수님은 끝내 결재를 거부하셨지요. 그 덕에 지금 목사 되어 눈물만 흘립니다.

1971년 3월, 갓 고등학교를 마친 애송이 신학도에게 인간의 죄 때문에 자연이 파괴되고 들판이 시든다 하셨지요. 아는 것 없는 주제에 당치 않는 소리라 억지 썼으나 세월이 지날수록 인간의 죄의 심각성 깨닫게 되었지요. 그것이 칼빈주의를 배우는 시작이었습니다. 때로는 엄격하고, 때로는 책망도 하고, 때로는 무심한 듯, 그래도 선생님 가슴에는 숨겨진 따스함이 있었습니다. 거창하거나 요란한 것 없어도 가식이 없었지요.

검소함과 단순함은 선생님의 생활 철학이었습니다. 낭비는 범죄라 말하셨지요. 해묵은 가구가 정이 든다 하셨고, 철 지난 양복이 정겹다 하셨습니다. 새 것으로 바꾸라 하면 어렵게 살던 때를 생각하라 하셨지요. 그러했기에 선생님께는 고향 형님 같은 정감이 있었습니다.

1994년 6월 9일 목요일, 한 여름의 열기가 강당을 메웠을 때 교수님의 설교를 잊을 수 없습니다. 사람은 겉과 속이 같아야 한다고 말하셨지요. 말하지 말고 행하라 하셨지요. 아침이나 저녁이나 정도(正道)를 가야 한다 하셨지요. 이 언덕 저 언덕 기대며 자기 세력 만들지 말라 하셨지요. 자기가 제일인양 설치지 말라 하셨지요. 그 날이 31년의 고신 강단을 떠나는 마지막 설교, '진리의 확신'이었습니다. 교수님의 가르침 우리 귀에 남아 있고, 은사님의 모습 우리 가슴에 깊이 박혀 있는데 저 천국 빛을 따라 조용히 떠나가셨습니다.

이제는 은퇴도 하였으니 모두들 쉬라고 하였으나 70평생 주 위해 살겠노라 목사가 되었는데 내 한 몸 편해 무엇하겠냐며 저 먼 이국으로 가셨지요. 누구 하나 알아주는 이 없고 어느 누구 박수 치는 이 없었으나 동토(凍土)의 땅 갈아엎고 다시 씨를 뿌리셨습니다. 그토록 열심히 사시더니 우리보다 앞서 주님 품으로 가셨습니다.

고생과 수고 끝나고 지금은 저 요단강 건너편, 푸른 동산 잔잔한 시내, 향긋한 풀내음 흠뻑 마시고 언제나 파란 계절 그리던 주님 곁에서 안식하시리니, 지금 이후로 주 안에서 죽은 자 복되도다 그 말 그대로입니다.

우리도 어느 날 언젠가 교수님처럼 이 땅을 떠나겠지요. 파도소리 숨죽이고, 세찬 바람 자고 나면 모든 것 접어 두고 주님 곁으로 가겠지요. 그런데도 살았다고 "네 탓이니, 네 허물이니." 저만 옳다 소리치고, "내 생각 안 따른다" 욕하고 사는 인생, 그것을 선생님은 영적 미숙이라 하셨지요. 이제 하늘에서 다시 만날 것을 기대하며 우리도 땅에서 작은 등불 되어 어두운 이 거리를 밝히겠습니다.

사랑하는 교수님, 존경하는 목사님, 우리 갈 길 밝히셨던 선생님,
그 곳 주님 품 안에서 안식하소서.

1997년 12월 5일
문하생 이상규
(고신대학교 교수 · 신학박사)

이런 추모사는 유족들에게뿐 아니라 듣는 모든 이들에게 큰 감동을 준다. 특히 믿지 않는 조문객들에게는 고인의 죽음 앞에서 듣는 한평생의 믿음의 여정이 매우 큰 감동과 여운을 불러일으킨다. 사실 장례식에 참석한다는 것은 바로 이와 같은 인생의 교훈과 감동을 받는다는 것이 아니겠는

가. 우리 인간은 죽음 앞에 설 때 비로소 인생의 모든 허물을 벗고 정직하게 진리를 받아들이게 되는 것 같다. 그런 면에서 장례식은 어느 곳에서보다 귀한 교훈과 감동을 받는 자리여야 한다. 단순히 슬픔의 감정을 곡하며 토해놓는 자리가 아니라 내게 주어진 인생의 시간들을 소중하게 계획하며, 동시에 주님께로 가는 그날을 가슴 벅차게 소망할 수 있는 그런 시간이어야 하는 것이다.

그런데 전통적인 장례식장의 분위기는 어떠한가? 고스톱을 치며 밤을 새거나 "꺼이꺼이!" 곡하는 소리만이 장례식장의 분위기를 압도한다. 고기 몇 점 먹고 술 한 잔 입에 털어넣으며 인생의 쓸쓸함을 달랠 뿐이다. 부조금 넣어 유족들에게 눈도장 찍고, 유족들은 방문객들에게 애달픈 눈물을 보일 뿐이다. 죽음 이후의 문제에 대한 어떤 확신도 없기 때문에 장례식장은 초상집 그 자체인 것이다.

나는 '천국준비교실'을 제안하고 실행하면서 놀라운 하나님의 은혜를 많이 경험한다. 우리의 믿음이란 결국 죽음 앞에서 더욱 선명해지고 죽음 앞에서 승리의 깃발을 들 수 있다는 사실도 많이 배웠다. 그래서 어떻게 하면 장례식을 더욱 복음적으로, 감동과 교훈이 있는 장례식으로 진행할까를 고민하다가 내가 먼저 앞장서야겠다는 결론을 내렸다. 우리 가정부터 이런 장례 문화를 선도해야겠다는 생각이 든 것이다.

그래서 고안해 낸것이 내 아버지, 어머니의 추모집이다. 물론 지금은 건강하게 살고 계시지만 언젠가는 그들도 천국에 가실 것이기에 미리

20~30페이지 분량의 추모집을 정성껏 만들어 나가고 있다. 나는 내 부모의 장례식에 찾아온 조문객들에게 고기 몇 점과 콜라나 한 잔 대접하고 싶지 않다. 사랑하는 내 부모의 장례식이기에 어떤 장례식보다 의미있는 장례식을 치르고 싶다. 그 어떤 장례식보다 아름다운 자리를 만들어 드리고 싶다.

장례식에 찾아오는 조문객 중에는 고인과 직접적인 관계가 없는 분들도 많다. 고인의 자식의 친구, 직장 동료들도 상당수다. 그런 사람들은 그저 유족을 위로하기 위해 형식적으로 참여했을 뿐이다. 그런 사람들에게까지 부모의 추모집을 건네 내 아버지, 어머니의 향기를 좀 맡아달라고 선물하고 싶은 것이다. 또한 우리도 이렇게 살아가자는 교훈까지 던지고 싶다.

거듭 강조하지만 그리스도인의 죽음은 죽음 그 자체로 끝나는 것이 아니다. 그리스도인의 준비된 죽음은 그 자체가 이 세상을 아직도 살아가야 할 우리에게 깊은 울림을 준다. 이 세상에 태어나 한 일가(一家)를 이루고, 그 속에서 그리스도의 향기가 나기까지 하나님의 크신 은총이 있었음을 나는 추모집을 통해 알리고 싶다. 아들이 아버지에게 드렸던 사랑의 편지도 소개하고, 아버지, 어머니에게 도움을 주셨던 친구분들의 사랑도 기록하고 싶다. 그러나 부모님께서 돌아가신 후에 이것을 보면 의미가 없을 것 같아 미리 제작하여 부모님 결혼 50주년이 될 때 선물로 드리려고 한다. 그 날 나는 부모님께 이렇게 말씀드릴 것이다.

"아버지, 저희가 이 책을 만든 것은 이런 아버지 모습 오랫동안 기억하고,

이런 어머니를 가슴에 품고 살고 싶어서입니다. 그리고 부모님께서 언젠가는 저희보다 먼저 천국 바캉스를 가시게 될 텐데, 그러면 찾아오는 모든 분들에게 우리 아버지, 어머니가 이런 분이었다고 알리려고 만들었습니다."

이제 추모집이 거의 완성되어 간다. 나는 이 추모집이 부모님의 삶에 깃든 하나님의 은총을 가장 아름답게 정리할 수 있기를 바라는 마음으로 한 줄 한 줄 정성스레 써 내려가고 있다.

6. 장례의 애프터서비스를 철저히 하라

많은 상담가들의 연구에 의하면 상을 당한 사람들을 돕는 가장 최적의 시기는 장례식을 치른 직후라고 한다. 유족들은 장례식을 치를 때까지는 거의 정신을 못 차리고 있다가 집으로 돌아왔을 때 비로소 이루 헤아릴 수 없는 허전함과 상실감에 젖어들기 때문이다. 이 때는 이미 손님들도 썰물 빠져나가듯 다 빠져나간 상태라 더더욱 마음의 허전함이 클 수밖에 없다. 교회는 바로 이 때 위로자가 되어 주어야 한다. 이 시기는 최초의 혼란과 충격은 사라지고 애타는 상심의 고통이 가장 심한 시기이다. 유족들은 고인이 떠나간 변화된 생활에 적응해야 하기에 누구나 자기 손을 붙잡아 줄 사람을 갈망한다.

따라서 유족의 심리 상태를 잘 이해하고 돌봐주는 것은 너무도 마땅한 목회적 돌봄이라 하겠다. 그들을 이해하고 돌보기 위해 유족들의 충격(혼란)-애통-회복의 단계를 살펴보도록 하자.

(1) 충격과 혼란의 단계

사별을 당한 사람이 충격과 혼란이라는 최초의 반응에서 벗어나려는 시도는 당사자의 성격과 경우에 따라서 여러 모습으로 다르게 나타난다. 완전히 정신이 혼미하고 무감각하게 되거나, 지나치게 이것저것 일을 저지르기도 한다.

그러므로 그들의 육체적인 충격에 대처하되, 그들의 심령을 안정시키고 몸을 따스하게 해주는 목회적 배려가 필요하다. 당연히 슬퍼해야 하는 것을 막는다든가, 외롭게 떨어져 있게 한다면, 결과적으로 병적인 현상을 일으키거나 온갖 재난을 불러일으킬 수 있으므로, 목회자는 이 때 그들과 함께 있으면서 안정을 주고, 위안을 주어야 한다.

(2) 애통의 단계

비탄 그 자체는 상실에 대한 정상적인 반응이다. 가족의 분노가 때로는 죽은 사람을 돌보던 의료진에게 향하든, 고인을 향하든, 하나님을 향하든, 우리는 그 분노를 이해하고 참아주어야 한다. 그것이 곧 그들이 자책감을 가지지 않고 그 죽음을 받아들이도록 돕는 역할을 하기 때문이다. "어떻게 그런 마음을 가질 수 있느냐?" 혹은 "그런 생각을 감히 입 밖에 낼 수 있느냐?"고 유족들을 꾸짖는다면 그들의 슬픔과 수치감과 죄책감은 더욱 오래 지속되며 급기야는 신체적, 정서적으로 건강을 해치게 된다는 점을 명심해야 한다.

(3) 회복 단계

애도의 절차도 몸이 치유되는 과정과 마찬가지로 상처가 아무는 과정이 필요하다. 무엇보다 쇠약해진 몸과 마음에 건강한 세포가 만들어져야 하는데 그러기 위해서는 시간이 필요하다는 것이다. 유족들은 장례를 치르면서 자신에게 가장 중요한 인물이 없어져버렸다는 사실 앞에 가장 고통스러워한다. 목회자는 이 사실을 놓쳐서는 안 된다. 따라서 장례를 치르는 동안 죽은 사람을 유족들의 가슴에 내면화하여 오히려 그 인격이 더욱 풍성해지도록 돕는 것이 좋다. 고인의 신앙적 메시지를 보여주는 것은 이런 면에서 매우 의미가 깊다. 그것은 고인의 뜻을 잊지 않고 새 생활에 더욱 잘 적응하여 열심히 살아가도록 하는 계기가 될 수 있다.

또한 유족들은 회복의 단계에서 주위 사람들이 전혀 이해할 수 없는 유치하고 비합리적인 행동을 보이기도 하는데 이 때 목회자의 따스한 동정심과 아량은 유족들이 수치심을 극복하고 건강하게 살아가는 데 도움을 준다. '그럴 수 있지, 충격이 컸으니까' 라는 목회자의 아량어린 태도야말로 유족들에게 안정감을 찾게 해 주는 보약인 것이다.

이처럼 교회는 사별이 인간에게 주는 모든 충격 중에서 가장 큰 위기라는 사실과, 유족들이 사별로 인해 가장 불안한 상태에 놓여 있다는 사실을 명심하여, 장례식 뒤에도 많은 관심과 배려를 기울여야 하겠다.

이런 목회적 돌봄의 단계가 목회자에게는 많은 수고와 힘을 필요로 하겠지만, 목회를 하다보면 이런 수고 끝에 가장 보람 있는 목회적 결실이 나온다는 사실을 경험하게 된다. 바로 장례 예배를 계기로 교회에 출석하게 되는 경우가 상당히 많다는 것이다. 그만큼 장례 예배를 통해 그 어느 때보다도 친밀한 교제와 신뢰가 이뤄질 수 있다는 뜻이다. 따라서 장례 이후에 유족들의 아픔을 세심하게 배려하고 위로해주는 애프터서비스는 필수적인 목회 과정이라 하겠다. 그래서 어떤 목회자는 유족에게 전해주는 조의금 봉투에 반드시 자신이 직접 쓴 위로 편지를 동봉하기도 한다. 이 때 이런 시 한편만으로도 유족들에게는 큰 감동을 줄 수 있다. 이미 유족들은 고인의 죽음으로 인해 시를 읽을 마음이 준비되어 있기 때문이다.

순례자의 기도

저무는 11월에
한 장 낙엽이 바람에 업혀가듯
그렇게 조용히 떠나가게 하소서
그 이름 사랑이신 주여
사랑하는 이에게도 더러 잊혀지는 시간을
서러워하지 않는 마음을 주소서.

길에서 만난 이들은
모두가 손님일 뿐
아무도 내 최후의 행방을 묻는 주인 될 수 없음을

알아듣게 하소서.

그 이름 빛이신 주여
한 점 흰 구름 하늘에 실려가듯
그렇게 조용히
당신을 향해 흘러가게 하소서.

죽은 이를 땅에 묻고 와서도
노래할 수 있는 계절
차가운 두 손으로
촛불을 켜게 하소서.

해 저문 가을 들녘에
말없이 엎디어 있는 볏단처럼
죽어서야 다시 사는
영원의 의미를 깨우치게 하소서.

이런 시와 함께 편지에서 고인이 생전에 늘 하던 말이나 교회에서 어떻게 신앙 생활을 했는지에 대해 그 동안 알고 지내 온 내용들을 유족들에게 알려주면 유족들은 그렇게 고마워 할 수가 없다. 이를 통해 고인이 교회에 가졌던 애정이나 교회와의 유대 관계를 표현함으로써 유족들이 교회에 대해 강한 애착을 느낄 수 있도록 하는 것이다.

7. 목회자가 죽음의 모델이 되라

이것은 목회자가 먼저 죽으라는 뜻이 아니다. 비기독교적 장례 문화에 대응하여 목회자가 먼저 기독교적 장례 문화를 선도하자는 뜻이다. 이런 취지에서 요즘은 교회 차원에서 납골당을 마련하거나 화장을 장려하는 교회들이 생겨나고 있다. 대표적인 교회가 소망교회, 사랑의교회, 그리고 새중앙교회 등이다.

더욱 감동적인 일은 목회자들이 솔선하여 거룩한 죽음의 모델이 되고자 하는 일이다. 이미 화장 장려 운동에 옥한흠, 곽선희, 이동원, 최일도, 최홍준, 박종근 목사 등이 참여했다. 장기 기증만 해도 많은 이들이 모범을 보이고 있다.

신문학 원론에 의하면 오비튜어리(사망 기사)가 가장 많이 읽힌다고 한다. 이는 판매 부수에까지 영향을 끼치는데 이유는 고인의 삶의 향기가 있기 때문이라 한다.

생명관이 분명한 목회자가 못할 일이 무엇인가? 주검은 화장이든 수장이든 매장이든 산 자의 공간과 환경을 망치게 해서는 안 된다. 그 누구도 묘지로 넓은 땅을 차지할 권한은 없다. 이런 점에서 국립묘지부터 규격화할 필요가 있다. 무덤 1기라면 나무 15그루를 심을 수 있다. 주인 없는 묘지가 700만 기다. 이래서 돈 받고 벌초하는 사업까지 생겨났다. 지금의 추세대로라면 2050년이 되었을 때 묘지가 전 국토의 66%를 차지하게 된다고 한다. 이런 죽은 문화를 앞장서서 개혁할 수 있는 지도자는 곧 목회자들이다. 어느 장례식에서나 자신의 죽음 계획과 확신을 심는 것처럼 큰 사역도 없다. 자신의 죽음을 담대히 증거하라. 이것이 가장 목회자다운 일이라고 나는 생각한다.

그런 면에서 '천국준비교실'을 외치고 주장하는 나부터 새로운 장례 문화를 위해 여러 가지 생각을 안 할 수 없다. 정말 목사인 내가 죽음을 천국 가는 잔치로 바꾸고 싶다는 마음이 굴뚝같다. 그래서 나는 교통사고 같은 갑작스런 죽음이 아닌 나의 노년에 차라리 암과 같은 병에 걸려 "몇 개월 남지 않았습니다"라는 의사의 진단을 받고 싶은 소망이 있다. 노년에 받는 암 진단이야말로 저주가 아닌 축복이 아니겠는가! 하나님께서 출발 신호까지 보내주시는 것이기 때문이다. 내게 만약 그런 축복이 주어진다면 나는 미리 치르는 장례식을 해 보고 싶다. 내가 죽은 후에 유족들끼리 장례식을 치러봤자 주인공이 빠진 잔치가 되지 않겠는가. 미국에 가고 캐나다에 갈 때도 지인들이 찾아와 송별식을 치러주는데, 천국 가는 그 자리에서 송별식이 없다면 너무 서운한 일이 될 것 같다.

그래서 나는 근사한 송별 잔치를 미리 가지고 싶다. 그 때가 되면 지인들과 축복어린 말도 마음껏 나누고 나에 대한 회고도 미리미리 듣고 싶다. "그래, 그 때는 그게 아쉬웠다. 미안하다. 용서해 달라." "내가 너를 정말 사랑하고 아꼈다. 너를 위해 늘 기도했다." 이런 말들도 그 때가 되면 마음껏 할 수 있으리라. "송 목사님으로 인해 우리 가정에 웃음꽃이 피었었답니다. 목사님 고마워요"라는 말을 듣고 싶은 소망도 있다.

또한 조의금도 미리미리 가져오라 할 것이다. 내가 죽고 난 다음에 가져오면 무슨 소용이 있겠는가. 나는 한 푼도 쓰지 못할 것이 아닌가. 나에게 주는 조의금이 있다면 나는 미리 다 받아서 그간 내가 신세졌던 곳, 의미 있는 곳에 다 보내주고 떠나고 싶다.

나의 이런 생각은 그저 흘리고 지나가는 농담이 아니다. 나는 정말 그렇게 미리 치르는 장례식을 꼭 해 보고 싶다. 그래서 장례식이 천국 환송 잔치임을 세상에 알리고 싶다. 그런 후에 내가 정말 죽으면 가족들끼리 조촐하게 식을 치르면 되는 것이다. 내가 이런 소망을 가지고 있기 때문에 '전국준비교실' 사역을 오늘도 더더욱 확신 있게 펼쳐갈 수 있는 것 같다.

8. 통일된 기독교 장례 지침을 만들자

복음과 함께 들어온 기독교 문화는 많은 세상 문화를 무리 없이 수용하기도 하고 변혁시키기도 했다. 그러나 유일하게 관혼상제(冠婚喪祭)라는 벽은 넘어서지 못하고 있다. 유교적 관혼상제의 문화 속에 오히려 흡수되어버리는 느낌마저 든다. 그러나 선교 100년의 한국 교회는 이 일에 대해 더 이상 침묵하지 말아야 한다.

우리 나라에서 지금까지 민간에 전해 내려오는 의식은 『사례편람』에 바탕을 둔 것으로, 사회 생활에 크나큰 영향을 끼치고 있다. 『사례편람』에 나타난 상례의 절차는 19단계까지 되어 있어 한 사람의 죽음은 그것으로 끝나는 것이 아니라 수백 가지의 절차를 남긴다고 한다. 그러나 그 가운데 어떤 것이 기독교 신앙에 적합하고 어떤 것이 위배되는 것인지조차 도무지 기준이 서지 않아 어려움을 겪을 때가 많다.

그래서 더욱 장의 문화에 대한 연구가 있어야 한다. 슬그머니 침투한 유교적 장의 문화 속에는 비기독교적 요소가 한둘이 아니다. 영결식(永訣式)은 부활을 부정하는 말이다. 도리어 고별식이라고 하는 것이 옳다. 명복(冥福)은 죽은 뒤 명계(冥界)에서 받는 복을 말한다. 영전(靈前), 영좌(靈座), 영구(靈柩), 영구차(靈柩車), 영면(永眠)도 교리에 어긋나는 내용이다. 임종 예배, 입관 예배, 장례 예배, 하관 예배도 예배라기보다는 의식이므로 임종식, 입관식, 장례식이라 부르는 것이 타당하다. 추도식(追悼式)은 죽은 자를 슬퍼한다는 뜻이니 추모식(追慕式)이 바람직하다.

기독교 장례 지침도 통일되어 있지 않다. 어떤 교회에서는 장지로 나설 때 목회자가 맨 앞에 서고, 또 어떤 교회에서는 십자가나 고인의 사진을 맨 앞에 두기도 한다. 또 어떤 교회에는 장례 예배 시간에 유족들을 위한 조사를 준비하지만 어떤 교회에는 아예 그런 순서 자체가 없다.

천주교는 이런 세세한 항목을 정리한 장례 의식서가 통일되어 있다. 하지만 개신교는 무어라 말하기 민망할 정도로 통일성이 결여되어 있다. 교단마다 장례 방법이 다르고 의식서도 다르다. 또 교회마다도 다르지만 지방마다도 다르다. 혹 교단에서 통일된 의식서를 마련해 주었다 해도 목회 현장의 필요에 따라 서로 다른 예식이 진행되고 있다. 아무리 장례 문화 토착화의 필요성을 인정한다지만 너무 다양해서 정신이 없을 정도다.

물론 통일된 기독교 장례 문화 지침을 마련하기 위해서는 한 사람의 힘이나, 일부 교회의 노력으로는 불가능하겠지만, 한국 교회를 대표할 만한 연합 기관이나 신학 대학, 또는 연구 기관에서 이에 관한 연구를 추진해 통일된 기독교 장례 지침이 나왔으면 좋겠다. 이런 지침을 통해 정말 복음적이고 아름다운 천국 환송 예배가 각 교회마다 드려지기를 소망해 본다.

9. 장례 사역을 극대화 하라

어떤 교회는 장례 예배를 마친 유족들을 주일 저녁 예배 시간에 강대상 쪽으로 불러내 그리스도인들 앞에서 공개적으로 위로하고 강대상을 장식했던 꽃으로 위로의 꽃다발을 만들어 선물하기도 한다. 유족들이 고인의 사망을 가장 뼈저리게 실감하는 순간은 장례 예배 석상이 아니라 장례 직후, 또는 처음으로 돌아오는 고인의 생일이나 1주기 때이기 때문이다. 따라서 1주기를 즈음해서 교회에서 보관하고 있는 고인의 사진들을 모아 작은 사진첩을 선물하거나 위로의 엽서를 보내주면 예상치 못한 열매를 얻을 수 있다.

바로 이런 점에서 목회의 최고 희열은 장례를 통해 표현되고 나타난다고 할 수 있다. 그러기에 교회 내에 장례 위원회 설치는 매우 바람직하다. 장례 위원회는 누군가 상을 당하면 그 뒤치다꺼리를 하는 위원회가 아니라 구체적인 '천국준비교실' 들을 주관하는 부서로 자리매김 되어야 한다. 한마디로 말하면 예방 사역을 하는 부서이다. 교회마다 설립된 노인 대학이나 경로 대학 등에서 이런 사역을 보다 구체적으로 펼쳐나갈 수 있기 바란다.

10. 장례 문화는 생명 운동임을 기억하라

로버트 네스트는 이런 시를 썼다.

나는 영원히 살 것입니다

언젠가는 나의 주치의가 나의 뇌기능이 정지했다고
단정할 때가 올 것입니다.
살아있을 때의 나의 목적과 의욕이 정지되었다고
선언할 것입니다.
그 때 나의 침상을 죽은 자의 것으로 만들지 말고
산 자의 것으로 만들어 주십시오.
나의 눈은 해질 때 노을을, 천진난만한 어린이들의 얼굴과
여인의 눈동자 안에 감추어진 사랑을
한 번도 본 일이 없는 사람에게 주십시오.
나의 심장은 끝없는 고통으로 신음하는 사람에게 주십시오.
나의 피는 자동차 사고로 죽음을 기다리는 청년에게 주어
그가 먼 훗날 손자의 재롱을 볼 수 있게 하여 주십시오.
나의 신장은 한 주일 혈액 정화기에 매달려
삶을 영위하는 형제에게 주시고

나의 뼈와 근육의 섬유와 신경은 다리를 절고 다니는
아이에게 주어 걷게 하십시오.
나의 뇌세포를 도려내어 말 못하던 소년이 함성을 지르게 하고,
듣지 못하는 소녀가 그녀의 창문에 부딪히는 빗방울 소리를
듣게 하여 주십시오.
그 외에 나머지들은 다 태워서 재로 만들어
들꽃들이 무성히 자라도록 바람에 뿌려 주십시오.
당신이 무엇인가를 매장해야 한다면 나의 실수들을 나의 약함을,
나의 형제들에 대한 편견들을 매장해 주십시오.
나의 죄악들은 악마에게 나의 영혼은 하나님께
돌려보내 주십시오.
우연한 기회에 나를 기억하고 싶다면
당신들이 필요로 할 때 나의 친절한 행동과 말만을 기억해 주십시오.
내가 부탁한 이 모든 것들을 지켜 준다면
나는 영원히 살 것입니다.

　　기독교는 선교 초기 한글 학당을 통해 문맹을 깨우쳤는가 하면 축첩 제도 폐지 운동과 노름 추방 운동, 금주 금연 운동 등을 통해 삶의 질을 높이는 데 일조했다. 그러나 오늘날 교회는 한없이 무기력하기만 하다. 옥한흠 목사가 주장한 대로 교회는 3허(虛數, 虛勢, 虛像)를 극복하기 위한 시대적 운동으로 이를 받아들여야 한다.
　　선교 초기의 이런 운동은 사실 성경에 명시된 사항들이 아니었다. 그러

나 우리 선조들은 하나님의 가르침을 시대 상황에 적용시켰으며, 그런 운동을 통해 신앙 고백을 해 왔다. 따라서 오늘의 상황 속에서 빛과 소금된 그리스도인들은 마땅히 생명 운동을 지속시켜야 하는데, 그것이 바로 '화장'이라고 할 수 있다. 이러한 화장 운동은 곧 사회 개혁 운동이기도 하다. 이런 운동은 곧 장기 기증 운동과 연결되기에 그 자체가 생명 운동으로 확대되어 나가는 것이다.

결론적으로 '천국준비교실'은 교회와 이 땅을 살리는 가장 의미 있는 사역이라 확신한다. 이 한 가지 사역을 통해 이 땅의 노인들이 죽음을 기쁨으로 맞이할 뿐 아니라 비그리스도인들에게는 복음 전도의 계기가 되며, 더 나아가 이 땅의 생명 운동에까지 확산되기 때문이다.

7장 사역의 근원지는 목회자 가정

목회자의 이미지가 교회 이미지

많은 사람들은 CEO의 얼굴이 회사의 얼굴이란 사실을 안다. 이와 마찬가지로 목회자의 이미지가 곧 교회 이미지라고 말한다. 그렇다면 목회자의 이미지는 어디에서 가장 분명해질까? 목회자의 집, 목회자 가정의 모습이 바로 목회자의 이미지를 형성하는 근원지이다.

그런 면에서 가정 사역의 출발점과 종착지는 역시 목회자의 가정이다. 교회 가정 사역의 출발과 결론은 목회자의 가정이 목회의 현장이어야 한다는 것이다. 가정 목회 현장에서 나오는 눈물과 웃음이야말로 진실한 가정 메시지가 된다. 아무리 가정 메시지를 잘 전한다 해도 이런 눈물의 가정 목회 현장이 없다면 그는 탁월한 자료 수집가나 연설가일 뿐, 진정한 가정 사역 설교자는 아니다. 성도들은 듣는 귀가 높아서 자료에 근거한 메시지인지, 삶의 현장에서 대가를 지불한 메시지인지 금장 알아챈다. 결국 가정 사역의 모든 핵심은 목회자 가정에서 나온다는 것이다.

지금은 예전과 달라서 가정에 충실한 목회자의 모습을 성도들이 보고 싶어한다. 목회와 가정 사역을 분리하지 않는 균형 잡힌 목회자 모델을 찾는 것이다. 따라서 아내와 자식까지 팽개치고 목회에만 전념하는 목회자의 모습에 결코 박수를 보내주지 않는다. 비록 우리 나라의 이혼율이 40%에 육박하고 있지만 그래도 목회자만큼은 가정을 지켜주기를 간절히 바라고 있다. 그것은 그만큼 가정이 소중하다는 사실을 모든 이들이 알고 있기 때문이다. 어떤 경우에도 가정은 행복의 보금자리요, 안식처라는 사실을 목회자 가정을 통해 확인받고 싶어한다.

아마도 이런 성도들의 소망은 시대가 황폐해질수록 더할 것이다. 오늘날 미국의 현실만 봐도 그렇다. 미국에서 대통령을 선출할 때 대통령의 이미지를 부각시키는 가장 전통적인 방법은 부부가 함께 뜰을 거니는 모습이다. 온 국민의 대통령이지만 그는 또한 한 가정의 남편이요, 아버지로서 부족함이 없길 미국인들은 원한다. 이혼율 세계 1위인 나라에서 대통령에게 이런 모습을 원하는 것은 무엇을 말해주는가? 아무리 세계를 뒤흔드는 미국의 대통령이라 할지라도 한 가정의 아버지로서 남편으로서 실격이라면 대통령 자격이 없다는 것이다. 가장 실용적인 나라, 미국에서조차 대통령이라는 기능직의 자격을 가정 안에서 찾는 것은 그만큼 한 가정의 행복이 나라 전체의 운명을 좌우하는 길임을 보여준다고 하겠다.

교회도 마찬가지다. 아무리 목회자가 성도의 행복을 운운한다 해도 그 자신이 행복한 가정을 위해 기도하고 노력하지 않는다면 목회자가 전하는 메시지는 메아리처럼 들릴 것이다. 가정의 아픔들이 더욱 커지는 시대이기 때문에 성도들은 목회자 가정 안에서 간접적인 행복감을 맛보고 싶어한다.

목회자는 이런 시대의 요구에 대해 위선적인 가면을 쓰거나 부담을 느낄 것이 아니라, 오히려 행복한 가정의 모델로 부름받았다는 거룩한 사명감으로 가정의 행복 가꾸기에 더욱 충실해야 할 것이다. 목회자 가정의 행복의 크기가 곧 성도들 가정의 행복의 크기이기 때문에 가정 목회부터 성실하게 임하는 목회자 모델이야말로 가장 바람직한 가정 사역자의 모습이라 할 것이다.

하지만 어떤 가정도 처음부터 완벽한 가정은 없다. 어느 가정이든 문제와 갈등의 연속이다. 그것은 우리집도 마찬가지였다. 우리 부부만큼 심각하게 싸웠던 부부가 있을까? 물론 더한 부부들도 없지 않겠지만, 우리는 그런 싸움 속에서 마음의 지옥을 체험하기도 했다. 그 싸움과 갈등 끝에 서로를 가장 존귀한 가치로 바라보며 끝없이 사랑을 표현하기 시작한 뒤에도 우리 가정 안에는 크고 작은 문제들이 속출했다. 자녀들이 자라면서 사춘기의 방황도 나타났고, 경제 문제, 시각 문제 등 여러 문제들이 연속선상에 놓였음을 발견했다. 그러나 문제 앞에서 함께 기도하고 서로를 믿어주며 기다려주는 사랑의 경주가 계속되다보니 문제에 대한 해답은 자연스레 나왔고, 그런 과정 속에서 우리는 진정한 하나님의 은총을 경험할 수 있었다. '아, 이래서 가정이 천국의 모형이구나, 이래서 가족의 사랑이 필요하구나' 라는 사실을 체험하면서 우리 가정 안에는 풍성한 간증들이 쌓이기 시작했다. 즉 실수와 허물과 문제는 언제나 복병처럼 튀어나오지만, 그런 문제에 대한 우리의 반응과 태도에 따라 그것이 하나의 간증이 되기도 하고, 실패가 되기도 한다. 그런 면에서 모든 목회자들은 문제 있는 현재 가정의 모습에 대해 속박 당하지 말고 보다 적극적이고 성경적인 태도로 가정 목회에 임해야 한다. 그리하면 우리의 가정 현장 속에 우리 목회의 가장 진실하고 거룩한 열매가 나타날 것이다.

가정 목회, 지금부터 시작이다

목회자가 가정 목회에 전념하기 시작하면 성도들을 향한 메시지부터 달라진다. 목회자 자신이 가정 안에서 행복을 느끼기 시작하면 진정한 행복 설교를 담대하게 전할 수 있기 때문이다. 평소에 사모를 향한 목회자의 태도가 어떠한가는 성도들의 부부 생활의 교과서다. 자녀들을 향한 목회자의 태도, 부모를 모시는 목회자 가정의 모습을 성도들은 늘 지켜본다. 강단에서 외치는 메시지와 가정생활이 일치되는 모습을 보면서 성도들은 목회자에게 진정한 존경을 표하게 된다.

목회자가 가정 목회부터 충실해야 할 이유는 비단 성도들을 위한 모델이 되어야 한다는 데에만 있지 않다. 아무리 목회에 성공해서 많은 사람들을 영적으로 풍성하게 한다 한들, 가족 구성원들이 영적으로 피폐하고 정서적인 불만족에 쌓여 있다면 그 목회자의 인생 종착지에서는 결국 허무의 노래를 부르게 되지 않겠는가. 나를 바라보는 유일한 한 여성에게 여성으로서의 행복감을 느끼게 해 주지 못했고, 나를 바라보는 유일한 자식들에게 자녀로서의 축복을 받지 못하게 했으며, 나를 바라보는 유일한 부모들에게 부모로서의 긍지와 보람을 느끼게 해 주지 못했다는 허망의 노래를 부르게 되지 않겠는가 말이다.

목회자의 리더십 중 '자기 관리' 부분은 리더십의 가장 기본적인 원칙에 속한다. 그런데 자기 관리의 대부분은 가정 목회에 근간을 두고 있음을 명심할 일이다.

그러나 나는 이 부분에서 많은 목회자들이 용기를 잃지 않기를 바란다. 지금까지 비록 가정에 목회적인 시야를 두지 못했더라도, 지금부터 다시 시작한다는 용기로 가정 목회를 일구는 목회자야말로 진정한 믿음의 주인공이라고 말하고 싶다. "우리 가정은 문제가 너무 많아 어디서부터 시작해야 할지 모르겠다"는 목회자 가정일수록 하나님의 풍성한 은총과 메시지가 충만히 넘쳐날 것이다. 가정 목회는 사실 그렇게 시작된다. 문제 속에서 시작하지만 풍성한 하나님의 은혜와 사랑의 길을 걸어가게 되는 것이다. 그리고 그런 과정을 진실하게 성도들에게 보여주는 것이 더 은혜스러울 수 있다.

이와 관련하여 어떤 집사님이 나에게 들려 준 이 이야기는 많은 감동을 준다.

"저희 아빠는요 알코올 의존증 수준은 아니었지만 거의 매일 술을 마셨던 분이세요. 엄마와도 너무 사이가 안 좋아서 매일 엄마와 싸우다시피 했지요. 시장에 나가 온갖 장사를 다하시는 엄마에 비해 아빠는 경제력도 없었지만 집안에서는 폭군 그 자체였어요. 모두들 아빠를 싫어했어요. 그런데 쉰이 넘으시면서 아빠가 달라지기 시작하시더라고요. 술도 끊고 농사일도 열심히 하셨어요. 어디를 가셔도 꼭 엄마를 데리고 다니셨지요. 어떤 날은 시장에서 엄마 블라우스를 사오시기도 하셨어요. 우리는 그런 아빠를 보며 '기적이 일어났다'고 입을 모으곤 했어요. 그런데 제가 결혼을 앞두었을 때 우리 그이를 불러다놓고 아빠가 그러시는 거예요.

'자기 아내 한 사람도 행복하게 해 주지 못하는 사내는 사내가 아니라네. 자네는 우리 딸한테 잘해주어야 하네. 나는 젊었을 때 우리 집사람 마음고생 시킨 것이 제일 한이 된다네. 자네는 그러지 말게. 나는 딸자식 시집보낼 때가 되니까 죽어도 내 딸은 나 같은 남자한테 시집보내지 말아야겠다는 생각이 들더구먼. 이 얼마나 허무한 인생인가. 그래서 나는 지금부터라도 우리 집사람한테 잘해주려고 애쓴다네. 자네 장모의 밝아진 얼굴을 보는 지금이 나도 제일 마음이 편하고 좋아. 내가 이제야 사내구실 하면서 사는 것 같다니까. 자네가 나 같은 인생 살지 말고 처음부터 아내한테 좋은 남편이 되었으면 해. 알겠는가?'

아빠가 이런 말을 하시는데 제 눈에서 눈물이 뚝뚝 떨어지는 것이 아니겠어요? 당신의 실수를 그대로 인정하시고 달라지신 우리 아빠, 그리고 딸을 위해 그간 살아온 날들을 고백하시는 우리 아빠를 보니 마음 깊은 곳에서 존경하는 마음이 막 뜨겁게 솟구치는데 '아빠, 사랑해요' 라고 말하고 싶은 걸 간신히 참았어요."

그녀의 위와 같은 고백은 우리에게 많은 메시지를 준다. 목회자 가정이 지금껏 지옥이었다 해도 지금부터 사랑의 경주를 시작하면 오히려 더 많은 감동과 사랑과 존경의 고백들이 그 가족들과 성도들로부터 터져 나올 수 있다는 뜻이다. 그렇게 달라진 삶 자체가 하나의 진실한 행복 설교가 되는 것이다.

부부 사랑 만들기 1.
성도의 시각보다는 성경의 시각으로 살라

그렇다면 목회자 가정의 가장 풀리지 않는 숙제는 무엇일까? 무엇보다 부부 문제라 할 수 있다. 위선적인 가면을 쓴다거나 내놓고 사모를 무시하는 목회자 가정이 여전히 매우 많다.

이런 문제는 '목사는 한 아내의 남편이기 이전에 교회의 아버지'라는 생각에서부터 기인했다고 본다. 우리 나라에 팽배한 유교적 전통은 목회자에게 더욱 그런 역할을 부채질했다. 즉 공인인 목회자가 아내와 자식을 챙기는 것은 별로 목회자다운 태도가 아니라는 것이다. 처 자랑을 하는 남성는 팔불출이라 해서 남자답지 못한 남성으로 취급받았기 때문에 만인의 아버지인 목회자는 더더욱 아내와 자식에게 관심을 쏟지 못했다.

그러나 이제는 시대의 흐름이 달라졌다. 아직도 그런 개념이 남아있긴 하지만 그래도 목회자의 가정생활과 사생활은 존중하고 받아들여지는 추세다. 월요일에 공식적으로 목회자가 쉬는 이유도 주일의 과다한 업무 때문이기도 하지만 가정 사역에 집중하는 날로 여기라는 뜻이기도 하다.

시대의 흐름이 달라진 것은 둘째 치고라도, 사실 목회자가 가정을 등한시하는 것은 성경적인 태도가 아니다. 어떤 이들은 "무릇 내게 오는 자가 자기 부모와 처자와 형제와 자매와 및 자기 목숨까지 미워하지 아니하면 능히 나의 제자가 되지 못하고"(눅 14:27)라는 말만을 문자적으로 해석하여 가족을 돌보는 것은 뒷전으로 여기고 오직 목회에만 전념하기도 했다. 그러나 알다시피 이 말은 가족을 사랑하지 말라는 뜻이 아니다. 예수님의 제자가 되기 위한 사랑의 우선순위에 있어 예수님에 대한 관심이 가족이나 자신의 목숨보다 언제나 앞서야 함을 뜻하는 것이다. 가족은 섬김의 대상이지 의지의 대상이 아니며 오직 주님만을 의지하는 자세로 제자도의 길을 걸어가라는 말이기도 하다. 또한 당시에는 주님을 믿지 말 것을 강요하는 가족들이 많았기 때문에 믿지 않는 가족들의 그런 태도에 당연히 맞서야 함을 뜻한다고도 볼 수 있다.

성경에는 "남편이 아내 사랑하기를 그리스도가 교회 사랑하듯 하라"는 말이 얼마나 강조되었는지 모른다. 그런데 왜 이 말을 많은 목회자 가정에서만큼은 외면하고 있는 것일까? 또한 목회자를 독차지하려는 일부 성도들의 비신앙적 태도에 이끌려 당연히 사랑하고 보듬어 주어야 할 가족들을 내팽개친다면 과연 그가 목회자로서의 자격이 있는지 묻고 싶다. 가정 목회에 충실함으로써 우리 가정을 지켜낼 뿐 아니라, 우리 가정의 바른 모범을 통해 성도의 가정에 좋은 메시지를 심어, 궁극적으로 성도의 가정을 세워주려는 태도야말로 가장 목회자다운 태도라 할 것이다.

물론 이 말은 성도의 눈을 무시하라는 뜻이 아니다. 성도의 마음과 눈을 헤아리는 것은 당연히 가져야 할 목회자적 자세라고 본다. 그런 면에서 목회자는 가족 이기주의에 빠져서는 안 된다. 다만, 성도들을 진심으로 사랑하되, 그 사랑의 출발점이 언제나 가족임을 알고 자신이 한 아버지요, 남편이라는 사실 앞에 충실한 목회자가 되라는 뜻이다.

결론적으로 시대의 흐름이나 성도 한 사람의 말보다는 언제나 성경에 충실한 입장에 서서 가장 아름다운 일을 포기하지 않는 목회자가 되는 것이 부부 사랑의 지름길이라 할 것이다.

부부 사랑 만들기 2. 부부는 영혼의 친구다

나는 부부 관계를 말할 때 '영혼의 친구'라는 말보다 적절한 말은 없다고 늘 느낀다. 많은 부부들이 해로하며 살지 못하는 이유도 결국 영혼의 친구가 되지 못하기 때문인 것 같다.

우리는 신랑과 신부로 만나 결혼했다. 남성는 신랑으로 여성는 신부로 역할이 주어지면서 서로에게 이러한 시선을 보내준다. "아이고 예쁜 우리 각시"라는 신랑의 사랑스런 시선은 신혼기를 행복하게 해 주고도 남는다. 그러나 그런 시선과 역할은 얼마가지 않는다. 이내 우리는 아버지, 어머니 역할을 맡게 되기 때문이다.

신혼기가 지나면서 우리는 신랑·신부의 역할을 버리고 남편과 아내, 혹은 아버지와 어머니로서의 자리로 돌아간다. 아니, 남편과 아내의 역할도 거의 없다. 대부분은 좋은 아버지와 어머니가 되는 일에 모든 시간과 정력을 소모한다. 모든 것은 아이들 중심으로 돌아가버리고 만다. 아이가 아프면 모두가 아프고, 아이들 졸업식이 있으면 결혼 기념일이고 뭐고 다 내팽개쳐 버린다. 그러다가 아이들이 성장하고 나면 더 이상 아버지, 어머니 역할도 필요 없게 된다. 아이들은 부모보다는 친구를 더 필요로 하기 때문이다.

그때 가서야 남편과 아내의 자리로 되돌아가려니 이미 둘 사이는 너무 벌어져 있음을 깨닫게 된다. 특히 목회자 가정은 이 거리가 더욱 멀어져 있을 것이다. 아이들이라는 변수에 목회라는 환경은 이미 서로를 부부로 살아가는 일을 포기하게 했다. 교회 부흥회가 우선이지 아내 생일이 우선이 아니었고, 새벽 기도가 우선이지 서운한 아내 마음을 달래는 일이 우선이 아니었기 때문이다. 성도 한 사람 떨어져 나가는 것을 어떻게 달래서 돌아오게 할까를 고심하다보니 서로의 찢어진 마음은 이미 수술의 시기도 놓쳐 버려 손을 쓸 수조차 없게 되었다. 나는 부디 이렇게 되기 전에 많은 가정이 회복될 수 있기를 소망한다.

그러기 위해서는 부부 관계에 대한 정립부터 잘해 둘 필요가 있다. 부부는 서로에게 그 역할을 업무 규정처럼 규명 지어서는 안 된다. 역할부터 규명 짓는 부부 관계는 결코 인격적 관계가 될 수 없다. 은연중에 남편은 이래야 하고, 아내는 이래야 한다는 식의 규칙 같은 것을 만들어 놓고 서로를 바라보면 언제나 서로에게 상처를 줄 가능성이 크다. 또한 상처도 잘 받는다. '저 사람은 남편으로서 어떻게 저런 말을 할까?' 라는 생각 때문에 남편의 말이, 혹은 아내의 말이 상처로 다가오는 것이다.

그래서 나는 '영혼의 친구' 라는 말보다 더 좋은 부부 관계가 없다고 본다. 영혼의 친구라는 말 속에는 여러 의미가 담겨 있다. 그 속에는 서로가 나눌 수 있는 우정과 사랑이 녹아 있고, 서로를 계발하고 발전시킬 수 있는 여지가 숨어 있다. 친구란 원래 그런 존재다. 서로를 발전시켜주고 개발시켜 주는 사람들인 것이다. 그러나 남편과 아내는 서로를 개발시켜 주는 관계가 아니다. 그저 남편과 아내라는 터 속에 들어가 살 뿐이다.

반면 친구는 멀찍이 떨어져 있으면서도 하나인 관계이다. 따라서 감정에 휘말릴 일도 없다. 조언을 해 주어도 친구이기 때문에 받아들일 수 있다. 오히려 친구가 해 주는 말은 고마움으로 받아들일 수 있다. '친구니까 이런 말도 해 준다. 더군다나 우리는 영혼의 친구니까' 라고 생각하면 아내가 해 주는 말이 하나도 기분 나쁘지 않다. 아내의 조언이 친구의 조언처럼 고맙고 따뜻하게 다가온다.

이렇게 부부 사이에 영혼의 친구가 되고 나면 목회에 아내가 개입을 하느냐, 마느냐의 문제도 더 이상 문젯거리가 되지 않는다. 설교에 대한 조언의 문제를 놓고도 감정 상해 할 필요가 없다.

우리 부부도 영혼의 친구이기에 나는 언제나 아내로부터 설교에 대한 피드백을 적극적으로 듣고 그것을 수용한다. 언제였던가. 나는 설교를 하며 아내와 아이들의 갈등 상황을 묘사한다는 것이 그만 이렇게 표현되어 버린 적이 있었다.

"아내가 말이지요. 박사 논문이라고 쓴 것이 '청소년과 청소년 부모의 갈등'에 관한 것이었어요. 그 연구로 학위까지 받았으면서 아이와의 갈등이 심화되는 걸 보면 제 속으로는 '아직도 실습이 덜 끝났나?' 하는 마음이 들어 피식피식 웃곤 했습니다."

내가 이런 말을 꺼낸 의도는 청소년 문제를 전공한 아내도 아이들 문제 앞에서는 속수무책일 수밖에 없고, 그것이 우리 삶의 현실이라는 메시지를 전하기 위함이었다. 이 메시지를 들은 아내는 나의 그런 의도를 단박에 알아차렸다. 그러나 문제는 내 표현에 있었다. 아내는 이렇게 조언을 해 준다.

"당신이 전하려는 메시지는 좋지만 표현의 실수가 있었던 것 같네요. '박사 학위 논문이라고 쓴 것이'라고 표현하면 그 논문의 가치를 비하시키는 결과밖에 더 되겠어요? 그렇게 말하지 말고 '박사 학위 논문의 주제가'라고 표현해 주면 논문의 값어치가 비하되는 일은 없었을 거 아니예요."

아내가 이렇게 조언해 주었을 때 나는 그대로 수긍했다. 아내의 말이 옳기도 했거니와 친구가 해 주는 조언이었기에 하나도 기분 나쁘게 들리지 않았기 때문이다. 왜냐하면 우리는 영혼의 친구이기에 못할 말도 없고, 수용하지 못할 일도 없기 때문이다.

이런 측면에서 영혼의 친구로 살아간다는 것이 인생을 얼마나 풍요롭게 해 주는지 모른다. 이 개념을 놓쳐버리면 "왜 남의 일에 사사건건 간섭이냐?" "왜 결혼 전과 후가 다르냐?"는 말로 서로를 할퀴는 일이 많아질 수밖에 없다.

나는 아내를 언제나 내 영혼의 친구로 생각하고 아내 역시 나를 그렇게 생각한다. 그러기에 우리 사이에는 언제나 못할 말이 없다. 내가 힘들고 괴로울 때 제일 먼저 찾는 사람도 아내일 수밖에 없고, 아내 역시도 가장 연약한 모습까지 보일 수 있는 사람이 나일 수밖에 없다. 서로 괜한 자존심 싸움을 할 필요도 없다. 우리는 영혼의 친구이기 때문이다.

우리는 그렇게 영혼의 친구로 살아가기 때문에 서로를 위한 개발과 투자에도 적극적일 수 있다. 나는 아내에게 투자하고 아내는 나에게 투자한다. 우리는 영혼의 친구이기 때문에 친구를 위하여 못해 줄 것이 없다.

부부 사랑 만들기 3. 목사와 사모의 옷을 벗어라

목회자 가정의 부부 관계를 파괴하는 세 번째 요인은 뭐니뭐니해도 집에까지 와서 목사와 사모로 남는다는 점이다. 나는 집안에서조차 목사와 사모의 옷을 입고 산다는 것은 문제를 넘어 비극이라고 생각한다. 집이라는 곳이 어떤 곳인가. 사회적인 책임과 역할을 벗어나 그야말로 인간 대 인간으로 서로를 만나는 편안한 보금자리가 아닌가. 그런데 이 보금자리의 편안함조차 외면하고 가정 안에서도 긴장을 늦추지 못한다면 그것만큼 큰 비극은 없을 것이다.

이렇게 되면 이는 목회자의 건강이나 인격 문제와도 직결되지만 부부 관계의 갈등을 일으키는 주요인으로 작용하고 만다. 남편이요 아버지인 사람이 아니, 아내의 친구가 되어주어야 할 사람이 집에까지 와서 당회장으로 남아 있다면 그의 가장으로서의 리더십이 어떤 형태를 띨지는 쉽게 짐작할 수 있다. 모든 걸 지시하려 하고 책임지려 하다보니 그 자신과 가족들은 피곤할 수밖에 없다. 아버지와 아들, 남편과 아내로서의 친밀함과 사랑의 맛을 느껴볼 수가 없다.

이것은 사모들 또한 마찬가지이다. 집에 있는 남편에게 왜 "여보"라는 좋은 호칭을 사용하지 않는지 이해할 수 없다. 가정 안에서조차 그 사랑스러운 호칭을 사용하지 않고 "목사님, 진지 드세요"라며 여전도회장이 목회자 대접하듯 남편을 섬기는 일이 왠지 나는 어색하게 느껴진다. 그렇게 되면 자녀들도 아버지를 아버지가 아닌 목사님으로 바라봐야 하지 않겠는가. 그런 가정의 자녀들은 "아빠, 좋은 영화가 나왔는데 아빠랑 같이 보고 싶어요"라고 말하는것이 아니라 "목사님, 좋은 영화가 나왔는데 혹시 시간이 괜찮으시겠어요?"라고 말해야만 할 것 같다.

집에서조차 목사의 옷을 벗지 못하는 목회자들은 아내를 바라볼 때도 언제나 사모로서의 아내 모습에 점수를 매기곤 한다. 성도들이 사모를 어떻게 바라보고 있는가에 늘 관심이 가 있는 것이다. 아내의 현재 상황과 아내의 삶의 목표, 아내의 기대에 관심을 두고 아내의 비전을 이뤄가는 일에 도움을 주기보다는 '적어도 사모는 이래야 한다'는 목회자의 교회 중심적 생각이 아내를 향한 시선의 성격을 좌우한다. 그래서 집에서조차 아내를 향해 편안하게 말이 나오지 않고 늘 교훈조의 말을 하거나 지시형의 말을 하게 되는 것이다.

목회자가 이런 태도를 고치지 못하는 데에는 이유가 없는 것은 아니다. 다듬어지지 않은 사모의 말 한 마디가 교회를 분열시킨다거나 말썽을 일으키는 요인이 되는 사례가 우리 주변에 종종 있어왔기 때문이다. 그러나 이는 사모 개인의 특별한 인격적 결함의 문제보다는 사모의 자리 자체가 워낙 예민하다는 데서 비롯된 문제이다. 한 사람의 집사가 말했다면 문제될 것이 없었을 법한 이야기도 사모가 말했기 때문에 문제되는 경우가 얼마나 많은지 모른다. 그런 면에서 사모의 자리는 외롭고 힘든 자리이며 동시에 면류관이 큰 자리라 생각한다.

이에 대한 이해나 동정이 없이 목회자가 무조건 사모의 성숙하고 완벽한 자세만을 요구하기 시작하면, 사모는 한 인간으로서 또 아내로서 심리적 고통과 공허감이 클 수밖에 없다. 자신의 가치가 남편의 성공을 위한 부속물처럼 느껴지기 때문이다. 실제로 얼마나 많은 사모들이 이런 비관 속에 괴로워하는지 모른다. 이런 문제는 서로를 한 사람의 아내나 남편으로 바라보기보다는 언제나 목사, 사모로 바라본다는 데서 비롯되는 일들이다.

나 역시 예외가 아니었다. 내 아내가 어떤 자리에서는 남들보다 더 예뻐 보이기를 바라고, 어떤 자리에서는 재치 있고 총명하게 행동해 주기를 바랐다. 언제나 자기 관리에 있어서 안팎으로 완벽하기를 요구했던 것이다. 이런 것들이 아직 어린 사모한테는 그야말로 팔방미인이 되어달라는 요구였기에 아내 입장에서는 난색을 표할 수밖에 없었다. 그런데도 나는 끊임없이 아내를 향해 완벽을 요구했고, 그런 나의 요구 앞에 아내는 도전을 받기보다 깊은 좌절감을 경험하기에 이르렀다. '나는 거기에 미치지 못한다. 나는 사모감이 못 된다'는 생각의 수렁 속에서 아내는 마음의 짐에 짓눌려 자신감마저 잃어버렸다. 그야말로 상처를 안고 살아갔던 것이다. 게다가 큰 사건이라도 터지면 나는 아내를 향해 "기도 안 해서 그렇다"는 말까지 해서 영적인 문제까지 덮어씌워 버렸으니 아내가 받았을 중압감이 얼마나 컸겠는가.

모든 사모들이 그럴 것이다. "사모가 기도 안 해서 그래!"라는 남편의 폭력적 언어 앞에 초라하고 왜소하기 짝이 없는 자신의 모습을 경험할 수밖에 없다. 사람이란 그렇게 심한 스트레스를 받으면 오히려 기도도 안 나오고 의지할 곳도 없어지게 마련이다. 사탄이 우리 가정을 향해 노리는 것이 있다면 바로 그런 상태가 아니겠는가! 원망과 죄짐과 부담과 중압감에 눌려 절망하며 살아가는 모습이 아니겠는가!

그런데 많은 목회자들은 사탄이 노리는 바로 그 지점을 향해 사모를 내모는 우를 범하고 있다. 물론 우리는 목회자와 사모로 부름 받은 사람들이다. 이 부르심의 사명을 외면할 수는 없다. 하지만 그런 목회자와 사모조차도 가정 안에서 먼저 아내와 남편으로 부름 받았다. 목회자와 사모라고 해서 아내와 남편의 자리를 팽개칠 수는 없는 것이다. 앞서 말한 대로 부부는 영혼의 친구다. 친구는 서로의 사명을 잘 감당하도록 돕고 기도해 주는 사람이지 절대로 다그치는 사람이 아니다. 진실한 조언을 해주는 사람들이지

무례한 요구를 하는 사람이 아니다. 진정한 친구 사이라면 사장과 사원으로 만난다 해도 공적인 업무 자리 외에는 친구로 돌아가 서로의 관계를 유지한다는 사실을 우리는 알아야 한다.

이제 우리는 서로의 옷을 벗겨줄 때다. 집에서만큼은 목사의 옷, 사모의 옷을 벗어 빨아 널고 그 옷이 마르는 동안에는 남편과 아내의 옷, 아버지의 옷, 가장 편안한 옷을 입도록 도와주어야 한다. 그 편안한 옷을 입고 함께 사랑의 이불을 덮고 자야 편안한 휴식도 취할 수 있고 다음날이 되면 더욱 가뿐한 몸과 마음으로 다시 목사의 옷을 입고 출근할 수 있지 않겠는가.

부부 사랑 만들기 4. 사랑은 오래참고

목회자 가정뿐 아니라 어느 가정이든 부부 사랑의 열매를 맺지 못하게 막는 공통적 장애물이 있으니 그것은 바로 조급함이다. 식물을 키워보면 이 사실을 대번에 알 수 있다. 도도하고 청초한 난의 꽃을 보고 싶은 마음에 날마다 두 바가지씩 물을 준다면 그 난은 금방 썩어버리고 만다. 날마다 조금씩 물을 주고 적당하게 양분을 주는 일과 더불어 필수적으로 해야 하는 일이 있는데 그것은 바로 '기다림'이다. 이 기다림이 없으면 식물은 꽃을 피울 수 없고, 나무는 절대로 열매를 맺을 수 없다.

식물도 이러한데 사람은 오죽할까. 그러나 나는 이 사실을 애써 외면했던 사람이다. 내가 원하는 완벽한 모습으로 아내가 빨리빨리 변화되기만을 얼마나 조급하게 바랐었는지 모른다. 그러나 결국 그것이 옳은 방법이 아님을, 나는 아내와 많은 상처를 주고받은 뒤에야 깨달았다. 나는 먼저 나 자신이 변해야 한다는 명제 앞에 부딪쳤고, 아내에게 필요한 것은 지속적인 남편의 사랑이지, 수많은 지시와 요구가 아니라는 사실을 뒤늦게야 알았다. 아내에게는 남편으로서의 사랑만 지속적으로 보여주면 된다. 그러면 아내 스스로 적당한 때에 자기 틀과 껍질을 벗고 자라나게 마련이다. 누에가 나비로 자라가는 과정을 보라. 나비로 자라가기 위해 스스로 껍질 벗는 싸움을 해나간다. 사랑이란 그 과정을 기다려주며 기도해 주는 것이다. 만약 그 과정이 고통스러울까봐, 혹은 조급함에 못 이겨 누군가 그 껍질을 벗겨 버리면 누에는 어떻게 될까? 곧 죽어버린다. 그런 면에서 기다릴 줄 모르는 사랑은 비극이다. 오늘날 많은 부부의 사랑은 이런 비극에서부터 비롯된다 해도 과언이 아니다.

나는 어느 날 고린도전서 13장을 읽으며 이 사실을 깨달았다. "사랑은 오래 참고"라는 말씀을 읽는데 그만 내 눈에서 눈물이 와락 쏟아져 내린 것이다. 마음이 그렇게 아플 수가 없었다. '나는 아내를 사랑한 것이 아니라 아내를 서서히 죽이고 있었다' 는 생각에 미치자 나를 진멸치 않으시고 오래 참으사 나를 바라보며 기다려주시는 하나님의 사랑에 목이 메여왔다. 만약 우리가 누군가를 사랑하지만 이 '오래 참는' 하나님의 사랑을 배우지 못한다면 그것은 상대방을 살리는 사랑이 아닌, 상대방에게 독을 내뿜는 사랑이 될 것이다. '내가 아내를 위해 언제 오래 참아 봤을까? 신랑 되신 주님께서 신부 된 나를 위해 오래 참으신 것처럼, 남편인 내가 아내를 위해 얼마나 참아주고 기다려 주었을까?' 아무리 생각을 더듬어 보아도 나는 아내를 바라보며 오래 참은 적이 없었다. 그것은 곧 아내를 믿지 못한다는 것과 다름없었다. 우리가 누군가를 믿는다면 실수가 있어도 기다려 줄 수 있는 법이다. 그런데 나는 나 이외에 다른 어느 누구도 믿어 본 일이 없는 것만 같았다. 넉넉하고 따뜻한 가슴으로 믿어주고, 그래서 기다려주는 일이 한 번도 없었던 것 같았다. 나는 그런 사람이었다. 그래서 나는 아직 사랑을 제대로 해 봤다고 할 수 없는 사람이었다.

"부부는 서로를 통해 사랑을 학습해 가는 존재"임을 그 때서야 비로소 알 것 같았다. '사랑하기 때문에'가 아니라, '사랑하기 위해서' 결혼한다는 말의 의미도 알 것 같았다. 나는 지금껏 사랑이 무엇인지 몰랐기에 이제 아내를 향해 참사랑을 실천해 가며 살아야 한다는 것을, 이제야말로 아내를 사랑하기 위해 한걸음 한걸음 결혼 생활의 발자국을 떼어야 함을 절실히 깨닫게 되었다.

그 때부터 나는 '주님의 시간에' 라는 찬양을 매우 즐겨 부르게 되었다.

주님의 시간에
그의 뜻 이뤄지리 기다려

하루하루 살 동안

주님 인도하시리

주 뜻 이룰 때까지 기다려

기다려 그때를

그의 뜻 이뤄지리 기다려

주의 뜻 이뤄질 때

우리들의 모든 것

아름답게 변하리 기다려

In His time In His time

He marks all things beautiful in His time

Lord please show me everyday,

As You're teach-ing me Your way

That-You do just what You say

In Your time.

이 찬양을 부르며 사람을 보면 문제를 극복하는 코드가 바로 나왔다. 아내의 이마에는 언제나 '공사중'이라는 간판이 붙어 있음을 잊지 않는 것이다. 나도 마찬가지다. 나 역시 하나님께서 여전히 '공사중'인 사람이다. 나도 상대방도 하나님의 공사중임을 늘 잊지 않을 때 부부 싸움은 최소화할 수 있고 상대방을 믿고 기다려 줄 수 있다. 비록 서로의 기준으로 보기에는 미숙하기 짝이 없어도 상대방은 하나님께서 인정하신 사람이며 또한 하나님에게서 손보시는 사람이다. 고치시는 분은 하나님이시지 내가 아닌 것이다. 따라서 부부는 서로를 용납하며 기다려 주는 존재임을 잊지 말아야 한다. 또한 그(녀)가 아직 공사중이기에 "통행에 불편을 드려 죄송합니다"라는 경고 사항도 잊지 말아야 한다. 무슨 말인가? 우리가 공사중인 현장을 지나갈 때는 언제나 조심해야 한다는 뜻이다. "통행에 불편을 드려 죄송하다"는 안내를 받았으면 괜히 그 밑에 가서 알짱거리며 놀 필요가 없다. 통행자가 공사중인 부분에 대해서는 조심해 줄 필요가 있기 때문이다. 따라서 그 곳에서 놀다가 공사 자재를 건드려 파편을 맞으면 그것은 그 곳에서 논 사람의 책임이지, '아직도 공사중'인 사람의 책임이 아닌 것이다.

나는 이런 방식으로 아내에게 접근해 나갔다. 아내의 핸디캡, 아직 미숙한 부분에 대해서는 건드리거나 비난하기보다 그냥 하나님을 믿고 기다리기 시작했다. 부족한 부분에 대해서는 비판하기보다 내가 도와야 할 부분으로 인식하기 시작했다. 아내가 화장을 한 뒤 화장품 정리를 안 하면 내가 가서 정리해 주고, 동전 정리를 할 줄 모르는 아내를 대신해 동전 관리는 내가 도맡아 했다. 바닥에 떨어진 휴지는 으레 내가 줍는 것으로 알고 지냈다. 덜렁거리는 아내의 습관 때문에 간혹 그릇이 깨져도 나는 웃음으로 받아 넘겼다. 그렇게 내가 사랑하는 법을 배워가기 시작하자 비로소 우리 가정 안에는 화목의 분위기가 흐르기 시작했다. 아내는 뭐든 믿고 도와주는 남편으로 인해 자신감을 회복했고 서서히 자존감을 회복하면서 스스로 문제를 파악하는 지혜로움을 보여주었다.

　나는 이런 우리 부부의 과정에 대해 어디에서든 당당하게 말하곤 한다. 그것은 내가 그렇게 멋진 남편이었음을 과시하기 위함이 아니다. 사실 이런 과정을 지나며 가장 큰 득을 본 사람은 바로 나였다. 나는 아내를 향해 오래 참는 사랑을 실천하기 시작할 때 비로소 나 자신이 다듬어지는 것을 느낄 수 있었다. 나는 방바닥에 뒹구는 휴지 하나도 편안하게 바라보지 못하는 사람이었다. 깨끗하고 완벽하게 정리되어야만 세상이 정상으로 굴러간다고 생각했다. 그러나 그것은 나만의 편견일 뿐, 때로는 휴지조각 속에서도 달콤한 사랑을 나눌 수 있는 것이 세상임을 몰랐다. 값 비싼 화병이 깨졌다고 화를 내며 덜렁대는 습관을 지적하는 것보다, 실수를 덮어주는 것이 값으로 따질 수 없는 큰 가치의 사랑과 행복을 낳는 비결임을 결혼 생활을 통해 알았다. 상대방의 허물을 지적해 주는 것보다 상대방의 허물을 용납해 주는 것이 상대방을 변화시키는 지름길임을 아내를 통해 깨달은 것이다. 만약 내가 나와 똑같은 성격의 배우자를 만났다면 어떻게 되었을까? 우리는 서로 완벽함을 요구하다가 더 뾰족한 사람들이 되어 누군가를 찌르고 상처 내는 사람들이 되지 않았을까?

　그런 면에서 아내와 나의 서로 다른 성격은 최상의 하모니를 이루기 위한 하나님의 완벽한 계획이셨음을 알게 된다. 이를 통해 나는 좀더 편안한 사람, 빈틈이 많은 사람이 된 것 같고, 아내는 좀더 계획적이고 꼼꼼한 사람으로 변화된 것 같다. 나이가 들어가면서 나를 만나는 사람들이 공통적으로 하는 말이 있다. "송 목사님은 만날수록 참 편안한 분이신 것 같네요." 만나기 거북하고 불편한 사람이라는 말보다 편안하다는 말은 얼마나 좋은 말인가. 나는 이런 말을 들을 때마다 아내로 인해 정작 내 자신이 달라졌다는 사실을 실감한다. 결과를 중시하던 내가 과정을 보게 되었고, 완벽함을 추구하던 내가 털털한 사람이 되어갈 수 있었다.

부부가 서로 다르다는 것은 축복이다. 서로 다르다는 사실 앞에 분노하지 말기를 바란다. 다르기 때문에 우리는 오래 참는 사랑을 배울 수 있다. 그런 사랑을 실천함으로써 우리는 우리 자신을 다듬고 넓히시는 하나님의 손길을 체험할 수 있다. 그 손길 속에서 우리는 멋진 모습으로 점점 달라져 가는 것이다.

부부 사랑 만들기 5. 서로를 가꿔주고 장식해주어라

거듭 말하지만 부부는 '영혼의 친구' 다. 영혼의 친구이기에 부부는 서로 오래 참아주고 기다려 주어야 한다. 또한 부부는 친구이기에 서로를 가꿔주고 장식해 줄 수 있어야 한다. 서로를 위해 투자해 주는 것이다.

이것은 내가 그린 배우자감에 끼워 맞추려는 조급함과는 다른 차원이다. 철이 철을 날카롭게 한다는 성경 말씀처럼 좋은 친구 관계는 서로를 성장시켜 주는 관계이다. 서로를 조급하게 책망하지 않지만, 서로에게 적당한 도전과 자극을 주는 관계가 부부 관계라는 것이다. 이는 마치 초등학교 교과서에 나오는 구름과 해님의 대결 이야기와 같다. 서로를 다그치는 부부 관계는 나그네의 옷을 벗기기 위해 잔뜩 힘을 주어 비바람을 치는 구름과 같다면, 서로를 성장시켜 주는 부부 관계는 나그네에게 사랑의 햇볕을 쬐어주는 해님과 같다. 이 이야기에서 나그네의 옷을 벗긴 쪽은 물론 해님이었다. 바람직한 부부 관계는 이와 같다는 것이다. 서로에게 가장 효과적으로 접근해서 그가 가장 아름다운 모습으로 설 수 있도록 자극하고 도전하는 관계가 바로 부부 관계다.

이를 위해서는 자기희생이 필연적으로 따른다. 나는 아름다운 부부 관계를 이루기 위해서는 반드시 자기희생이 따른다는 사실을 믿는다. 그러나 여기서 자기희생이란 상대방의 성장과 성숙을 위한 희생을 뜻하지, 신파조의 무조건적 희생을 말하는 것이 아니다. 폭력 남편이 때리는데 무조건 맞아주는 희생도 아니고, 아내의 과소비나 허영을 무조건 참아주는 희생을 뜻하지도 않는다. 그런 문제는 맞서 싸워야만 잘 살 수 있다. 희생이란 이름으로 무조건 참다가는 끝내 가정이 무너지기 때문이다.

부부간의 희생은 상대방이 연약할 때 기다려주는 희생이요, 연약함을 채워주는 희생을 뜻한다. 열심히 일하던 남편이 하루아침에 실직자가 되었을 때 그 고통을 분담해 주는 희생, 아내가 병약할 때 아내의 자리까지도 대신해 주는 희생이다. 가난도 함께 짊어지고 병마와도 함께 맞서 싸우며 서로의 짐을 대신 지려는 희생을 뜻한다.

여기서 더 나아가 부부간의 진정한 희생의 의미는 서로의 목표를 함께 바라보는 것을 말한다. 함께 목표를 바라보기에 그 목표를 이루기 위해 내가 돕지 않을 수 없다. 부부는 함께 가는 사람들이다. 남편만 훌쩍 앞으로 간다거나 아내 혼자 일찌감치 목표점에 도달해 버리면 결코 행복할 수 없는 사람들이다. 그런 의미에서 부부는 서로 성장시켜 주는 존재이다.

나는 이를 위해 아내에게 꾸준히 공부를 하도록 권했다. 공부란 비단 학위를 따는 것만을 의미하지 않는다. 하나님께서 주신 무한한 은사가 계발되어 더욱 풍성히 쓰임 받도록 아내의 에너지를 활용하는 것이다. 내가 참석했던 세미나나 모임 중에 많은 도전과 은혜를 받은 것이 있다면 아내도 적극 참여하도록 기회와 환경과 조건을 만들어 주었다. 예를 들어 내가 '전도폭발' 훈련을 받은 후 전도에 대해 눈을 뜨게 되었다면 아내에게 거기에 참여하도록 도전을 주고 환경을 만들어 주는 것이다. 이를 위해서는 희생이 필요했다. 아내가 1주일 동안 합숙 훈련에 들어가면 아이들 뒤치다꺼리는 전부 내가 해야 했기 때문이다. 그래도 아내가 도전을 받는다는 것이 나는 좋았다. 아내 입장에서도 나쁠 것이 없었다. 아이들 뒤치다꺼리며 집안일에서 해방되어 마음껏 학습하고 도전 받을 수 있는 기회이기 때문이다.

어떤 이들은 이런 이야기를 꺼내면, 내 아내에게 남다른 강한 학습 욕구가 있었기 때문에 가능한 일이 아니었냐고 물어오기도 하지만, 사실 아내에게는 학습 욕구와 도전 의욕이 별로 없었다. 예술적인 기질이 강하고 반짝이는 창의력이 강한 사람이지, 성취를 향해 끊임없이 도전하고 노력하는 스타일은 아니었다.

그런 아내였기에 아내를 향해 어떤 성취 의욕을 심어준다는 것이 쉽지는 않았다. 내가 진정으로 변화되기 전에는 아내에게 도전을 주는 방식이 늘 다그치거나 하나의 룰을 제시하는 방식이었는데 아내에게 그 방식이 먹혀 들어갈 리가 없었다. 아마 많은 가정에서도 마찬가지일 것이다. 남편이나 아내를 향해 권하는 방식이 거의 비슷하다.

"집에서 뒹굴뒹굴 놀면 뭐하냐? 책이나 좀 읽어."

"당신 그래 가지고 목회 제대로 하겠어? 책 좀 읽어라, 책 좀!"

이런 식의 권면은 상대방에게 수치심과 반발심만 불러일으킬 뿐이다. 말하는 태도가 잘못되었기 때문이다. 사람을 변화시키는 진정한 힘은 말하려는 내용보다는 말하는 태도에서 비롯될 때가 더 많다. 아무리 좋은 내용을 말한다 해도 태도가 불손하거나 건방지다면 상대방은 절대로 그 말을 수용하지 않는 법이다. 부부 사이에는 더욱 그렇다. 그래서 가까운 사이일수록 예절을 지켜야 한다는 말이 나오는 것이다. 부부라고 해서 함부로 자존심을 건드리며 권면한다면 그것은 도전이 아니라 상대방을 숨 막히게 만드는 독약이 될 수 있다.

그렇다면 어떻게 도전하는 것이 서로의 성장을 위한 가장 바람직한 방법이 될까? 아이들에게도 책을 읽으라고 자꾸 다그치는 것보다는 책 몇 권 주변에 늘어 놓고 아빠, 엄마가 틈만 나면 열심히 책 읽는 모습을 보여주는 것이 가장 좋다. 부부 사이에도 마찬가지다. 상대방에게 공부 좀 하라고 다

그칠 일이 아니다. 내가 먼저 공부하고, 내가 먼저 도전을 받은 뒤에 상대방도 그 도전에 참여할 수 있도록 여건을 마련해 주면 된다.

우리집에서도 내가 정말 재미있게 읽은 책은 아내가 꼭 읽곤 한다. "이제 그만 잠 좀 자요"라고 말하는 아내의 성화에도 "조금만 더"라고 말한 뒤 계속 읽은 책, 책을 읽다가 눈물을 훔치거나 혼자 킥킥거렸던 책, 유독 밑줄을 많이 그었던 책은 꼭 아내가 집어 들어 읽는다는 것을 발견했다.

목회자인 남편에게 도전을 주고 싶은 아내라면 먼저 책 읽는 습관부터 밟아야 할 것이다. 스트레스도 책을 읽으면서 풀고, 마음의 허전함도 독서를 통해 채우는 모습을 아내가 먼저 보여줄 때 남편은 진정으로 도전 받게 되어 있다. 텔레비전 드라마 보는 것이 인생의 유일한 낙이고, 홈쇼핑을 보며 "난 언제 저런 것을 맘껏 사 보나"라고 신세 한탄하면서 남편을 향해서는 "설교 준비 형편없게 한다"고 비난한다면 그 말은 그야말로 형편없는 비난이 될 뿐이다.

나는 어느 부부든 먼저 위와 같은 사실을 깨달은 사람부터 진정으로 배우자를 세워주고 성장시켜 주는 사람이 된다고 믿는다. 남편이나 아내 중 먼저 이 일을 실천하는 사람이 나올 때 그 가정은 희망이 있는 것이다.

이렇게 서로 도전하고 성장시키는 분위기가 조성되면 부부 대화도 얼마나 풍성해지는지 모른다. 나이가 들어갈수록 더욱 깊은 영혼의 친구가 되어간다. 내가 읽은 책, 내가 받은 감동, 내가 느끼는 통찰력을 아내만큼 깊이 이해하고 상대해 줄 수 있는 사람이 없기 때문이다.

그래서 한 번은 이런 일도 있었다. 사랑의교회에서 여는 '제자훈련 지도자세미나'에 참석한 뒤, 나는 그 곳에서 받은 감동과 철학을 아내와 공유하고 싶은 강렬한 마음이 들었다. 부부란 원래 좋은 것을 보면 함께 보고 싶은 존재가 아니던가. 그래서 아내에게 참석해 보는 것이 어떠냐고 물었다. 그러자 아내는 자기도 그러고 싶지만 그 세미나는 목회자들만 참석하도록 제한되어 있어 사모는 안 될 것이라고 했다.

"그러면 우리 포기하지 말고 관계자들에게 편지를 써봅시다. 그 강의를 꼭 듣고 싶은 사모인데, 그 세미나에 간식 준비 할 일손이 필요하지 않느냐고. 제가 그런 거 하면서 방해되지 않게 강의를 듣겠노라고 편지를 쓰면 그 사람들이 당신을 내쫓겠어? 봉사하겠다는 사람을 내쫓는다면 그 사람들은 하나님의 사람도 아니다! 당신이야말로 쓰임 받을 사람인데 거기 참석하면 정말로 많은 걸 배울 수 있을 거야."

이 말에 도전 받은 아내는 편지를 썼고 결국 세미나에 참석해 많은 것을 얻고 돌아올 수 있었다. 비단 세미나 공부뿐만이 아니다. 우리는 운동도 함께하면서 어떻게든 둘 다 건강하게 늙어가려고 노력한다. 이러다보니 우리는 점점 더 깊은 영혼의 친구가 될 수밖에 없다. 둘 사이에는 언제나 간격이 없기 때문이다.

부부간의 이런 도전은 곧 자녀를 향한 교육으로도 자연스럽게 이어진다. "오르지 못할 산은 없다!" "절대로 포기하지 않는다!"(Never give up) 이런 모토가 우리 가정의 슬로건이 될 수 있었던 것은 우리 부부가 실제로 그렇게 살아가고 있기 때문이다. 이는 자녀를 향한 가장 효과적인 교육임과 동시에 자녀에게 보여줄 수 있는 가장 아름다운 그림이라 생각한다. 모두들 밀레의 '만종'이나 레오나르도 다 빈치의 '모나리자'가 명화라고 말하지만 나는 세상에서 가장 아름다운 그림은 엄마, 아빠가 사랑하며 살아가는 바로 그 모습이라 믿는다. 엄마, 아빠의 사랑하는 그 정겨운 모습이야말로 아이들의 눈 속을 밝히는 명화 중에 명화이다. 그런 면에서 우리의 살아가는 모습은 예술 작품 그 자체이다. 때로는 멋진 그림이 우리 자신에 의해 연출될 수도 있고, 그 반대가 될 수도 있다. 특별히 서로를 위해 투자해 주고 도전을 주는 그런 모습이야말로 영혼의 친구끼리 연출할 수 있는 참 멋진 모습인 것 같다.

부부 사랑 만들기 6. 설교자 남편을 격려하는 법

목회자 가정은 다른 가정과 달리 남편과 아내가 언제나 공인으로 살아야 한다는 부담감이 있다. 특히 남편인 목회자는 늘 설교자로 살아가야 하는데, 이는 남편에게는 물론 아내에게도 부담이 아닐 수 없다. 설교에 대한 부담을 어떻게 잘 극복하느냐에 따라 목회의 경주가 무거울 수도, 가벼울 수도 있다. 남편은 남편대로 좋은 설교를 위해 언제나 주님 앞에 몸부림 쳐야 하고, 아내는 아내대로 남편이 좋은 설교를 토해낼 수 있도록 도와야 한다. 무엇보다 목회자 자신이 설교자로 살아간다는 것에 대해 부담의 차원을 넘어 즐길 수 있어야 하며 기도 가운데 끊임없이 노력해야 하지만 여기서 나는 사모인 아내의 역할에 대해 말하고 싶다.

사실 목회자들만큼 많은 격려가 필요한 사람이 드물 것이다. 설교 한 번 할 때마다 수많은 피드백을 수용해야 하고, 성도들의 끊임없는 요구에 언제든 자신을 변화시킬 준비를 해야 하기 때문이다. 늘 존경을 받지만 늘 시달림을 받는 사람들이라 해도 틀린 말은 아니다. 그런 면에서 목회자에게는 다른 사람들보다 더 많은 칭찬의 보약이 필요하다. "남성는 한 번의 비난이 있으면 아홉 번의 칭찬을 먹어야 겨우 평상심으로 돌아간다"는 보고가 있지만, 특별히 "목회자는 한 번의 비난 끝에 40번은 칭찬을 받아야 겨우 수저 들 마음이 생겨난다"는 말도 있다. 목회자의 자존감은 그만큼 높고, 성도들에게 받는 상처가 그만큼 크다는 뜻이다. 그러나 정작 목회자는 가정 안에서 더 많은 상처를 받는 것 같다. 설교한 뒤에 가뜩이나 쳐진 어깨로 집안에 들어왔더니 아내가 대뜸 이런 말을 한다고 생각해 보라.

"그래, 뭐. 설교 준비 안 하더니 죽 쑬 줄 알았다."

거기다 양념까지 친다.

"여보, 책 좀 읽어봐요. 그게 맞는 얘기인가. 주석은 폼으로 사났어요?"

어떤 사모는 이렇게까지 말하기도 한다.

"아니, 홍길동 목사님은 그렇게 설교를 잘하시는데 당신은 왜 아직까지 그래요?"

안 그래도 죽 쓴 설교 때문에 괴로워하는 목회자에게 이런 비난을 가하는 것은 목회자의 자존심을 완전히 짓밟는 행위이다. 시댁 식구들 온다고 아내가 2박 3일 동안 열심히 음식을 준비했는데 그만 그 음식이 짜서 먹기에 좀 그랬다고 쳐보자. 음식이 짜게 되었다는 것을 이미 알고 있어 안 그래도 민망한 아내에게 "당신은 그래, 음식 하나도 제대로 못 만들어?"라고 비난한다면 그 말을 듣는 아내의 심정은 어떠하겠는가. 매일 하는 밥도 때에 따라 잘 될 때가 있고 안 될 때가 있거늘 하물며 설교는 어떠하겠는가 말이다.

그런 면에서 설교에 대한 조언은 매우 조심스럽고 지혜롭게 해야 한다. 사모가 아니면 해 줄 수 없는 것이 설교에 대한 조언이기도 하지만 잘못하면 사모조차 설교에 대한 조언을 해 줄 수 없게 된다. 사모의 조언으로 목회자가 자주 상처를 받다보면 아예 아내의 이야기에 귀를 막아버리기 때문이다. 한 홍 목사는 리더십 특강에서, 진리란 매우 예민한 것이기에 더욱 섬세한 그릇에 담아 전해 주어야 한다고 했다. 옳은 소리일수록 조심스런 태도로 다가서야 한다는 것이다.

내 아내는 설교에 대한 조언을 해 줄 때 언제나 칭찬부터 늘어놓는다. 설교한 뒤에 목회자의 가슴에 얹혀진 긴장감의 무게를 그 칭찬 속에서 하나하나 덜어내는 것 같다. 그러면 나는 또 다른 긴장감에 젖어든다. '아내가 이렇게 칭찬하는 것을 보면 무슨 이야기인가를 하려나보다.' 대강 짐작은 하면서도 그 칭찬이 싫지 않다. 때론 그런 아내가 귀엽기도 하다. '뭔가 얘기하고 싶은데 내 눈치를 보고 있구나.' 생각이 거기에 미치면 이제는 쓴 말을 들을 마음의 준비를 다지게 된다. 이때 아내는 살짝 충고의 말을 해 준다.

"그 부분만 이렇게 표현해 줬으면 더 금상첨화였을 텐데…. 하긴, 옥에 티가 없을 순 없지."

아내는 언제나 이런 식이다. 정확한 지적임에도 불구하고 정말 조심스럽게 전해주는 아내의 마음이 고맙다. 때로 아내는 나의 반복적인 설교 단점에 대해 정확하고 진지하게 지적해 줄 때도 있다. 그럴 때는 사실 속은 쓰리고 아프지만 나 또한 진지하게 받아들인다. 아내의 태도 속에서 벌써 그런 실수는 두 번 다시 해 서는 안 됨을 느낄 수 있기 때문이다.

이런 아내의 지적에 대해 설교자인 남편은 마음을 열고 받아들일 필요가 있다. 아내가 해 주지 않으면 결코 들을 수 없는 것이 설교에 대한 조언이기 때문이다. 이런 조언은 성도들이 해 주면 상처가 되지만, 아내가 해 주면 약이 된다. 아내가 주는 처방전을 얼른얼른 받아 먹어야 성도들로부터 오는 상처를 막을 수 있다. 아내가 누구인가. 나의 영혼의 친구다. 영혼의 친구가 해 주는 말은 어떤 말이든 상처로 받아들이지 않게 되어 있다. 그런 면에서 나는 아내의 충고가 언제나 고맙다. 왜냐하면 우리는 친구니까. 친구의 충고는 어떤 말도 받아들일 수 있으니까. 철이 철을 날카롭게 하듯 친구의 조언은 설교자인 남편을 언제나 빛내준다는 사실 앞에 우리 남편들은 조언자인 아내에게 늘 고마워해야 할 것이다.

천국 가정 한 걸음: 성경대로 살라

아내의 자리, 어머니의 자리를 감당하는 것은 쉬운 일이 아니다. 게다가 여성는 결혼과 더불어 며느리의 자리까지 감당해야 한다. 여기서 더 나아가 목회자 아내는 사모로서의 역할까지 요구받는다. 사모가 어디 보통 자리인가. 남들보다 예민한 영적 센스와 삶의 지혜를 발휘해야만 감당할 수 있는 자리이다. 나는 그런 면에서 사모는 하나님의 특별한 사랑과 은혜 속에 부름 받은 사람이라 믿는다.

또한 사모는 사모의 역할만을 잘한다고 해서 박수를 받지 못한다. 사모라고 해도 가정 안에서 주어진 모든 역할을 팽개칠 수는 없다. 오히려 사모이기 때문에 더더욱 가정 안에서의 역할부터 충실히 감당해야 한다. 아이들 엄마로서, 한 남성의 아내로서, 한 가정의 며느리로서의 부르심을 충직하게 감당할 수 있어야 한다.

그러나 어디 그게 쉬운 일인가? 야속하게도 세상 모든 사람들은 사모한 사람만을 향해 수많은 요구를 해대는 것 같다. 영적으로도 충만하라, 외적으로도 지혜로워라, 가정을 잘 다스리라, 내조를 잘하되 드러내지 말라, 호들갑스럽지도 말고 외로워하지도 말라, 성도들을 두루 사랑하되 누구와도 가깝게 지내지 말라 등….

이런 수많은 요구 앞에 사모들은 말할 수 없는 고독감과 슬픔에 잠길 수 있다. 그의 주변에는 흉금을 털어놓을 수 있는 친구가 없기 때문이다. 따라서 목회자 가정일수록 가정 사역이 더욱 풍성하게 이루어져야 한다. 목회자 부부일수록 부부간에 영혼의 친구가 되어 주어야 한다.

이와 더불어 사모들이 가져야 할 분명한 잣대와 목표를 놓치지 않기를 바란다. 그것은 바로 사모로 부름 받은 것에 대한 자존감과 감사를 늘 잃지 않는 일이다. 힘들어서 그렇겠지만 아직도 많은 사람들이 "왜 저를 목사와 결혼하게 하셨습니까?"라는 한탄을 하는 경우가 많다. 이런 한탄 앞에 하나님에게서도 하실 말씀이 없지는 않을 것이다.

"네가 선택해서 결정한 일 아니냐?"

결과적으로 우리가 사모의 자리에 앉았다는 것은 하나님께서 그만큼 인정하시고 기대하시는 바가 있으시다는 뜻이다. 하나님께서 많은 것을 요구하실 때는 그만큼 많은 것을 주셨기 때문임도 잊지 말아야 한다. 따라서 사모는 언제나 자존감을 잃어서는 안 된다. 사모는 형벌처럼 주어진 자리가 아니라, 하나님의 영광을 위해 부름 받은 자리이기 때문이다.

이런 자존감이 있다면 어떤 상황, 어떤 요구에도 흔들릴 필요가 없다. 다만 우리는 성경을 바라보면 된다. 그것이 성경에서 요구하는 것인가, 아닌가 하는 점이다. 천국 가정 가꾸기를 말하며 먼저 "성경을 바라보라" 말하는 것은 우리의 바라보는 목표에 따라 우리 가정이 천국이 될 수도, 지옥이 될 수도 있기 때문이다.

인생의 목표를 성경에 둘 줄 아는 사모는 자신에게 주어진 수많은 요구사항들을 적극적으로 수용할 줄 안다. "그것이 하나님의 뜻과 맞는다면 내가 더 노력하겠다"는 수용적 태도를 보인다. 성경은 현숙한 여인에 대해 잠언 31장에서 구구절절 말하고 있다. 정말 현숙한 여인이라면 이 말을 보면서 그저 아무 생각 없이 읽고 지나치지 않는다. 자신의 삶의 목표를 수정해 나갈 줄 안다. 어떤 사모는 나에게 이런 말을 들려준 적이 있다.

"잠언 31장에 보니 현숙한 여인은 힘으로 허리를 묶는다고 나왔더라고요. 그 말을 보는 순간 제가 매일 힘없이 사는 것이 결코 하나님의 뜻이 아니라는 생각이 들었어요. 내 몸 관리를 잘해야 현숙한 여인이 될 수 있겠다 싶어 매일 운동을 하기 시작했어요. 제가 살은 쪘지만 살이 찌다보니 몸도 안 좋아지고 오히려 근력이 없어지더라고요. 그런데 운동을 하면서 살도 빠지고 건강해졌으니 얼마나 좋은지 몰라요."

우리가 흔히 쓰는 말 중에 "타인에 대해서는 관대하되 나에 대해서는 냉철하라"는 말이 있다. 그러나 우리는 얼마나 이 말을 바꾸어 적용하는지 모른다. "내가 시어머니가 되면 그렇게 안 해. 어쩜 우리 시어머니는 며느리 입장을 손톱만큼도 헤아릴 줄 모르냐?"며 투정하던 며느리는 나중에 더 고약한 시어머니가 된다고 한다. 성경을 보면서도 우리는 하나님의 말씀을 나 자신에게 적용하기보다는 다른 사람에게 적용할 때가 많다. "그래, 이 말은 김 집사가 좀 보고 배워야 해. 내 남편도 이 말을 좀 새겨들어야 하겠구먼!" 자기 자신을 냉철하게 돌아보며 부족한 부분을 메우고 채워나갈 줄 아는 건강함이 우리에게 부족하다는 것이다.

룻기서를 읽으며 그 말을 자기 자신에게 적용할 줄 아는 며느리는 얼마나 될까?

"이는 네 생명의 회복자며 네 노년의 봉양자라 곧 너를 사랑하며 일곱 아들보다 귀한 자부가 낳은 자로다"(룻 4:15).

이 말을 읽으며 '그래, 나도 한 번쯤은 내 부모들로부터 일곱 아들보나은 자부라는 말을 들어봐야겠다' 는 인생 목표를 설정하는 사람들이 얼마나 될까. 남편에게도 "덕행 있는 여자가 많으나 그대는 여러 여자보다 뛰어나다"(잠 31:29)는 말을 들을 각오로 달려가는 사모가 많아졌으면 좋겠다.

이런 목표가 설정되면 가정에 찾아오는 여러 고난과 어려움들을 담대하게 헤쳐나갈 수 있다. 시댁 문제가 꼬이고 시어른들이 나를 힘들게 하더라도 '이를 통해 우리 가정을 천국으로 만들어 가시려나보다' 라는 믿음의 자세를 잃지 않으면 결국 고난 속에서 아름다운 열매를 맺을 수 있다. 실제로 어떤 사모는 내게 이런 고백을 하기도 했다.

"하나님께서 그 가정을 천국으로 만들어 가실 때는 반드시 고난을 통과하게 하시는 것 같아요. 고난 속에서 가족들 한사람 한사람이 축복의 그릇으로 다듬어져 가는 거지요. 저희집도 돈 문제 터지고, 시어른들 문제 터지고, 아이들 문제 터지고, 건강 문제 터지고 정신없이 터지는 문제 속에서 차츰 제가 정신을 차리면서 가정의 회복이 찾아온 것 같아요. 이러다간 정말 우리집이 망하겠구나 싶어 제가 달라지기 시작했어요. '성경대로 살자, 내가 죽었다 생각하고 오직 그리스도만 드러내자' 는 결심을 했어요. 내 기분보다는 시어른들 기분 헤아리고, 오히려 그들을 격려하고 달래주고, 남편 위해 기도하기 시작하고, 남편에게 칭찬해 주고…. 그러기를 얼마나 지났을까요. 문득 주변을 살펴보니 어느덧 가족들 모두가 저처럼 서로를 돌아보고 격려해 주기에 바쁘다는 것을 알게 되었어요. 그리고 그렇게 완고하시던 시부모님이 저에게 '네가 있어서 우리 집이 이만큼 일어섰다'고 말하시는 것이 아니겠어요? 그래서 알았지요. 가정의 천국은 하루아침에 이루어지는 것이 아니라 많은 어려움 속에서 목표를 잘 잡고 가는 한 사람에 의해 시작되는 것이라고요."

어느 가정이든 성경 속에서 삶의 목표를 정하는 한 사람이 빨리 나올 수 있기를 바란다. 특별히 영적인 센스가 빠른 사모들이 그 자리에 설 수 있기를 바란다. 많은 인생의 고통과 무게가 우리 가정을 짓누르고 있지만 그것은 곧 우리 가정을 천국으로 만드시려는 하나님의 계획임을 놓치지 않기를 바란다. 아직도 가정 안에 문제가 많은가? 그렇다면 그 가정에 허락하실 하나님의 축복이 많다는 뜻이다. 이 축복은 나로부터 시작된다. 부디 이 사실을 놓치지 않기 바란다.

천국 가정 두 걸음: 멘토를 찾으라

천국 가정으로 가는 걸음 속에는 수많은 실수와 시행착오가 있게 마련이다. 그래서 우리 주변에는 좋은 선배와 친구가 필요하다. 그들로부터 조언과 격려를 들을 수 있다면 실수와 실패 속에서도 다시금 용기를 가질 수 있기 때문이다. 인생의 선배들로부터 듣는 안내와 지침은 실수와 시행착오를 줄여줄 뿐 아니라 때로는 넘어진 자리에서 일어설 수 있게 하는 원동력이 된다. 이것을 일컬어 멘토링이라 하는데 요즘은 선배 멘토링뿐 아니라 친구 멘토링이란 개념까지 널리 알려져 있다. 우리보다 앞선 인생 선배들의 경험 세계와 지식 세계를 배우는 것이 선배 멘토링이라면, 친구 멘토링이란 나와 같은 동료 사이에서 쓴 소리, 단 소리를 주고받는 가운데 많은 지침을 얻는 것을 말한다.

인생을 살면서 인생의 모델을 만나는 것만큼 큰 축복도 없다. 나는 이런 축복 속에 여기까지 달려올 수 있었다. 참으로 귀한 선배 멘토들과의 만남, 탁월한 친구 멘토들과의 만남이 있었기에 오늘의 내가 있었다. 나는 이들과의 만남 속에서 가정 사역의 아름다운 모델을 보았고, 자기 관리법과 리더십에 대해 배웠을 뿐 아니라, 쓰러진 나를 일으켜 세워주는 따뜻한 손을 보았다. 결국 이런 멘토링이 내 삶을 더욱 풍성하고 깊이 있게 이끌어 주었던 것이다.

나뿐만 아니라 수많은 목회자와 사모들에게도 이런 멘토링이 절대적으로 필요하다. 멘토와의 깊은 만남 속에서 문제를 창의적으로 풀어가는 지혜를 배우고, 위기관리 능력도 배양될 수 있다. 그래서 우리는 내 삶에 깊이 개입하여 나를 터치해 주고 기도해 주는 멘토와의 만남을 사모해야 한다.

그러나 현실적으로 멘토를 찾은 목회자나 사모는 드문 것 같다. 특히 사모들은 더욱 그렇다. 사모는 그 위치가 독특하기에 더욱 멘토링이 필요한 사람이다. 사모의 자리가 어떤 자리인가? 교회 성도들과 깊이 교제하기 힘든 자리이다. 어느 누구에게도 고민거리를 속 시원히 털어놓을 사람이 없다. 어디 가서 상의라도 하고 오면 답답한 마음이 풀릴 것만 같은데 사모에게는 마음 놓고 상의할 상대가 없다. 믿었던 성도들과 몇 번 마음 트는 시도를 해 보지만 결국은 털어놓았던 내용들이 소문이 되어 사모의 귀로 다시 돌아오는 사태를 보면서 사모는 결국 벙어리가 되고 만다.

나는 이런 문제를 '멘토링'의 개념으로 풀어갈 수 있기를 바란다. 앞서 말한 대로 하나님께서 우리 가정을 천국 가정으로 이끄실 때는 고난이라는 문제 속에서 인도하실 때가 많다. 우리가 그 고난을 잘 풀어 가면 축복을 받을 수 있는데, 그 첫걸음이 성경 안에서 목표 설정을 잘하는 것이라면 두 번째 걸음은 좋은 멘토들과의 만남 속에서 도움을 받는 일이라 할 수 있다. 사람이란 너무 답답한 문제에 부딪치면 아무 생각이 안 나게 마련이다. 남편의 뜻밖의 태도나 그리스도인들의 이기적인 모습, 시어른들의 일방적 요구가 지속되면서 사모는 코너에 몰린 것 같은 위기감에 빠지게 된다. 그럴 때 마음을 열어 자신의 문제를 노출시킬 수 있는 멘토가 필요하다. 좋은 멘토와의 만남은 문제를 개방한다는 것과, 선배들의 경험 세계를 통해 바른 해답을 안내 받을 수 있다는 점에서 의미 있다. 결국 문제를 풀어가야 할 주체는 바로 나 자신이지만, 존경하는 누군가에게 마음을 터놓고 문제에 대한 상담을 받을 수 있다는 것은 그 자체가 스트레스 해소이며 정서적 카

타르시스가 된다. 무엇보다 사모의 내면이 건강해질 수 있으며 더 나아가 언제나 바른 해답을 찾아나갈 수 있다는 장점도 있다.

그렇다면 사모는 어떻게 멘토를 찾아야 할까? 이 부분에서 사모들은 적극적인 지혜와 실천을 발휘해야 한다. 좋은 집회가 있으면 어디든 적극적으로 찾아다니는 그런 열정을 발휘해야 한다. 특별히 사회 활동을 하는 사모가 아니라면 교제권이 교회 근처 동네에서 머무르기 쉽다. 그렇기 때문에 존경하는 인생의 선배 모델이나 친구 모델을 만나기란 그리 쉽지 않다. 하지만 사모에게는 교회라는 좋은 배경이 있다. 교회 부흥회 때나 헌신 예배 때 찾아오는 타 교회 목회자들을 통해 일회적인 은혜를 받는 데만 머물지 말고 그 목회자의 사모에게 엽서 한 장이나마 띄워보는 것은 어떨까?

"오늘 목사님을 통해 정말 많은 은혜를 받았습니다. 목사님의 말씀을 들으면서 저 목사님 뒤에는 얼마나 좋은 사모님이 계실까 생각했습니다. 여러 면에서 많이 부족한 저이지만 가능하다면 저도 사모처럼 훌륭하게 내조하고 싶은 마음이 들어 펜을 들었습니다."

이런 편지를 보내면 편지를 받은 당사자는 가만히 있을 수 없다. 답장을 해주거나 전화라도 하게 된다. 그렇게 몇 번 소식을 주고 받다보면 어느덧 그 사이에는 아끼고 사랑해 주는 관계가 형성된다. 멘토는 바로 이렇게 얻는 것이다. 어느 날 갑자기 내 눈 앞에 멘토가 출현하는 것이 아니다. 하나님을 사모하여 기도원을 찾아다니는 그런 열정으로 멘토와의 만남을 사모해 본 일이 있는가? 인생을 풍성하게 가꾸는 비결은 만남을 풍성하게 가지는 것이다. 그런 면에서 우리는 멘토와의 만남을 위해 많은 대가를 지불하지 않으려 한다. 먼저 다가서고 감사하고 기도해 주고 나의 눈물과 웃음을 진실하게 보여주는 과정이 반복되면서 내 삶에 조력자와 후원자가 생겨난다는 사실을 기억하기 바란다.

사람은 누구든 먼저 다가오는 사람을 아껴주게 마련이다. 멘토십의 입장에서 보면 더욱 그렇다. 내게 먼저 다가오고, 먼저 웃음을 건네고, 하나라도 배우고 싶어 안달이 난 사람을 보면 무한한 애정이 간다. 그에게 내 작은 경험 세계, 내 작은 사랑을 맘껏 전해주고 싶은 마음이 든다. 남들이 하지 않는 작은 실천 하나가 남들이 받지 못하는 큰 사랑을 받게 해 준다.

나는 지금껏 전국을 돌며 수많은 교회에서 가정 사역 세미나를 해왔다. 그런데 집회를 열 때마다 한 가지 공통점을 발견한다. 집회를 열기 전에는 모두가 성화지만 집회가 끝나고 난 뒤 친절하게 피드백을 해 주는 곳이 거의 없다는 사실이다. "목사님, 다녀가신 뒤 우리 교회에 이런 변화가 있었습니다." 간혹 이런 피드백을 해 주는 목회자가 있어 나는 나대로 그런 피드백이 고마워서 감사의 마음을 전하다 보니 계속적인 친분으로 이어지는 경험했다.

멘토를 찾는다는 것은 바로 이와 같은 수고 하나를 더하는 것이다. 좋은 책을 읽다가 그 저자에게 엽서를 보내본 일이 있는가? '나는 특별히 나를 키워주는 사람이 없어' 라고 한탄할 일이 아니다. 먼저 만남을 사모하고 그를 위해 기도하라. 그리고 기회가 찾아올 때 그 기회를 활용하라.

그렇게 해서 좋은 멘토를 만나면 사모는 가정 목회를 훨씬 풍성하고 아름답게 이끌 수 있다. 같은 교회, 같은 동네에 살지 않기에 그 물리적 거리감만으로도 내 가정의 예민한 문제들을 안심하고 노출시킬 수 있다. 또한 사랑으로 맺어진 관계이기에 멘토의 조언을 따르고 싶은 마음이 든다.

천국 가정 세 걸음 : 이성 문제를 예방하라

사람들은 불륜이니 바람이니 하는 단어가 목회자 가정과는 무관한 단어라고 생각했다. 그러다 보니 한 번씩 터지는 목회자의 이성 문제 앞에 더욱 많은 상처를 받게 되는 것 같다. 가정도 깨지고 목회 현장도 깨어진다. 그만큼 목회자가 성적인 죄에 노출되었다는 것은 치명적인 상처를 남기는 일이다. 그럼에도 불구하고 이런 모습은 주변에서 종종 발생한다.

왜 그럴까? 첫째는 목회자 또한 죄의 속성을 지닌 남성이기 때문이고, 둘째는 목회자 주변에 항상 여자가 많기 때문이다. 때문에 목회자는 다른 남성들보다 더욱 철저한 자기 관리가 있어야 하는데 잠깐 방심한 사이에 죄는 우리 몸을 파고 들어와서 결국 가정이 파탄 나기에 이른다.

방법은 사전 예방이 최우선이다. 자기 관리 부분에서도 특히 이성 문제에 관한 한 철저한 예방만이 유일한 방법이다. 그렇다면 어떻게, 어디까지 예방해야 할까? 이 문제는 워낙 예민한 문제이기 때문에 내 경험을 소개하며 함께 풀어가는 것이 좋을 것 같다.

나는 이 문제를 '투명성'이라는 측면에서 풀어가야 한다고 믿는다. 우리 가족이 쓴 가족 사명서 안에는 "유리알처럼 맑고 투명하게 산다"는 내용이 들어 있다. 서로가 서로에게, 각자가 하나님 앞에 투명하게 살기를 바라며 약속한 내용이다. 시간에 투명하고, 생각에 투명하고, 장소에 투명하자고 우리는 약속했다. 그러다보니 때로는 내가 사방이 유리로 덮인 방에 누워 있다는 생각까지 든다. 누군가 유리 상자 속에 사는 나를 들여다보고 있는 것 같은 생각을 혼자 해 보는 것이다.

이런 생각이 지속되면서 나는 나 자신을 언제나 오픈하는 데 어려움이 없어지고, 나 스스로를 관리하는 데도 많은 도움을 받는다. 일명 '골프 사건'은 바로 그런 예이다.

나는 성격상 어떤 상황에서든지 다른 이들과 비교적 잘 어울려 지내는 편이다. 어디에서든 유머를 즐기는 터라 낯선 이들과 쉽게 친화력이 생긴다. 그날도 나는 어떤 모임에서 골프 이야기가 나오길래 골프에 관한 유머를 했다. 그러자 한 자매가 난데없이 "송 목사님도 골프를 치세요?" 하고 묻는다. 나는 미국 생활을 조금 했던 터라 그 곳에서 일상 스포츠가 된 골프를 좋아하게 되었다. "그럼요. 골프 좋아하지요." 목사와 골프는 잘 어울리지 않는다고 생각했던지 그 자매는 매우 놀라워하며 "그러세요? 그럼, 언제 같이 공 한 번 치러 가요"라고 답변해 왔다. "그러지요." 나는 별 생각 없이 흔쾌히 대답했다. 성도들과 흔히 인사치레로 나누는 "언제 한 번 식사나 해요"라는 종류의 이야기로 생각했던 것이다.

그런데 어느 날 그 자매로부터 연락이 왔다.

"목사님, 예약됐어요. 골프 하러 가요."

미국에 있을 때야 비용 면에서나 여건 면에서 골프가 대중화되었기에 골프 치기가 어렵지 않았지만 한국에서는 거의 골프를 쳐 본 일이 없던 나였다. 비용도 만만찮고 부킹 자체도 어렵다는 말을 들었기 때문에 이미 예약까지 마쳤다는 그 자매의 말을 들으니 매우 기분이 좋았다. 한편 흥분까지 되었다. "한국에서도 골프를 칠 수 있구나." 그것도 토요일 주말에 묘령의 아가씨와 필드를 거닐 생각을 하니 벌써부터 기분이 묘했다. 그런데 그 기분은 한순간이었다.

불현듯 아이들을 돌보기 위해 미국에 가 있는 아내 생각이 났다. '이국 땅에서 홀로 고군분투하는 아내가 이 사실을 알면 기분이 어떨까?' 입장을 바꿔 만약 아내가 다른 어떤 남자와 골프 치러 간다면 내 기분이 어떨지를 생각해 보았다. 게다가 유리알처럼 투명하게 살자는 가족 사명서 안의 서약은 어떻게 되는 것인가.

이런 저런 생각에 갑자기 마음이 복잡해졌다. 내가 그 자매와 골프를 치러 간다면 분명 아내 마음은 좋지 않을 것이다. 고로 하나님께서 별로 기뻐하실 만한 일은 아님에 분명하다. 그렇다면 답은 나왔다. 거절해야 하는 것이다. 하지만 그 자매를 생각하니 또 다시 망설여졌다. 순수한 성도 입장에서 목사에게 골프 한 번 칠 수 있도록 대접하고 싶은 어린 양의 마음이었을 텐데 이제 와서 거절하면 괜히 상처 입지 않을까 싶은 것이다. 목사로서, 또 남편으로서 어떻게 처신하는 것이 모두에게 좋을지 고민되지 않을 수 없었다. 골프를 쳐선 안 되되, 그 자매가 상처받지 않도록 해야 한다는 그 두 가지 숙제를 풀어야 했다. 그렇다고 거짓말을 할 수는 없는 노릇이었다.

그래서 나는 병원을 찾아갔다. 그전부터 엄지발가락의 발톱이 자꾸 살 속으로 파고 들어가는 통에 불편함을 느끼고 있던 차였다. 발톱 깎을 때마다 신경 써서 깎으면 그만이지만, 이참에 아예 수술을 받기로 마음먹은 것이다. 어쨌거나 수술은 수술이었다. 수술을 받은 후 그 자매에게 전화를 걸었다.

"내가 발가락 수술을 받게 됐는데 도대체 이걸 어떻게 해야 되지?"

수술을 받았다는 나의 말에 자매는 무척 걱정스러웠던가 보다.

"아, 그렇게 해 가지고 무슨 골프를 쳐요. 목사님 안돼죠. 그냥 쉬세요. 큰일이네."

그렇게 해서 그 일은 잘 마무리 되었고, 그 후부터는 빈말도 함부로 하거나 들어선 안 되겠다는 다짐을 하게 되었다.

어찌됐든 나는 투명성의 원칙을 생각함으로 한 번 더 남편으로서 성장했다는 느낌을 받았다. 아내에게 이런 모든 과정을 말해준다면 "투명하게 살자"는 우리의 약속은 지킨 셈이었다. 그러나 여름 방학이 되기까지는 함구하는 것이 좋을 듯했다. 멀리 떨어져 있는 아내가 알면 괜히 마음 쓸 것 같았기 때문이다.

드디어 방학이 되어 아이들과 아내가 있는 미국에 들어간 뒤 나는 이 일을 자세히 이야기해 주기 위해 어느 하루 아내를 데리고 다운타운에 갔다. 아내가 제일 좋아하는 피자집으로 들어간 나는 가장 맛있고 좋은 피자를 시킨 후, 아내에게 이야기를 꺼내기 시작했다. 무엇보다 아내는 나의 영혼의 친구이기에 그간의 내 모든 일들을 리포트 해주고 싶었다. 이야기를 전개하면서 나는 내심 아내로부터 칭찬을 기대했다. "아, 여보 당신 같은 사람 없어. 당신은 진짜 말과 행동이 일치하는 사람이야. 정말 존경해요. 당신하고 아무리 떨어져 살아도, 아니 평생 떨어져 있다 해도 당신에 대한 걱정을 할 것이 없어요. 당신은 믿을 만한 사람이니까."

나는 아내로부터 이런 말이 나오리라 예상하며 이야기를 모두 들려줬다. 그런데 아내는 마시던 콜라 잔을 탁 내려놓더니 대뜸 이렇게 말하는 것이 아닌가.

"나도 골프 치러 가자는 남자 있었으면 좋겠다."

아내는 뜻밖의 말을 던짐과 동시에 두 눈에서는 눈물이 주르륵 흘렀다. 아, 이럴 수가! 아내의 반응에 나는 적잖이 당황스러웠다. 아내에게 신뢰감을 주고 싶어 해 준 이야기인데 아내는 내 의중을 전혀 헤아리지 못하는 것 같았다. 그 순간, 내 온몸의 힘이 쭉 빠졌다. 착잡한 마음에 혼자 먼 산만 바라보았다. 순간의 정적이 흐른 뒤 아내는 문득 눈물을 거두며 말을 꺼낸다.

"여보, 미안해요. 이게 여자 마음인가 봐. 당신, 진짜 멋있어요. 그리고 존경해요. 그런 당신을 내가 어떻게 의심할 수 있겠어요?"

아내의 이 말에 이번에는 내 눈에서 눈물이 와락 쏟아져 내린다. 나는 갑자기 흥분하기 시작했다.

"여보, 당신을 위해서라면 내가 발톱이 아니라 발목이라도 잘라버릴 거다."

나중에 생각해 보니 아내는 내 말을 듣고 순간적으로 약이 올랐던 것이 아닌가 싶다. 아이들 뒷바라지와 공부를 위해 미국에서 외롭게 지내는 자신과는 달리, 남편에게는 그런 일도 있었다는 것 자체가 왠지 속이 상했을 것이다. 그러나 이내 아내는 남편이 아내와의 약속을 지키기 위해 애쓴 모든 행동들을 높게 평가할 줄 알았다. 미안하다는 말, 존경한다는 말을 덧붙여 들려줌으로써 아내의 그런 모든 마음이 내게 충분히 전달되었다.

그뿐만이 아니었다. 집으로 돌아온 아내는 아이들을 불러 모아 일장훈계를 하기 시작했다.

"이 놈들아, 너희 아빠는 이런 분이야. 너희들도 진짜 이렇게 살아야 해. 그게 아빠의 진짜 모습이야. 그렇게 사는것이 하나님께서 진짜 기뻐하시는 삶이야."

아내는 아이들 앞에서 아빠인 나를 잔뜩 높여주었다. 그러자 그 말을 듣던 아들은 "아빠, 진짜 멋있네요. 어떻게 그렇게 지혜롭게 처리하셨어요? 어떻게 그런 유혹을 이겨내셨어요? 아빠 진짜 멋있네요"라고 말할 줄 알았는데, 대뜸 이렇게 말하는 것이 아닌가?

"아빠 그 여자 예뻐요?"

내 뒤를 졸졸 좇아다니며 큰아들은 짓궂게도 이렇게 물어왔다.

우리는 이 일을 통해 우리 가정의 기념비를 또 하나 세운 셈이다. 서로에게 유리알처럼 투명하게 살아야 한다는 그 약속이 분명하게 새겨졌기 때문이다. 또한 이 일은 서로가 떨어져 지내더라도 서로에게 조금의 의혹이나 의심이 없도록 깊은 신뢰를 심어주기도 했다.

사실 목회자는 이렇게까지 엄격한 잣대와 기준을 가지지 않으면 이성 문제를 피해 가기가 상당히 어렵다. '아차!' 하는 사이에 오해나 스캔들에 휘말릴 가능성이 매우 크기 때문이다.

그래서 나는 여성 상담을 할 때 될 수 있으면 커피숍 같은 공공 장소에서 상담을 하되, 언제나 직원을 대동한 채 상담을 한다. 직원이 저 멀리 앉아 나의 감시관이 되어 주는 것이다. 그렇게 하면 오해받을 소지도 적고 혹시라도 다른 의혹이 발생할 여지를 주지 않게 된다.

한 번은 이런 일도 있었다. 알고 지내던 목회자의 갑작스런 소천 소식과 내게 전하는 고인의 메시지를 사모의 전화를 통해 들은 뒤, 나는 그 사모와의 만남을 약속하게 되었다. 그 사모가 있는 부산에서 집회를 마친 뒤, 받은 사례비 전액을 위로금으로 전해 주고 싶었기 때문이었다. 나는 그 사모에게 호텔 커피숍에서 만나자는 말을 전한 뒤에 또 여러 생각에 잠기지 않을 수 없었다. 커피숍에서 사모에게 봉투를 건네면 서로 감사와 위로의 말이 오갈 테고, 그러다가 사모는 눈물을 비출 테고, 그렇게 되면 혹시 지인이라도 지나가다가 오해할 수도 있겠다는 생각이 들었다. 그래서 가까운 친구들 몇을 불러 함께 저녁이나 먹자고 했다. 마침 그날은 나의 무슨 기념일이기도 해서 친구들이 조촐하게 축하 자리를 마련해 주고 싶어했다. 나는 잘됐다 싶어 모두를 한자리에 모이게 한 후 공식적으로 위로금을 전해주고는 영국 여왕 모후의 장례식장에서 읽혀졌던 시 한 편도 낭송해 주었다. 그리고는 천국 소망에 관한 이야기를 한 뒤, 얼른 식사에 관한 화제로 이야기를 돌렸다. 그래서 모두 평화롭고 화기애애한 시간을 보낼 수 있었다.

어떤 이들은 그렇게까지 해야 하느냐고 되묻기도 하지만 성직자인 목회자가 이런 엄격한 처신을 하지 않고서는 자신을 지켜내기가 너무도 어려운 세상이다. 세상이 그만큼 목회자를 끌어내리려는 데 혈안이 되어 있기 때문이다.

미국의 어떤 목회자는 여비서와 함께 부부 동반으로 식사하러 다녀오다가 사택에 사모를 내려준 뒤 여비서와 함께 교회로 돌아오는 길에 오해를 받아 구설수에 휘말린 적도 있었다. 사실의 진위 여부를 떠나서 일단 이런 스캔들에 휘말리면 목회자 가정이 받는 상처는 치명적이다. 좀 번거롭더라도 여비서 먼저 내려주고 다시 사택으로 돌아가 사모를 내려 준 뒤 교회로 돌아왔어야 한다는 결론이 나온다. 그만큼 목회자의 자기 관리는 철저해야 한다는 뜻이다.

어떤 목회자들은 외적인 자기 관리를 철저히 하던 중에 내적인 자기 관리에 실패함으로써 진짜 스캔들에 휘말리기도 한다. 목회에 어느 정도 성공하기까지 언제나 하나님만 바라보며 진실하게 달려온 목회자가 어느 순간 영적인 긴장감이 늦춰지면서 정상에 선 자의 고독감을 달래기 위해 정서적 공백을 달랜다는 것이 음란 문화 중독에 빠져드는 것이다. 묘하게도 그런 상태일 때는 주변에 접근하는 여자가 많은 법이다. 교회의 과부나 여집사들과 이상한 일이 벌어지는 것은 그 때문이다.

가정을 지켜내는 일, 특히 이성 문제를 피해 가는 일은 사모도 함께 노력해야 할 부분이지만, 궁극적으로는 목회자 자신의 철저한 자기 관리 없이는 불가능하다. 한 순간의 방심이 그간의 모든 것을 불태울 뿐 아니라 앞으로 달려갈 미래까지 어둡게 한다. 그래서 목회자는 더더욱 가정 목회에 충실해야 하며 천국에 올라갈 때까지 아내에게 집중하는 사랑이 필요하다.

나는 그래서 장거리 여행을 떠나기 전에는 의도적으로 아내에게 집중하는 편이다. 하루 전이든 이틀 전이든 아내와의 친밀한 시간을 마련하여 아내가 내 삶의 우선순위라는 사실을 아내와 나 자신에게 확실하게 각인시키기 위함이다. 그렇게 하면 긴 여행 중에도 아내에 대한 여운이 남아 있기 때문에 자신을 관리하는 데 많은 도움을 받는다.

우리 모두는 이성 문제에서 완전히 자유로울 수 없는 죄의 속성을 안고 있다. 그러기에 더욱 자기 관리에 틈을 보이지 말아야 한다. 이것이 모든 목회자들이 이성 문제에 연루되지 않고 우리 가정과 교회를 지켜내는 비법일 것이다. 이런 자기 관리 없이 평생 부부 사랑을 지켜내기에는 세상이 너무 사악하다는 사실을 잊지 않기를 바란다.

천국 가정 네 걸음 : 스트레스 해소법

가정의 특별한 갈등 요인이 없더라도, 아니 여러 갈등들을 잘 통과해 왔다 하더라도 목회자 가정 안에는 특별한 긴장 요인이 항상 있게 마련이다. 사역의 스트레스가 그것이다.

사역 현장 안에는 예측 불허의 갈등이 늘 존재한다. 교회 사역의 직접적인 스트레스뿐 아니라 간접적인 스트레스 즉, 성도 가정의 스트레스까지 목회자는 간접적으로 체험한다. 그래서 목회자는 쉴 새가 없다. 각종 스트레스 증후군에 시달리면서도 성도 앞에서는 내색할 수가 없다. 성도들은 목회자의 약한 모습을 보면 불안해하기 때문이다. 그러다보니 40대 사망률 1위에 '성직자' 라는 직업이 오를 정도이다.

그래서 더욱 목회자 가정이 축복 받아야 한다. 목회자 가정이야말로 영육 간에 사랑과 은혜를 충전 받는 안식처가 되어야 한다. 적어도 가정 안에 들어가면 받았던 스트레스도 풀리는 경험이 있어야 하지 않겠는가!

이는 저절로 이루어지지 않는다. 그만한 대가를 지불해야 하고 가정의 목표를 바로 잡고 달려가는 믿음의 경주가 있어야 한다. 그 믿음의 여정 속에서 결국 목회도, 가정도 잘 되는 축복을 받을 수 있다.

문제는 스트레스 관리다. 스트레스 관리를 잘 해야 가정이 낙원이 된다. 또한 가정 안에서 스트레스 관리를 해 주어야 한다. 어떻게 해 주어야 할까?

1. 행동을 지적하되 인격을 건드리지 말라

첫째는 상대방에게 인격적 모멸감을 주지 말아야 한다. 그것이 나의 스트레스를 줄이는 첫 번째 방법이다. 목회를 하면서 내가 누군가에게 심하게 스트레스를 주고 나면 결국 그보다 더한 스트레스가 나에게 돌아오게 마련이다. 나 역시 많은 사람들과 함께 가정 사역 목회를 하면서 적잖은 스트레스를 경험하곤 한다. 그런데 사람을 관리할 때 꼭 지켜야 할 하나의 원칙만 지켜낸다면 큰 상처는 피해갈 수 있는 것 같다. 그것은 직원들을 야단치거나 꾸지람할 때 그 행동과 행위를 가지고 시시비비를 따져야지, 결코 그의 인격적인 부분까지 문제 삼아서는 안 된다는 점이다. 혹 상대방이 잘못했다 하더라고 그 행동 한 가지만 지적해 주어야 하는데, 우리는 그 행동 하나를 보고 열 가지를 지적한다거나 그의 인격적인 면까지 들춰내어 인격적 모멸감을 안겨주곤 한다. 그렇게 되면 상대방은 씻을 수 없는 모욕감을 느끼게 되고 결국 그것이 나에게 더 큰 스트레스로 돌아오게 마련이다.

가정 안에서도 마찬가지이다. 아내와의 부부 싸움에서 문제가 된 사건 하나를 가지고 "이건 이렇게 해 줬으면 좋겠어"라고 말하면 될 것을 "당신은 매사가 그래"라거나 "당신이 뭐하나 제대로 하는것이 있어?"라는 말로 모욕감을 주면 부부 사이에는 큰 상처로 남아버린다. 그 상처는 내가 준 것인데도 결국 그 상처로 인해 나중에 나는 더 큰 스트레스에 시달리게 되는 것이다.

결론적으로, 내가 상대방에게 스트레스를 주지 않음으로써 나도 스트레스를 받지 않는 위와 같은 모습은 상대방을 깊이 사랑하고 고려하는 인격적 차원에서 나오는 모습이다.

2. 스트레스를 적극적으로 받아들이라

이와 반대로 우리가 상대방으로부터 일방적인 공격을 당할 때도 스트레스 관리가 필요하다. 길을 가다가 갑자기 누군가에게 강 펀치를 맞은 느낌이라고 할까. 그럴 때 그 아픈 부위를 빨리 치료해 주지 않으면 상처는 곪아 우리를 스트레스 증후군에 시달리게 한다.

나는 그런 스트레스를 받을 때마다 '저 사람이 나에게 이런 행동을 한 것은 이런 저런 이유 때문일 거야' 라고 그 사람 입장에서 생각을 하곤 했다. 그 사람이 유년 시절부터 받아온 상처라거나, 그런 상황에서 그 사람만이 느꼈을 심정을 헤아려 봄으로써 상대방을 이해하게 되면 왠지 내 환부의 고통이 덜어지곤 했다.

그런데 세월이 흐르면서 그보다 더 좋은 스트레스 관리법을 알게 되었다. 그것은 생각을 뒤집어 보는 것이다. 스트레스를 받으면 일단은 '아, 이것이 나에게 약이 되는 스트레스다' 라고 생각해 본다. '내가 좀더 긴장해야 되겠다' 혹은 '이 일을 내가 거듭나는 기회로 삼아야 되겠다' 라며 위기를 전화위복의 기회로 바꿔 생각하는 것이다. 그러면 왠지 모르게 내 마음 속에 엔도르핀이 형성되는 것 같다. 스트레스가 오히려 내게 삶의 새로운 의욕을 생성시켜 주는 것이다.

원래 '스트레스'라는 말의 기원은 이런 것이었다. 현악기를 조율할 때 우리는 좋은 음을 내게 하려고 줄을 조이는 과정을 반복한다. 이를 음악적으로 "스트레스를 준다"라고 표현한다. 즉 스트레스를 주어야 제대로 소리가 나온다는 것이다.

우리 인생에도 긴장이 필요하다. 우리에게 스트레스가 온다는 것은 결국 우리 인생을 멋지게 다듬으시려는 하나님의 섭리일 수 있다. 나는 스트레스가 올 때마다 이런 사실을 상기한다. 그러면 스트레스가 바뀌어 감사가 된다. 스트레스가 의욕이 된다. 생각만 바뀌었을 뿐인데 스트레스가 오히려 내게 보약이 되는 것이다.

3. 감정의 비상 탈출구를 만들라

그러나 너무 강한 펀치를 맞을 때는 가족 간의 이해가 절대적으로 필요하다. 이럴 때야말로 가족들의 따뜻한 시선과 격려가 필요한 때이다. 우리는 목회자라는 이유 하나만으로 모든 것을 '거룩'으로 포장하려 하는 것 같다. 스트레스가 있어도 기도로 다 해결하고, 누가 억울한 말을 해도 다 참아낼 줄 아는 성자형 그리스도인을 요구한다. 특히 목회자 가정 안에서 이런 완벽함을 요구하다보니 그야말로 '봐 줄 줄'을 모른다. 눈감아 주고 덮어주는 아량을 가정 안에서 찾아볼 수 없다. 오히려 "당신은 목사가 되어 가지고 왜 그러냐?"라거나 "너는 목사 아들이 되어 왜 그 모양이냐?"라며 비난하기 바쁘다.

가정은 감정의 비상구가 있어야 한다. 억울한 마음, 상처받은 마음을 그 비상구에 들어가 털어 버리면 깨끗하게 딛고 일어나 도약할 수 있는데, 오히려 그런 감정을 도덕적인 잣대로 비난하다보면 가정 안에서 더 상처가 쌓일 수 있다. 어떤 면에서 우리는 성자가 되어야 한다는 '성자 콤플렉스'를 벗고 좀 가벼워질 필요가 있는 것 같다.

나는 아내를 보며 이런 사실을 경험했다. 둘째 아들이 초등학교 다닐 무렵이었는데 한번은 친구들과 함께 집에 들어오면서 문득 이런 말을 외치는 것이었다.

"야, 이 ○○새끼야!"

아들 녀석의 이 한마디에 아내와 나는 너무 어이가 없어 아무 말을 할 수가 없었다. 친구들은 친구들대로 당황스러웠는지 한 아이가 이런 말을 던졌다.

"아줌마, 준이가 욕하는데 괜찮아요?"

그러자 아내가 던지는 말 한마디가 아이들 모두를 안심시켰다.

"화가 나니까 그랬겠지."

그 말대로 둘째 아들은 밖에서 참았던 일들을 자기 집에 들어오자 편안한 마음이 되어 분출시킨다는것이 그만 욕을 하고 말았던 것이다. 그 욕이 튀어나오자 그 상황을 어떻게 수습해야 할지 몰라 모두가 쩔쩔매고 있던 차에 자기 편을 들어준 엄마의 그 말 한마디로 인해 아이는 "휴!" 하는 안도감을 내 쉴 수 있었다.

"화가 나면 욕해도 돼요, 아줌마?"

연이은 아들 친구의 물음에 아내는 이렇게 대답해 주었다.

"진짜 너무너무 화가 나면 욕할 수 있지."

그러자 세 놈이 일순간에 "와!" 하는 함성을 지르며 너무너무 좋아하는 것이 아닌가. 당시 우리 아파트가 13층이었는데 엘리베이터를 타고 내려가면서 이 아이들은 서로에게 "이 ㅇㅇ새끼야, 이 ㅇㅇ놈아"라며 야단법석을 떨었다.

나는 그 때의 아내 모습을 보면서 참 지혜롭다고 생각했다. 바른 말, 고운 말에 대한 교육은 그 후에 해도 늦지 않다. 만약 아이가 그처럼 감정의 코너에 몰려 있을 때 친구들 앞에서 "바른 언어가 어쩌고저쩌고…"라고 교육한다면 아이가 그 말을 진정으로 수용했겠는가. 수용은 둘째 치고 감정적인 상처만 더욱 깊어졌을 것이다. 심한 스트레스를 받고 집에 돌아와 엉겁결에 실수한 사람에게 "왜 욕을 하냐?" "목회자가 되어 그 정도밖에 안 되냐?"라고 몰아붙이면 결국 몸이 울게 되어 있다. "몸이 말하지 않으면 위장이 점수를 매긴다"는 말처럼, 눈물로 표현되지 못하는 슬픔은 나중에 병으로 표현된다는 뜻이다.

가정은 감정의 비상 탈출구가 있어야 한다. 그 탈출구에 들어갔다 나오면 금방 자신을 성찰할 수 있는 능력이 회복된다. 그렇게 탈출한 뒤에는 스스로 하나님 앞에서 문제를 풀어갈 수 있다는 것이다.

우리 집에서는 아내가 이런 역할을 참 잘해주는 편이다. 나는 고신의과 대학에서 억울한 사연을 안고 쫓겨나는 일을 겪은 적이 있다. 가정마다 큰 위기가 한 번씩 닥쳐오는데 우리 가정에는 그 때가 아마 큰 고비였을 것이다. 나는 가해자들에 대한 복잡한 심경과 앞날에 대한 캄캄함과 허탈감에 젖어 깊은 번민에 사로잡혀 있었다. 얼마나 괴로웠는지 한번은 꿈을 꾸면서 욕을 했다고 한다. 낮에는 감정의 제어 장치가 작동하고 있어 고상한 말을 할 수 있지만, 잠을 자는 동안에는 제어 장치가 작동되지 않기 때문에 그 억눌리고 억울한 마음이 잠꼬대로 표출되어 나타난 것이다.

"나쁜 자식들!"

일반적으로 아내들은 그런 남편의 모습을 보고 어떤 반응을 보일까? 만약 기도가 부족해서 그런 말을 한다고 비난하거나 존경할 만한 가치가 없다고 내몰린다면 부부 관계는 깨어질 수밖에 없다. 안 그래도 코너에 몰린 남편에게 아내의 그런 말은 완전히 고립감을 느끼게 하기 때문이다.

그런데 내 아내는 그런 나의 모습을 보고 울었다고 했다. 잠을 자면서 욕을 하는 남편을 보며 '얼마나 속이 상했으면 저럴까?' '낮에 얼마나 참았을까? 차라리 나한테 얘기라도 하지…' 라고 생각하니 가슴이 찢어지게 아팠다고 한다. 그 아픔에 동참해 주지 못한 자신을 자책했다고 했다.

아내로부터 그 말을 듣는 순간, 내 마음속에 쌓였던 멍에와 짐이 순식간에 벗겨지는 기분이었다. '나를 진정으로 위로해 주는 이가 바로 옆에 있구나' 하는 사실 앞에 모든 스트레스가 녹아내리는 것 같았다.

부부간에는 이런 아량과 감싸줌이 필요하다. "집안에 불이 났을 때를 제외하고는 소리 지르지 말라!"는 말처럼, 한 사람이 공을 던질 때는 말없이 받아주는 아량이 필요하다. 한 사람이 소리 지른다고 맞고함을 치지 말고 그냥 품어주는 사람들이 바로 부부가 아니겠는가! '아내가 짜증을 내는 것을 보니 스트레스를 많이 받았나보다. 이번엔 내가 보충하고 채워주어야지.' 이런 마음으로 아내의 짜증을 받아준다면 아내 역시 너그러운 사람으로 변해갈 수 있다. 신경질적이고 예민한 두 사람이 함께 예민하게 굴면 두 사람은 더욱 예민해질 수밖에 없다. 반면, 한 사람이라도 너그러운 심정으로 품어주면 그 부부는 함께 너그러운 사람이 되어간다.

4. 나만의 감정 안전장치를 확보하라

목회는 장거리 경주이기 때문에 스트레스를 해소하기 위한 적극적인 대처법을 스스로 만들 줄도 알아야 한다. 그것이 자기 관리의 지혜다. 그래서 요즘 목회자들은 운동을 참 많이 하는 것 같다. 운동이든 취미든 이런 안전장치가 한 가지라도 있으면 가정에 돌아와서도 더욱 편안하게 안정을 취할 수 있다.

나는 스트레스를 심하게 받아 감정을 제어하기 어려울 때, 그 감정을 안은 채 집으로 들어가기보다는 운동복으로 갈아입고 운동을 하러 나가버린다. 땀에 흠뻑 젖도록 무조건 뛰다보면 스트레스에 억눌려 잔뜩 긴장해 있는 내 몸이 차츰 숨을 쉬는 것을 느낄 수 있다. 만약 이렇게 해 주지 않으면 스트레스에 눌린 내 몸이 쉬 곰삭았을 것이다. 마치 마파람이 불면 비행기가 하늘에 뜨는 것처럼, 스트레스가 찾아오면 운동이 더 잘 된다. 그렇게 운동을 하며 땀을 빼면 스트레스 찌꺼기가 다 하늘로 날아가 버리는 것만 같다.

사우나를 찾는 것도 좋은 방법이다. 물 속에 들어가 앉으면 엄마의 자궁 속에 들어가 있는 듯한 평안함과 안도감이 인간에게 찾아온다고 한다. 그래서일까? 나 역시 스트레스를 받을 때 사우나에 들어가 쉬면 긴장감 대신 안정감이 내게 미소를 짓는 것처럼 느껴지곤 했다.

그런데 나이가 들수록 내 감정의 가장 확실한 안전 장치는 역시 아내밖에 없다는 결론에 이른다. 아내는 내 영혼의 친구이기에 아내 앞에서는 무슨 말이든 못할 말이 없고, 나누지 못할 내용이 하나도 없기 때문이다. 늘 진지하게 들어주고 반응해 주는 아내가 있어 나는 아내와 대화할 때마다 스스로 옳은 대답을 찾아 나설 수 있는 것이다.

아마 모든 남편들은 나이가 들수록 이런 사실들을 확실하게 체험할 것이다. 그래서 더욱 우리는 가정 목회를 포기할 수 없다. 내 쉴 곳은 작은집, 내 집밖에 없고, 내 영혼의 친구는 아내밖에 없기 때문이다.

천국 가정 다섯 걸음 :
목회자 자녀에게 멍에를 씌우지 말라

천국 가정을 말하며 아이들 이야기를 빠뜨릴 수는 없다. 자녀들이 복을 얻고 기뻐할 때 부모는 인생의 참된 가치와 보람을 느끼기 때문이다.

그러나 여기서 자녀 교육이나 양육의 문제를 다 말할 수는 없다. 그리고 이 책의 성격상 목회자 자녀들을 목회자 가정에서 어떤 태도로 교육해야 하는지에 대해서만 잠깐 살펴보려 한다. 무엇보다 목회자 가정의 가장 큰 문제인 목회자의 멍에를 자녀들에게까지 씌우는 부분에 대해 나누었으면 한다. 목회자의 짐을 아직 인격적으로 어린 자녀들에게 함께 지라고 강요하는 것, 그것이 목회자 가정의 자녀들이 받는 가장 큰 고통이라 할 것이다.

1. 자녀를 통해 나를 보라

이런 고통에서 벗어나게 하려면, 그리고 수많은 목회자 자녀들의 문제를 해결하려면 어떻게 해야 할까? 이런 문제뿐 아니라 자녀 교육의 모든 내용들은 먼저 부모 스스로 자신을 깨뜨리고 자신을 치는 과정 속에서 해결해 가야 한다. 즉 자녀에게 문제가 발생하면 그것을 자녀의 문제로 보기보다는 먼저 부모의 문제로 바라봐야 한다는 것이다.

나 역시 자녀 둘을 키우며 이런 사실들을 많이 체험했다. 나는 우리 큰 아이가 어렸을 때 매우 심하게 매를 든 적이 있었다. 매를 들어야만 하는 상황이었기에 확실하게 매를 들어 아이를 때렸고, 아이 또한 나를 때리도록 했다. 우리는 그 일을 통해 더욱 가까워진 부자 관계를 누릴 수 있었다. 그러나 그 일 이후로는 어떤 일이 있어도 매를 들어본 적이 없었다. "술을 먹어야 하느냐 말아야 하느냐"부터 시작해서 "왜 담배는 피워선 안 되는

가"를 놓고 서로 핏대 세워가며 밤새도록 토론을 하면 했지, 강압적으로 내 생각을 집어넣으려 해 본 적이 없었다. 아이들의 말도 안 되는 요구 앞에서 부모의 권위를 앞세워 윽박지르지도 않았다.

그것은 내가 상담학을 공부하면서 깊이 깨달은 바가 있었기 때문이다. 상담학을 공부하는 동안, "자식의 문제를 상담할 수 있으면 그 사람이 진짜 상담자다"라고 생각했다. 자식이 내게 찾아왔을 때 '길 잃은 어린 양이 지금 내게 찾아와서 상담하고 있다'고 생각하며 인내하고 들어줄 수 있는 상담자야말로 진정한 상담자라는 사실을 알았다. 결국, 진정한 목회자도 마찬가지가 아니겠는가! 수많은 사람들을 사랑해주고 인내해주고 기다려주는 목회자가 유독 자식 앞에서는 기다려주지 못하고 좋은 말의 꼴로 먹여주지 못한다면 그것이야말로 아이러니가 아닐 수 없다.

그래서 나는 자녀들에게 문제가 생길 때마다 아이들의 가치관을 교육하라는 하나님의 사인으로 받아들이곤 했다. 내 인내를 시험하시는 하나님의 테스트요, 하나님의 오래 참는 사랑을 실천하라는 하나님의 신호로 받아들였던 것이다. 그런 신호 앞에 순종하다보면 내가 얼마나 부족한지, 내가 얼마나 교만한지 깨닫곤 했다. 자녀들을 향해 혹시라도 품었던 허영과 위선의 옷을 벗고, 더 겸손하고 진실하게 살아야 한다는 명제 앞에 부딪쳤다. 자녀 교육의 현장이야말로 내가 하나님 앞에 적나라하게 다듬어지는 현장이었던 것이다. 내가 교만하게 다가서면 아이들도 금방 교만한 얼굴로 대꾸해 오지만, 내가 겸손하게 다가서면 아이들도 이내 겸손한 표정의 사랑스런 모습이 됨을 발견했다. 자식은 부모의 거울이란 말이 그렇게 실감날 수 없었다. 나는 자녀를 통해 그렇게 나 자신의 모습을 보고 있는 것이다.

2. 평범한 시선이 필요한 아이들

나는 그런 과정 속에서 꼭 한 가지 바라는 소원이 있었다. 바로 우리 아이들을 평범하게 키우는 것이었다. "어떻게 하면 우리 아이들이 탁월하게 자랄 수 있을까?"가 아닌, "목회자 자녀로서 받아야 하는 특별한 시선 때문에 억눌리거나 곁길로 가지 않고, 어떻게 하면 평범하게 자랄 수 있을까?"가 주된 관심사였다.

우리 아이들이 주일학교를 거치는 동안 늘 따라붙는 수식어가 있었으니 그것은 바로 '송길원 목사 아들'이란 꼬리표였다. 새학기가 되어 주일학교 교사가 바뀔 때마다 교사들은 우리 집에 전화를 걸어 목사 자녀를 맡게 된 부담감을 표시했다. 그 때마다 나는 다음과 같은 요지의 말을 전했다.

"전화 주셔서 감사합니다. 그런데 다른 건 몰라도 제가 꼭 부탁드리고 싶은 것이 하나 있습니다. 우리 아이를 목사 아들로만 보지 마시고 그저 평범한 개구쟁이 아이로 봐주시고 대해 주시면 감사하겠습니다. 그게 저희 가정을 돕는 길입니다."

그 말은 주일학교 선생님에게 뿐 아니라 나 자신에게도 들려주는 말이었다. 내가 만약 우리 아이에게 목사 아들로서의 성숙함과 완벽함을 요구한다면 이 아이는 얼마나 숨이 막히겠는가! 어린 시절에는 어린아이답게 수많은 실수와 시행착오를 겪으며 커야 하는데 실수를 용납해 주지 않는 완벽한 잣대로 아이를 가르치려 한다면 그 아이가 겪는 심리적 불행감이 얼마나 크겠는가 말이다.

그런 면에서 아버지인 목회자, 어머니인 사모부터 아이들에게 목회자의 멍에를 지우지 말아야 한다. 무엇보다 자녀들을 내 삶의 장신구로 바라보지 말아야 한다. 나를 빛내주고 나를 으쓱하게 해 줄 보석처럼 생각하지 말라는 것이다. 그런 생각 때문에 "목사 아들이 돼 가지고 아비 얼굴에 먹칠이나 하고 다녀?"라는 말이 튀어나오는 법이다. 내 자녀의 축복된 미래를 위해서라면 오히려 자녀들로 인한 수치스러움이나 부끄러움도 꿋꿋하게 견뎌내는 사람이 되어야 한다. 시쳇말로 내가 좀 욕을 먹더라도 아이들의 안정된 심성을 위해, 밝고 명랑하게 자라게 하기 위해 아이들 편이 되어줄 수 있어야 한다는 것이다.

우리나라에 염색하는 문화가 막 유행되기 시작할 무렵, 나는 아이들과의 눈높이를 위해 아이의 손을 잡고 미용실에 가서 황금빛 머리 염색을 한 적이 있었다. 당시는 교회 안에서 염색한 청소년들을 문제아로 취급하던 시절이었기에 사람들은 그런 나를 이상한 시선으로 쳐다보곤 했다. 가정 사역자가 되어서 올바른 문화를 이끌지 못한다고 비난하는 이도 있었다. 그러나 나는 아들로부터 나중에라도 "아빠는 아들과의 눈높이를 맞추기 위해 염색까지 할 줄 아는 용기 있는 아버지였다"라는 말을 들을 수 있다고 생각하며 사람들이 아무리 비난해 오더라도 개의치 않았다. 적어도 아버지라면 그만한 용기와 배짱이 있어야 한다고 믿었던 것이다.

언젠가 한번은 우리 아이들이 교회 집사 아들을 때렸다고 해서 혼비백산한 일도 있었다. 목사 아들이 집사 아들을 패다니…. 아이들 사이에 얼마든지 있을 수 있는 일이지만 그렇게 되면 목사 가정이 욕을 먹을 것이 뻔한 일이었다. 그래서 목회자 자녀는 누군가와 싸우면 손해를 보게 되어 있다. 집에서까지 난리를 떤다. "목사 아들인 네가 집사 아들을 패면 어떡하니? 교회에서 뭐라고들 하겠어?" 다짜고짜 엄마, 아빠 입장만 아이에게 상기시키는 것이다.

우리에게 이런 문제가 발생했을 때 나만큼은 그러고 싶지 않았다. 그래서 당황해 하는 아내에게도 이렇게 말했다.

"내가 처리할게. 이번엔 당신이 가만히 있어."

먼저 아이를 불러 대화를 시도했다.

"어떻게 된 거냐? 왜 때렸어?"

경위를 알아보기 위해 부드럽게 물었다. 그러자 아이는 울먹이며 앞뒤 상황을 설명하기 시작했다. 그런데 아이의 말을 듣다보니 이번엔 내가 막 화가 났다. '아니, 이 아이가 그걸 어떻게 참았을까?' 싶어 대뜸 이렇게 말해 줬다.

"잘했다. 진짜 잘했어."

아이는 눈이 휘둥그레졌다. 야단맞을 줄 알고 잔뜩 긴장해 있었는데 "잘했다"고 칭찬을 받으니 놀랄 수밖에 없었다.

"예?"

"아니, 아빠라도 그런 상황이라면 못 참지. 충분히 화가 났을 거야. 너 정말 잘했다. 그 정도 했다면 너도 많이 참았는데."

그러자 이 아이의 얼굴이 환해졌다. 그제야 나는 한마디 덧붙였다.

"근데 한 가지 아쉬운것이 있다."

"뭐예요?"

"앞으로는 표시 안 나게 패라."

이런 방식으로 아이들과 대화하다보니 아이들도 결국 내 유머의 참뜻을 알아차린다는 사실을 발견했다.

무엇보다 나는 내 사랑스런 자녀들에게 아빠 입장을 강요하는 위선적인 목회자는 되고 싶지 않았다.

3. 자녀 의견을 존중하라

그렇게도 내 자녀들에게 '목사 아들' 이란 꼬리표를 안 붙여주려 노력했건만 우리 아이들에겐 역시 '송길원 목사 아들' 이란 꼬리표가 붙어 다녔다. 수십 년 동안 가정 사역을 해 오다보니 나를 기억하는 사람들이 교회 안에 많았다. 특히나 나는 가정 사역자이기에 우리 가정을 궁금해 하는 사람들은 내 자녀들을 특별한 시선으로 바라보았다.

"저 아이가 송길원 목사 큰아들이래."

우리 집 큰아이는 이런 소리를 너무도 부담스러워 했다. 누군가 자신을 항상 바라본다고 생각해 보라. 특히 사춘기의 아이들에게는 이런 말들이 큰 짐이 되어 돌아올 수밖에 없다. 생각다 못한 아이는 내게 이런 제안을 해 왔다.

"아빠, 전 다른 교회 다니고 싶어요."

아마도 목회자 자녀들 특히, 담임목사 자녀들은 이런 생각을 다 해 보았을 것이다. 그러나 부모 입장에서 그 제안을 수락하기란 쉽지가 않다. 교회 섬기는 모습에서도 타의 모범이 되어야 하는 목회자 가정에서 뿔뿔이 흩어져 교회를 섬긴다면 목회자로서 고민이 되지 않을 수 없기 때문이다.

나도 이런 문제에 부딪쳤을 때 순간 생각이 복잡해졌다. 그러나 결국 다른 것보다 아이를 진정으로 위하는 길이 무엇인지 그것만을 생각하기로 했다. 아이에게도 그런 아빠 마음을 솔직하게 고백했다.

"찬아, 한 가정이 한 교회를 섬기는 것은 정말 아름답고 좋은 일이야. 그러나 지금 단계에서 찬이가 다른 교회를 다님으로써 더 얽매임 없이 신앙생활을 할 수 있다면 그것보다 더 큰 유익은 없을 거야. 아빠는 찬이와 함께 한 교회를 섬기고 싶지만 찬이가 정 원한다면 아빠는 교회 선택권을 너에게 주마."

그렇게 해서 찬이는 다른 교회를 섬기게 되었다. 나는 마음이 쓰였지만, 그렇게 함으로 인해 아들은 아빠의 그림자 속에서가 아닌 독립적인 한 인격체로서 신앙 생활을 하며 청소년기를 보낼 수 있었다. 그리고 결국은 가족 모두가 한 교회를 섬긴다는 것이 얼마나 좋은지, 굳이 목사아들이란 시선이 아니더라도 사람은 누군가의 시선을 의식하며 살아야 한다는 사실을 깨닫고는 스스로 본 교회로 돌아오게 되었다.

필요하다면 때로는 목회자 자녀들에게 과감하게 선택권을 줄 필요가 있다. 그런 선택 속에서 자녀들은 더 성숙하게 성장해 가기 때문이다.

이것은 비단 선택의 문제만을 이야기하고자 함이 아니다. 자녀를 믿고 자녀의 의견을 존중해 주는 태도를 보여주라는 뜻이다. 자녀가 무슨 말인가를 했을 때 "그래, 충분히 그렇게 생각할 수 있지"라는 공감의 태도를 보여주고 그 의견을 존중해 줄 때 자녀는 부모의 기도대로 바르게 자라갈 수 있다.

4. 위기 속에서 주님의 은혜를 깨닫게 하라

어느 가정이든 자녀 양육 과정에서 큰 위기가 한두 번쯤 찾아온다. 앞서 말한 대로 하나님께서는 고난의 과정을 통해 우리를 더욱 성숙시키시고 좋은 것을 주시는 분이시다. 그분께서는 우리의 자녀들을 키우실 때도 이런 방법을 사용하신다. 스스로 자초한 문제든 외부에 의한 문제든 문제 속에서 우리 자녀들을 멋지게 만들어 가시는 것이다.

때문에 부모는 자녀에게 고난이나 위기가 찾아올 때 하나님의 은혜를 상기시켜 주어야 한다. 이 위기가 왜 찾아왔는지 함께 고민하고 기도의 능력을 체험하게 해주며 용서와 사랑을 가슴 절절이 느낄 수 있도록 도와주는 것이다. "너 때문에 내가 못 산다. 못 살아! 대체 어떻게 행동했길래 이런 일이 생기니 그래!" 하며 다그친다면 아이는 그 큰 위기 속에서 은혜를 체험하기는커녕 은혜란 무엇인지 체험할 기회를 영영 잃어버리게 될 수 있다.

우리 집도 결코 순탄치만은 않은 양육 과정을 지내는 동안, 부모인 우리도, 자녀인 우리 아들들도 하나님의 은혜를 깊이 체험할 수 있었다. 그 중 작은아들이 학교 폭력 문제로 퇴학을 권고 받았을 때는 정말 아찔했다. 잠을 자도 자는 것 같지 않고, 밥을 먹어도 모래를 씹는 것 같았다. "이 일로 인해 아이가 더 거칠어지는 것은 아닐까? 인생의 가장 중요한 시기에 깊은 좌절감에서 헤어나지 못하는 것은 아닐까? 그 일에 휘말려서 이 아이의 인생이 잘못되는 것은 아닐까? 평생 퇴학생이라는 딱지가 붙어 다니는 것은 아닐까?" 등 수많은 생각들이 우리 부부를 잠 못 들게 했다. 아이가 집단 폭행에 가담했다는 그 사실보다 그로 인해 아이의 장래가 어두워 질 것을 생각하니 미치도록 가슴이 아파왔다.

그 때 나는 알았다. 어느 때보다도 하나님의 도우심이 절실할 때지만 목회자는 그런 문제조차도 누군가에게 털어놓을 수 없는 사람이라는 것을. 만약 누군가에게 기도 요청을 하면 당장 돌아오는 것은 "송 목사 아들 퇴학 당했대"라는 소문이라는 것을. 그렇게 되면 그 수모와 상처를 감내하느라 더 아픈 세월을 보내야만 한다.

그래서 우리 부부는 부둥켜안고 많이 울었다. 울고 또 울면서 마침내 우리는 한 가지 작정하기에 이르렀다.

"우리, 이 기회에 우리 준이에게 하나님의 은혜가 어떤 것인지 비춰주는 거울이 되자."

우리 부부는 이 사건을 통해 하나님께서 원하시는 것이 바로 그것이라 믿었다. 아들에게 은혜를 비춰주는 거울이 되는 것! 나는 아들을 불러놓고 이렇게 말했다.

"준아, 너 이 일 앞에 비겁하지 말아야 돼. 너 혼자 살아남겠다고 친구들 매도하거나 따지거나 하지 마라. 아빠는 네가 정직하기만 한다면 모든 것을 뒤집어쓰고 학교 퇴학당한다 해도 너를 탓하지 않을 거야. 오히려 이런 때에 너의 진짜 용기를 보여주고 정직할 수 있기를 소원하고 있어. 그 외에 아빠는 소원이 없다. 그리고 이 때가 하나님 앞에 무릎을 꿇어야 될 때야. 아빠 부탁인데 너 기도해 줄 수 있겠니?"

나의 이 말에 아이도 눈물을 흘리며 답변을 했다. 자신에게 닥친 가장 큰 위기인데 어떻게 기도하지 않을 수 있겠냐는 것이다.

그 때부터 우리 모두는 금식하기 시작했다. 나는 거의 아침에 강의가 잡혀 있어 웬만해서는 아침 금식을 안 하는 사람이었지만, 아들을 위해 한 달 내내 아침 금식을 했고, 아내 역시 금식 기도를 하며 마음을 찢었다. 그 때 나는 알았다. '자식 문제 때문에 비로소 내가 다듬어지는구나. 자식 문제 때문에 비로소 내가 하나님 앞에 엎드려 회개하고 있구나…' 나는 결코 성도의 문제로 그렇게까지 회개하며 엎드려 기도해 보지 못했을 것이다. 아들의 문제였기 때문에 그토록 절박하게 나를 찢으며 하나님께 매달렸던 것이다. 아들은 아들대로 3일 금식 기도를 했다. 요한복음을 읽으며 문을 걸어 잠그고 하나님께 매달렸다. 아마 이 아이가 그렇게까지 기도하며 하나님의 은혜를 사모했던 적은 없었을 것이다.

그런데 그런 시간들이 지나면서 우리는 정말 하나님의 은혜를 생생하게 체험할 수 있었다. 아이에게 무슨 잘못이 있었던 것이 아니라 학교 측의 과실로 준이가 오해받았다는 사실이 밝혀진 것이다.

이 일로 인해 준이는 교육 위원회 앞에서 자신의 상황을 리포트하게 되었는데, 그 때 준이는 여름 수련회 때부터 팔목에 끼고 있던 팔찌 때문에 매우 흥미진진한 일을 겪게 되었다. 이 팔찌에는 "예수라면 어떻게 하실까?"라는 문구가 씌어 있었고, 흑인 교육 위원이 그것을 보고 문구에 대해 물었다고 한다. 그러자 이 녀석이 똘똘하게도 그 문구에 대한 설명을 했고, 교육 위원은 감탄을 하며 다시 한번 묻기에 이르렀다.

"그럼, 너도 그런 생각으로 살아가는 거니?"

"그럼요. 저의 아빠는 목사구요, 저희 가족과 저는 언제나 이렇게 살아가기를 원해요."

준이의 이 말에 교육 위원은 눈을 동그랗게 뜨고 감탄을 연발했다고 한다.

"어메이징! 너는 정말 하나님이 어떤 분이신지, 하나님의 은혜가 무엇인지를 아는 아이구나."

교육 위원의 그 말로 준이는 삽시간에 그 자리에서 사랑스러운 눈길을 받게 되었다.

이 일이 지나간 후 준이는 아무 일 없었다는 듯 다시 학교 생활을 시작했지만, 준이의 내면을 보았을 때는 결코 아무 일이 없었던 것이 아니었다. 아이의 내면 안에서 굉장한 성장과 성숙이 이루어졌던 것이다. 또한 하나님께서 보내주신 그 태풍으로 인해 아이의 청소년기에 구석구석 쌓인 잡초와 쓰레기들이 깨끗하게 치워진 느낌이 들었다. 부모와 아이가 이 사건을 겪으며 주님 앞에 온전히 발가벗고 자신을 돌아보았다는 것이 지금 생각해도 참 감사한 일이 아닐 수 없다.

결국 자식을 사랑한다는 것은 하나님 아버지의 은혜와 사랑 안에 들어가도록 안내자의 역할을 끝까지 감당하는 것이 아닌가 싶다. 자식 앞에 위기가 찾아올 때 저기 보이는 하나님의 은총 속으로 들어가도록 끝까지 하나님 아버지의 사랑을 보여주어야 하는 것이다.

5. 유머의 여유를 가지게 하라

유머는 인생을 즐겁게 해 준다. 유머를 즐길 줄 아는 사람들을 보라. 그들은 위기 상황이 닥쳐도 위기 앞에 쉽게 주눅들지 않는다. 벌써 그들에게는 배포가 있고 문제를 객관적으로 바라볼 줄 아는 여유가 있다. 그런 여유를 지닌 사람들에게는 어둠과 고통이 눌러앉지 못한다. 어둠의 존재는 걱정, 근심, 고난, 고통으로 인간을 옭아매려 하지만, 늘 유머를 즐기며 사는 여유 있는 사람들은 도무지 어둠과 친하지 않기 때문에 고통 속에 속박 당하지 않는다.

그런 면에서 나는 우리 자녀들이 유머를 즐길 줄 아는 사람들로 자라기를 바란다. 무엇보다 아이들에게 웃음을 나눠주고 싶다. 어떤 사건, 어떤 일에 부딪쳐도 웃음으로 아이들을 대하고, 어떻게 하면 즐겁게 지낼 수 있을까를 보여주려 노력하는 것은 그 때문이다.

이제는 이런 나의 뜻을 아이들도 간파한 것일까? 아이들과 이메일을 교환하다 보면 아이들은 작은 사건을 묘사하면서도 재치 있는 표현을 곧잘 쓰곤 한다. 그런 유머 하나가 우리 가정에 웃음꽃이 솔솔 피어나게 하고, 그 웃음이 결국 우리의 행복을 만들어 가는 것 같다.

또한 유머는 힘든 일 속에서도 여유를 가지게 하는 힘이 있다. '하이패밀리' 연구소가 지어질 무렵, 우리 두 아이는 아빠가 재정적인 문제로 힘들어하는 것을 알고, 썸머스쿨을 접고 한국으로 들어오겠다고 했다. 아이들이 함께 걱정해 준다고 해서 문제가 해결되는 것은 아니지만 그 마음만으로도 사실 얼마나 위로가 되었는지 모른다. 그런데 하루는 옆에서 까불며 노는 작은아들을 보다가 큰아들이 문득 이런 말을 한다.

"아빠, 쟤 자꾸 까부는데 연구소비로 보태게 팔아버릴까?"

그러자 작은아들이 가만히 듣고 있을 리 없다.

"아마 나 하나만은 안 살 걸? 형까지 끼워달라고 할 걸!"

그 말을 듣던 우리 가족 모두는 박장대소를 해버렸다. 그 웃음 속에 우리의 근심 하나를 날려버렸던 것이다. 나는 그 때 알았다. 지금은 연구소가 지어지는 것이 아니라 우리 가족의 사랑이 지어지고 있다는 것을. 작은아이가 형에게 까분다고 야단을 치기보다는 농담으로 대신하면서 아빠를 위로하는 모습이나, 그런 형에 대해 상처를 받지 않고 유머로 받아치는 동생의 모습…. 그런 모습을 보며 아빠는 웃을 수 있는 여유가 생기는 것이다.

그래서 나는 아이들을 위해 광대가 되는 일을 별로 어려워하지 않는다. 방학 때마다 미국에 가서 아이들을 만날 때도 나는 결코 그 감격스런 순간을 평범하게 만들고 싶지 않았다. 비행기에서 내릴 때쯤부터 온갖 우스꽝스런 분장을 다해서 내리면 가족들이 나를 못 알아본 적도 있었다. 나중에야 걸음걸이가 수상해 뒤쫓아 온 아들 녀석이 "아빠다!"라고 외치는 바람에 가족들은 데굴데굴 구르며 얼마나 웃었는지…. 그럴 때면 아이들은 차 안에서 내게 묻는다.

"아빠, 왜 그랬어요?"

"이 자식들아, 너희들 재밌게 해 주려고 한 짓 아니냐? 같이 웃을 수 있다면 뭘 못해? 내가."

정말 그렇다. 나는 인생을 가볍게 살아내는 힘이 뜻밖에도 유머에 있다는 사실을 자주 경험한다. 나는 우리에게 허락된 그 인생길을 우리 아이들이 터벅터벅 무겁게 걸어가기를 원치 않는다. 즐겁게 웃고 그 웃음을 나누며 살아가기를 원한다. 그래서 나는 오늘도 유머거리를 찾고, 좋은 유머가 있으면 아이들에게 써먹는 기회를 놓칠 수 없다.

6. 성경적 세계관을 보여주라

아이들에게 성경적 세계관을 심어주기 위해서는 부모도 그 세계관대로 살아가는 모습을 보여주어야 한다. 아이들에게 가장 좋은 교육은 가르치는 것이 아니라 보여주는 것이다.

목회자 가정은 더욱 그런 것 같다. 목회자가 강단에서 늘 외치는 소리를 자녀들이 듣고 있기 때문이다. 자녀들은 부모가 정말 그 말대로 살기 위해 몸부림치고 있는지 항상 보고 있다. 그렇기 때문에 보여주는 가르침은 더욱 효과가 크지만 보여주지 못하는 가르침은 괜한 반발심만 자아낸다.

나도 우리 아이들에게 여러 가지를 말해주고 싶다. 그러나 말이 앞서거나 가르침이 앞서지 않도록 한다. 그저 가르치고 싶은 내용대로 살아가기만 하면 아이들은 부모의 모습을 보고 스스로 인생관을 터득하게 됨을 믿기 때문이다. 이를 위해 우리 부부는 끊임없이 노력하고 있다. 무엇을 해도 '아이들이 보고 있다'는 사실을 생각하면 정직하지 않을 수 없고 노력하지 않을 수 없다. 이 사실은 나에게 끊임없는 도전을 가져다 주기도 한다.

내가 2003년에 하프마라톤 대회에서 1시간 46분 59초에 주파를 한 것도 아이들에게 포기하지 않는 인생관을 심어주고 싶었기 때문이었다. 힘든 일에 부딪칠 때마다 아이들에게는 "포기하지 말라"고 말하면서도 정작 부모인 우리는 힘든 일 앞에서 포기할 때가 얼마나 많은가! 나는 우리 아이들에게 "아빠 나이에도 마라톤 대회에 참석해서 완주했다. 포기하지 않으면 해낼 수 있다"는 사실을 보여주고 싶었다. 나는 이런 일들을 메일로 확인

시켜 주면서 그림을 보내주기도 한다.

놀라운 것은 부모가 이렇게 삶으로 세계관을 가르칠 때 아이들은 그 세계관을 습득하더라는 것이다. 뿐만 아니라 어느 시점에 이르면 아이들은 그 습득된 세계관으로 부모를 격려하기도 한다. 아들 찬이가 보내 온 편지는 이런 사실을 일깨워 주었다.

> 아바바바바님.
> 잘 지내시나요?
> 정말 오랜만에 연락을 취하는 것 같네요.
> 오늘은 조금 시간이 나서 이렇게 편지 드려요.
> 이제 곧 할머니께 전화두 드릴거고요.
> 김동윤 장로님도 연락드려야죠. ?
> 주말이네요. 주중에는 공부하느라 정말 정신이 없네요.
> 읽을게 모가(뭐가) 그렇게 많은지 -_- ?
> 요즘에 쓸쓸하시죠?
> 엄마도 잠시 자리를 비우고 큰아들은 타지에서 유학중이고.
> 돈 들 일도 많고. 나이도 들어가는 걸 느끼시고.
> 하지만 나이가 들어갈수록 아빠의 명성과 능력은 높아져간다는 것을 잊지마세요. 엄마가 아빠가 요즘 그런 일로 걱정을 하신다고 하는데.
> 지금 제 또래에서는 아빠가 가장 젊으세요. ???
> 그런 일로 주눅들 아빠가 아니란 걸 알지만 ^^;; 그래도 힘내시라고요.
> 땡스기빙(추수감사절) 때는 볼 수 있으니 이번에 못보는 거

너무 서글퍼마시고요 ??? 아들이 공부한다고 그러니깐요.
파이낸셜 에이드는 다음 학기쯤이나 적용될 거 같네요.
신청을 했는데 좀 시간이 걸릴 거 같아요 ^^:;
담주(다음 주)나 시카고 올라가서 김 장로님 만나고
아빠가 말한 방식으로 대부를 한 번 얻어 보려구요.
그럼 잘 지내시고요. 또 이메일 쓸게요!
사랑합니다!

고난의 광야 학교를 통과해야만

많은 사람들은 목회가 흔들려도 가정이 흔들리지 않으면 소망이 있다고 말을 한다. 가정 안에서 용기와 안식과 위로를 공급받고 목회를 세워나갈 힘을 충전 받기 때문이다. 그렇다면 외부적인 요인들이 가정을 흔들 때는 어떻게 해야 하는가? 그 때는 세상이 끝나는 것인가? 그렇지 않다. 그 때는 가족이 흔들리지 않으면 된다. 흔들리지 않는 사랑으로 가족 상호간에 힘을 북돋아주면 된다.

우리가 사는 가정 안에는 수도 없이 많은 고난과 풍파가 찾아든다. 그것이 가정이다. 그래서 가정을 세워가는 일은 거룩한 일이다. 힘든 일 앞에서도 내 마음의 고통을 접고 가족을 먼저 격려해 줄 줄 아는 마음을 배양해

내는 곳이 가정이다. 가정을 세우려 하다보니 격려를 배우고 가족을 잡아주려 하다보니 헌신을 배운다. 기다림을 배우게 되고 기쁨을 배운다. 그리고 하나님의 사랑을 배운다. 이런 모든 과정 속에서 하나님께서는 그 가정에 축복을 허락하시고 가족 구성원들을 하나님 나라 시민으로서 성숙시켜 나가신다.

그런 면에서 우리 각 가정에 허락하신 위기와 고난은 하나님의 축복으로 가는 필수적인 통로임을 기억해야 한다. 위험 속에 찾아온 기회라는 것이다. 물론 그 위험은 너무도 절박해서 끝도 없는 캄캄한 길을 걷는 것 같을 때도 있지만, 하나님께서는 어떤 식으로든 반드시 매듭을 지어주신다.

목회자 가정 안에도 경제 문제, 인간관계 문제, 자녀 문제, 부부 문제 등 여러 문제가 있을 수 있다. 그런데 그 문제 앞에서 고난의 광야 학교로 내보내신 하나님의 뜻을 생각하며 자신을 깊이 돌아보고 앞으로 정진해 나가다보면, 그 가정 안에는 더 풍부한 목회의 자원이 생성될 뿐 아니라, 반드시 위에서 언급한 천국 가정의 모습들이 실현될 것이다. 결국 우리 가정 속의 고난은 하나님의 축복을 빚어내는 '글감'과 같은 것임을 기억할 일이다. 그런 면에서 나는 가정 세미나를 할 때마다 켄 가이어의 글을 읽어주곤 한다.

"글을 쓰라는 하나님의 부르심을 처음 들었을 때 그것이 광야로의 부르심인 줄은 꿈에도 몰랐다. 그러나 하나님이 나를 작가로 준비시킨 곳은 신학교가 아니라 바로 그 곳이었다. 광야는 고통과 굴욕과 불확실함과 고독과 절망의 장소였다. 모두가 나에게 필요한 경험이었다. 마땅히 되어야 할 작가가 되려면, 내가 되고 싶었던 작가가 되려면, 내가 기도했던 그런 작가가 되려면. 내가 절망해 보지 않고 어떻게 절망한 자들의 심정을 알 수 있겠는가? 내가 가난해 보지 않고 어떻게 가난한 자들의 심정을 알 수 있겠는가? 내가 혼돈에 빠져보지 않고 어떻게 혼돈에 빠진 자들의 심정을 알 수 있겠는가? 내가 우울해 보지 않고? 내가 버림 받아보지 않고?

신학교는 내게 은사를 사용하는 법을 가르쳐 주었다. 광야는 내게 인생을 사는 법을 가르쳐 주었다. 광야의 교육은 신학교처럼 표준화 교육이 아니다. 그것은 개별 교육이다.

광야는 내게 신학을 가르쳐 주었다. 내가 영영 그 신학에 통달한 자가 되기에 얼마나 턱없이 부족한 자인지 깨우쳐 주었다. 광야에는 안전도 없고 체계도 없다. 강의 요강도 없고 노트 필기도 없고 교재도 없다. 처음에 나는 그 과정이 얼마나 오래 걸릴 것이며 과정을 마치기 전 치러야 할 수업료가 얼마나 될지 전혀 몰랐다. 나는 교사의 말에 불복했다. 때로 분노했고 때로 대들었다. 너무 어렵고 숙제가 많다며 불평했다. 과목을 도중에 그만 두고 싶었다. 그러나 알고 보니 그것은 선택 과목이 아니라 필수 과목이었다. 그리고 이번에 딱 한 번만 개설되는 과목이었다. 나는 질문이 있어 손을 들었다. 줄기차게 손을 흔들었다. 그러나 교사는 질문에 답해 주기는커녕 내 손을 봐주지도 않았다. 적어도, 내 때에는. 내 기준으로 보기에는. 광야는 나의 논문이었다. 거기서 나는 하나님이 정말 어떤 분이신지 밝혀내야 했다. 그것은 아주 독창적인 연구였다. 다른 자료에서 아무것도 인용할 수 없었다. 한 번에 뼈아픈 단어 하나, 한 번에 난해한 문단 하나, 한페이지 한페이지 그렇게 써 나가야 했다. 논문이 통과될 때까지. 정해진 규격도 없었다. 여백도 없었고 행간도 들쭉날쭉한 데다 페이지는 앞뒤가 맞지 않았다. 엉망이었다.
그러나 엉망인 것은 '나'였다."

―켄 가이어 『영혼의 창』

문제 없는 가정은 없다. 고통 없는 가정도 없다. 그러나 그런 고통 속에서 참된 소망을 발견하는 사람은 소망의 가정을 세워나간다. 교회 안에 천국 가정을 세워나가는 첫걸음이 무엇인가? 목회자 가정 안에서 문제를 소망으로 바꾸는 작업, 그 작업이야말로 교회 안 천국 가정을 세워나가는 첫걸음이다. 엉망진창인 것 같은 지금의 모습을 바라보며 포기하지 말기를 바란다. 엉망진창이기 때문에 나를 향하신 하나님의 손길 앞에 자신을 더 적극적으로 맡긴다면 그 가정에서는 다른 어떤 가정보다 진한 하나님의 향기가 배어나올 것이다. 더욱 감동적인 행복 설교가 선포될 것이다.

행복은 전염성이 강하다고 했다. 목회자 가정 안에 이런 행복의 바이러스가 퍼져 나갈 때 교회 안에는 참된 가정 사역이 세워지고 행복의 웃음꽃이 방울방울 피어오르리라 믿는다. 그러므로 모든 가정 사역의 근원지는 목회자 가정이다. 이 근원지인 목회자 가정 안에 부디 사랑과 행복이 새록새록 피어나길 바란다.

에필로그

숨겨진 1인치를 찾아라

지금은 가정 사역의 필요성을 몰라 사역을 도입하지 않는 교회는 거의 없는 것 같습니다. 필요성은 인정하되 주어진 환경이 열악해서 선뜻 시작하지 못하는 부분이 더 많습니다. 가정 사역은 교회 외적인 조건이 좀더 갖추어진 다음에나 시작할 수 있는 부분으로 생각하는 것입니다.

그러나 모든 역사는 생각의 방향을 바꾸는 데서 시작됩니다. 조금만 생각을 바꾸면 얼마든지 사역의 물꼬가 트이고 풍성해질 수 있는데, 우리는 시도도 하기 전에 포기부터 해 버립니다. 시도하지 않으면 아무 일도 일어나지 않는다는 사실을 기억하시기 바랍니다. 창조적인 생각 하나, 그 사소한 생각에서 비롯된 작은 시도 하나가 모든 일을 가능하게 하는 물꼬가 되는 법입니다.

현명한 주부의 살림하는 모습을 보십시오. 그는 유기농법으로 농사지은 상추며 가지를 가족들에게 먹이고 싶어합니다. 무엇보다 중요한 것이 가족들의 건강이라는 사실을 알기에 음식만큼은 가족들에게 잘 먹이고 싶습니다. 그는 또한 자녀들에게 현장 교육을 시키고 싶어합니다. 뜰이 있는 집에서 살 수 있다면 아이들과 함께 씨앗을 뿌려 식물을 키우고 싶어합니다. 그런데 안타깝게도 그 주부의 살림살이는 궁색하기 짝이 없습니다. 남편의 월급으로 한 달 살림을 하려면 값비싼 유기농 채소를 사다 먹을 수 없습니다. 게다가 옥탑방에 살고 있어 아이들과 함께 씨앗을 심을 땅 한 평도 없습니다. 그러면 어떻게 해야 할까요? 그냥 이대로 살아가는 방법 밖에는 다른 수가 없을까요?

그 현명한 주부는 생각 하나로 이 모든 소망을 현실로 만들어 버렸습니다. 그는 동네를 돌며 버려진 스티로폼 박스를 주워 왔습니다. 그 스티로폼 박스에 흙을 담았습니다. 아이들과 함께 씨앗을 사다가 심었습니다. 그 씨앗은 옥상에서 물과 햇빛을 먹으며 쑥쑥 자랐습니다. 그 후 그 가정은 매 식사 때마다 완전 유기농법으로 지은 상추며 가지를 맘껏 먹을 수 있었습니다.

어떻습니까? 아무리 악조건이라 해도 숨겨진 방법은 찾기 나름입니다. 스티로폼 박스를 찾는 수고, 씨앗을 사는 비용 조금만 투자하면 가족의 식단은 얼마든지 풍성해지고 그것이 곧 자녀들을 향한 좋은 교육 현장도 될 수 있습니다.

우리 목회 현장에 한계가 있습니까? 그러나 냉정하게 말씀드리면 어느 곳이든 한계는 있게 마련이고 그 한계를 극복할 수 있는 하나님의 대안법이 감추어져 있다고 믿습니다. 그 대안은 뜻밖에도 작은 생각의 변화 하나일 때가 많습니다. 남들이 생각 못하는 사소한 생각 하나, 그것이 역사를 움직이는 출발이 될 수 있다는 것입니다. 저는 그것을 '숨겨진 1인치'라

표현합니다. 숨겨진 1인치의 비법을 찾아내면 그로 인해 교회는 살아있는 가정 사역의 산실이 될 수 있습니다. 많은 한계에도 불구하고 가정 사역이 이루어지고 있다면 그만큼 각 가정을 살리려는 목회자의 사랑이 남달랐음을 느낄 수 있기 때문입니다. 위에서 예로 든 주부의 경우처럼 스티로폼 박스에 채소를 심겠다는 작은 생각 하나가 가정 식단을 풍요롭게 했던 것처럼 말입니다.

잘 찾아보면 손쉽게 시작할 수 있는 가정 사역들이 많습니다. 해마다 발간하는 교회 달력에 남편 생일, 아내 생일, 결혼 기념일 스티커를 넣어 발행하는 것은 어떨까요? 물론 그냥 달력을 찍어내는 것보다 비용은 조금 더 들어가겠지만 그 작은 투자 하나가 1년 내내 성도의 가정에 가족 사랑을 일깨우는 매개체가 됨을 생각할 때 그것은 결코 값으로 따질 수 없는 이득입니다.

교회 안에 가정 사역의 사각 지대를 찾아보는 것도 좋은 방법입니다. 교회 안에는 영적 사각 지대가 많습니다. 싱글을 위한 문제, 결혼 새내기들을 돌보는 문제, 영적 과부들로 불리는 쪽믿음 신앙인들, 즉 부인만 교회에 나오는 가정을 어떻게 돌볼 것인가의 문제, 장례 문제 등 사각 지대만 찾아도 우리 교회가 해야 할 가정 사역의 방향이 결정됩니다.

그렇게 사역의 방향이 결정되면 마라톤을 하듯 가정 사역의 장거리를 호흡을 가르며 꾸준히 달려가시기 바랍니다. 가정 사역은 결코 한두 달 내에, 1, 2년 내에 승부할 수 있는 사역이 아니라, 교회가 존재하는 한 계속해서 진행해야 할 사역입니다. 따라서 잠시 맛을 보여주는 듯한 일회성 행사로는 교회 전체의 분위기를 바꾸기 어렵습니다. 굳이 5월만이 아니라 1년 열두 달 계속해서 가정 메시지를 전하고, 매달 가족 중심의 프로그램으로 가족들을 결속시켜 줄 때 각 가정의 분위기는 달라지게 마련입니다. 1월에는 한 해를 시작하는 가정의 목표를 세우고, 2월에는 가족끼리 즐길 수 있는 가족 놀이를 개발하고, 3월에는 자녀 교육법을 가르쳐주고, 4월에는 가족끼리 즐길 수 있는 취미나 운동을 알려주고, 5월에는 가족 야유회나 가정생활 십계명 콘테스트를 열도록 합니다. 이런 다양한 아이템으로 교회 전체의 분위기를 '가정 같은 교회', '교회 같은 가정'에 집중해 나갈 때 "교회를 통해 내 가정이 세워졌다"는 고백이 성도들에게서 나올 것입니다.

더불어 모든 세대를 아우를 수 있는 프로그램을 기획해야 합니다. 즉 '요람에서 천국까지 아우르는 전인적 가정 사역'이 중요하다는 말입니다. 예를 들어 태아 교육, 유아 교육, 청소년 교육, '결혼예비학교', '행복한가정만들기 세미나', '고부학교', '아버지학교', '부모학교', '119가정기도학교', '가정평화학교', '남편사랑교실', '장애우 부모학교', '천국준비교실' 등 온 세대가 골고루 참여할 수 있는 프로그램을 장기적인 계획 하에 진행해 가는 것입니다.

이 책에서 언급된 내용들은 위에서 나열한 프로그램 중의 핵심적인 줄기들입니다.

부디 이 내용들을 참고로 하되 숨겨진 1인치를 더 많이 찾아내어 각 교회마다 아름다운 가정 사역들이 활발하게 일어나기를 소원해 봅니다. 그렇게 되면 『가정 사역으로 세워진 ○○교회 이야기』라는 책이 쓰여지겠지요? 저는 속히 그런 책이 나왔으면 좋겠습니다. 그 책 속에서 감동적인 가정의 이야기, 참된 사랑을 실천하는 가정의 이야기를 읽었으면 좋겠습니다. 그 이야기 속에서 가정의 참된 가치와 비전을 다시 한 번 발견했으면 좋겠습니다.